“共享生命成长”丛书

今天，我们这样教语文

——文化视野大课堂的构建与实施

高　平　主编

山东大学出版社

图书在版编目（CIP）数据

今天，我们这样教语文：文化视野大课堂的构建与实施／高平主编. —济南：山东大学出版社，2019. 5

ISBN 978-7-5607-6343-9

Ⅰ. ①今…　Ⅱ. ①高…　Ⅲ. ①中学语文课—教学研究—初中　Ⅳ. ①G633. 302

中国版本图书馆 CIP 数据核字（2019）第 096839 号

责任编辑： 秦大忠
封面设计： 毕安琪
美术编辑： 牛　钧

出版发行：山东大学出版社
社　址　山东省济南市山大南路 20 号
邮　编　250100
电　话　市场部（0531）88363008

经销：新华书店
印刷：济南华林彩印有限公司
规格：720 毫米 ×1000 毫米　1/16
25. 75 印张　379 千字
版次：2019 年 5 月第 1 版
印次：2019 年 5 月第 1 次印刷
定价：68. 00 元

“共享生命成长”丛书
编 委 会

《今天，我们这样教语文》
编 委 会

教育和教学的出发点与归宿：共享生命成长

（代丛书总序）

教育是国家与民族的屹立之基，是文化传承的手段，是文明进步的阶梯，教育能让人更充分地体验生命的真善美，不断创造更美好的未来。每一个生命都是无比珍贵的，而每一个珍贵的生命都有内在提升的要求，教育所要承担的就是充分尊重每一个人的这种要求，开启每个人的智慧德能，实现有尊严、有个性、有价值的发展。

学校教育的使命是什么？是教书育人。但学校教育实际上是由学生、教师乃至家长等多个主体协作完成的，这些主体相互依存、相互作用、相互影响，形成了相成相长的教育共同体，并共同创造出一个启迪智慧、滋养生命的“生命场”。教书育人的过程，就是学生、教师和家长共享生命成长的过程。

拥有100多年历史的山东大学附属中学，长期以来大力倡导并扎实推进“共享生命成长”的教育实践，不断构筑和完善“学生—教师—家庭”的学习共同体，让学生的学习与教师、教材、课程、环境产生多样化的关系，并在与老师和家长的充分交流与和谐互动中共同感受生命的尊严、生活的美好和成长进步的快乐。在这个过程中，我们一方面努力创造以相互倾听为基础的课堂教学与交流，并以实现创造性、合作性学习为目的，促进师生之间相互学习、教学相长；另一方面，我们也将家庭纳入教育环节，让家长介入教育过程，并为家校合作提供载体。实践证明，这样的教育模式不仅仅能够更活泼和有效率地完成教学任务，而且更重要的是对学生树立正确的人生观和价值观、形成健康健全的人格、实现综合性全面发展起到了意想不到的良好效果。还不仅如此，通过“学校—家庭”这一延伸，对社会教育也产生了相当的辐射作用，得到了广大家长的普遍认同和好评。经过多年的共同实践，各相关主体认为，“共享生命成长”的教育和教学模式对于形成能力、塑造精神、传承历史、开创未来都是最好的、最恰如其分的选择。

在“共享生命成长”的教育和教学实践过程中，山东大学附属中学的教育工作者们形成了许多相关成果，既有理论和理念方面的，也有教学实践方面的，与此同时，学生和家长们也在共享成长的过程中形成了诸多颇有价值的文字性资料，虽非鸿篇之作，却也足得管窥之真，更主要的是非常接地气，是经过实践检验了的。遂不揣浅陋，委托山东大学出版社策划并付梓，一则分享自珍之敝帚，亦期就教于教育教学的专家、学者及社会大众。

此为序。

山东大学附属中学校长

2019 年 5 月

目　录

教育和教学的出发点与归宿：共享生命成长（代丛书总序） …………… 赵　勇（1）

第一部分　思考篇

一、今天，我们怎么思考 ……………………………………………………（3）

（一）互喻时代来临，必须把更大的舞台给学生 …………………………（3）

（二）今天，是一个教学模式翻飞、语文被严重窄化的时代 ……………（5）

（三）一曲新词酒一杯——核心素养下的理想教育建构 …………………（6）

二、何谓“语文”？ ……………………………………………………（10）

三、山大附中语文教育的探索与选择 ……………………………………（18）

第二部分　实践篇

一、课堂之内：文化视野大课堂的课堂实践 ………………………………（31）

（一）散文课的文学味 ………………………………………………………（31）

（二）把小说当小说来教 ……………………………………………………（79）

（三）回归诗性的阅读 ……………………………………………………（113）

（四）行走于“文”“言”之中 ……………………………………………（143）

（五）守正与创新 ……………………………………………………………………（179）
二、课堂之外，向青草更青处漫溯 ……………………………………………………（240）
（一）我们这样领孩子们读书——读书类课程的建构与实施 ……………（240）
第一章 课程概要 ……………………………………………………………（240）
第二章 课程建构 ……………………………………………………………（250）
第三章 学校阅览课实施案例 ………………………………………………（264）
（二）我们这样领孩子们行走——体验类课程的建构与实施 ……………（283）
行走济南，品味泉城——“行走济南”实践活动设计 ……… 郭 琳（287）
我的春天日志——“春天日志”实践活动设计………………… 张 萍（297）
献给生命中最重要的人——“母亲小传”实践活动设计…… 张 萍（300）
光影味道——“电影主题周”实践活动设计…………………… 李 欣（305）
（三）享受文字从指尖流淌的时刻——写作课程的建构与实施 …………（310）
（四）诗意·家园——“三月”文学社的建构与实施 ………………………（334）
第一篇 初识“三月” ………………………………………………………（334）
第二篇 走近“三月” ………………………………………………………（345）
第三篇 “三月”的成长记录 ………………………………………………（348）
第四篇 “三月”的活动概览 ………………………………………………（350）
（五）仰望的力量——“大家讲堂”项目组的建立与推进 …………………（353）

第三部分 教师发展篇

（一）教师的个性化课程探索 …………………………………………………（363）
（二）青年教师成长篇 ……………………………………………………………（370）

后记 ……………………………………………………………………………………（399）

第一部分

思考篇

一、今天，我们怎么思考

（一）

互喻时代来临，必须把更大的舞台给学生

美国社会学家玛格丽特·米德在《文化与承诺》一书中将人类社会划分为“前喻文化”“并喻文化”和“后喻文化”三个时代。

在“前喻文化”时代，晚辈主要向长辈学习；在“并喻文化”时代，晚辈和长辈的学习都发生在同辈人之间；而在第二次世界大战后，科技革命的蓬勃发展使整个社会发生了巨大的变革，社会由此进入了长辈反过来向晚辈学习的“后喻文化”时期。

米德在书中如是总结：“如果说过去存在若干长者，凭着在特定的文化系统中日积月累的经验而比青年们知道得多些。那今天却不再如此。”

的确，今天不再如此。

“后喻文化”时代，学生通过网络或其他手段，能够比家长、老师更早、更多地获得信息，当学生对事物的感知与教师所教知识发生冲突时，会大胆或无情地对教师的“教育”进行评价或批判。

现在，很多老师痛感不再像过去那样被学生尊重，如果你的知识不能随着时代步

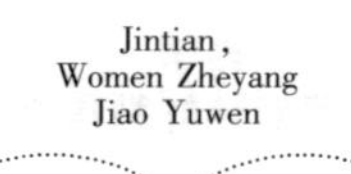

伐更新，很可能被学生“反超”，再感慨“尊师重教”也没有什么用处了。一桶水与一杯水的时代结束了，曾经的“万能充”是无所不能的神器，可是今天它什么也充不了。时代在飞速前进，如果我们不前进，将会被这个社会无情地抛弃。

关键是，近几年随着“互联网+”时代的来临，在终身教育普及化和全球信息化的条件下，一个更为伟大和强大的时代——“互喻时代”到来了！

人们将不分年龄大小、不分长幼贵贱、不分国籍肤色、不分健全残疾，相互学习知识，共同提高能力。生命不止，学习不息。在“互喻时代”里，前辈要向后辈学习现代科学技术，也要向后辈传授人类知识、道德理性、人文精神等基本文化原则；后辈要向前辈学习传统文化，继承其精华，也要向前辈介绍信息网络技术的创新性——也许这才是真正意义上的“教学相长”。

在“互喻时代”，人们将以更加开放、平等、民主的姿态，相互学习，互为榜样，促使传承与创新双赢，共同推进全民教育，全力推进终身学习，以更好地应对科学技术新时代的挑战。“互喻时代”，将是一个由“自发、个体、单向”学习逐步向“自觉、群体、多向”学习的发展过程，将是一个满足所有人学习愿望、实现所有人学习梦想的发展过程。

巨大的教育背景的变化，必然引起教育教学方式的变革！的确，石器时代之所以结束，并非石头不够用，而是有更精良的东西取代了它。

懂得这一前提，是做一切教育的前提。

没有哪一门学科像语文一样与时代的联系那么紧密。我们常常感慨，没有哪一门学科的老师像语文老师一样，每一轮都要重新备课，知识的更迭和学生的知识更新让老师们根本无法使用上一届的教案应对崭新的语境。特别是使用pad授课之后，这种直观、快捷的授课方式立刻使得学生的兴趣“爆棚”。在无限广阔的互联网空间里，老师就更不可能使用原来的传统授课方式单向授课，而是带领学生通过项目学习，实现教育教学方式的彻底改变。

把更大的舞台还给学生，我们不仅给学生更多的读书空间，也引导他们进行更多的体验类活动，还孩子一个完整的世界，让他们在更广阔的天地中成长，也许这才是我们的初衷。

（二）

今天，是一个教学模式翻飞、语文被严重窄化的时代

一直以来，语文都是一门备受关注又多遭诟病的学科。

这是语文教育的现实困境。

语文教什么？该如何教？怎么教才是对的？一直众说纷纭。

目标教学、读写一体、洋思模式、学案导学、高效课堂……几乎每过一段时间，教育界就会有一个崭新的词汇出现；“真语文”“正道语文”“青春语文”“生活语文”“生命语文”“深度语文”……即使是同一时间段内，各种旗帜也是“各领风骚”。

语文教师在各种风潮的裹挟中时常被颠覆，时常被重建。

旗帜招展、花样翻新的各种模式背后，其实是老师们无所适从的无奈与苍凉，特别是年轻的老师更是挣扎与纠结。到底什么模式才是可模仿、可借鉴的呢？

真正有思想的语文老师又都是反模式的“个性”追求者。

这又是一个语文教育被缩水、被窄化的时代。

在当今中考、高考压力背景下，不管是家长还是老师，如果不能够有所坚持，定是仅仅盯着“分数”这把尺子。因此，在某种程度上讲，语文教育的目标已经缩水成教学目标，教学目标缩水成了教材目标，教材目标又缩水成了考试目标。

有人说，考什么我就教什么。而这对语文教学可能是最大的伤害。

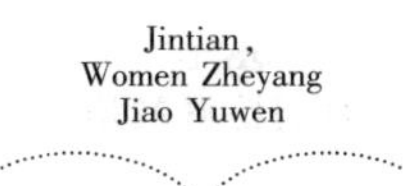

“生活的外延有多大，语文的外延就有多大。”语文是无限广阔的空间，读书、体验、情怀、情感……如果我们仅仅局限在一本薄薄的语文课本中，追求的仅仅是一个冷冰冰的分数，那就是对语文教育的严重窄化。

“教材无非是个例子。”叶圣陶先生早就告诫过我们。

考试本位还是孩子的个性发展、完整成长、终生幸福本位？要成长还是要成绩？你的成功学是什么？这是每一个语文人都应该首先思考的问题。并且，作为具有“思想引领”作用的重要学科，语文教育应该率先变成对抗考试本位、对抗分数不断为儿童贴标签、对抗短期功利主义的过程。我们认为这不仅是突围，更是一种相互的救赎——如果一味追求分数，不仅会伤害学生对语文的情感，语文教师的生活也将变得多么枯燥乏味！只有回到追求教育本质与学科规律、呈现生命活力的理想教育生活，语文老师才能够回归读书人的身份，回归教育。

语文不是爆炒，语文是煲汤。

“秉承语文教学的本色，不在眼花缭乱的变革中迷失自我。铲掉自家的牡丹而种上别家的高粱，是很愚蠢的事情。”2013 年 1 月 17 日《中国教育报》刊文《让课堂流淌生命的律动》中我们是这样总结的，在山东大学附属中学这片土壤上追寻真正适合孩子们的教育也是我们每一个附中语文人的不变信念。

（三）

一曲新词酒一杯——核心素养下的理想教育建构

2015 年 3 月，一个崭新的概念——“核心素养”首次出现在国家文件中，在教育部印发的《关于全面深化课程改革落实立德树人根本任务的意见》中，“核心素养”被置于深化课程改革、落实立德树人目标的基础地位。

通过大量的文献阅读，我们不仅懂得了什么是核心素养，而且也深深地懂得，只有经过课程的深度融合，才能更贴切地顺应从素质教育到素养教育的转变。

“一曲新词酒一杯”再合适不过地阐述了我们当时的心境：“一曲新词”就是当下一直强调的核心素养；而“酒一杯”就是我们一直苦心经营的语文教育。

核心素养是指学生适应终身发展和社会发展需要的必备品格和关键能力，突出强调个人修养、社会关爱、家国情怀，更加注重自主发展、合作参与、创新实践。从价值取向上看，它“反映了学生终身学习所必需的素养与国家、社会公认的价值观”。从指标选取上看，它既注重学科基础，也关注个体适应未来社会生活和个人终身发展所必备的素养，不仅反映社会发展的最新动态，同时注重本国历史文化特点和教育现状。

何谓“语文学科核心素养”？高中阶段语文的核心素养描述如下：①语言建构与运用；②思维发展与提升；③审美鉴赏与创造；④文化传承与理解。

基本理念：

（1）坚持立德树人教育，充分发挥语文课程的育人功能。

（2）进一步提高语文素养与应用、审美、探究能力，促进学生全面而有个性地发展。

（3）遵循共同基础与多样选择相统一的原则，构建开放、有序的语文课程。

所谓“语文素养”，是指中小学生具有比较稳定的、最基本的、适应时代发展要求的听说读写能力以及在语文方面表现出来的文学、文章等学识修养和文风、情趣等人格修养。

语文课从传授知识到培养语文能力已经是很大的提升，而语文素养既包括听说读写能力，又不限于技能性的要求，还有整体素质的要求。也就是说，语文课程在培养语文基本能力的过程中，必然要注重优秀文化对学生的熏染，使学生的情感、态度、价值观以及道德修养、审美情趣得到提升，良好的个性和健全的人格得到培养。同时，语文教育还要在继承和弘扬中华民族优秀传统文化、增强民族文化认同感、增强民族凝聚力和创造力方面发挥不可替代的优势。

“语文素养”这一概念，代表一种新的、更阔大的教育视野。

现实的语文教育也发生了巨大变化，从知识本位到主题单元、到课程构建、到课程整合、到核心素养，从关注“能力”到关注“人”。

考试方面也发生了巨大的变化，具体体现在原来主要考对知识点的了解、理解、记忆、背诵，而现在考的不是解题能力，而是解决真实问题的能力。

知识本位的时代，注重的是字、词、句、语、修、逻、文；能力本位的时代，注重的是听、说、读、写、思；核心素养的时代，注重的是知识、能力之外的素养，还需要把文学审美、文化价值、思想价值等纳入其中。更加关注学生关键能力的养成。正如《探索发展语文核心素养的可操作性表达》① 所表述的那样，核心素养需要回答的问题包括：

（1）什么样的课程能够满足发展语文核心素养的要求？

（2）怎样的学习路径能够促进语文核心素养的发展？

（3）立足语文核心素养，教学方式需要做怎样的转变？

上面问题可提炼为如下三个方面：

一、载体选择：基于核心素养发展的特设课程

引导学生在实践中体验，在体验中发现，基于发现建构知识体系，生成对语言、对生活的新思考和新认识。在这样的“特设课程”中，学生需要运用关键能力和必备品格解决问题，又能在解决问题的过程中提升关键能力和必备品格，形成核心素养发展的良性循环。

二、路径设计：立足真实情境的项目学习

“项目学习”要求学生完成真实的研究或实践项目，充分选择、利用多种学习资源，借助实践体验、内化吸收和探索创新等活动，获得相对完整而具体的知识，发展

---

① 作者吴欣歆，现为北京教育学院教师教育人文学院教师，文载《中国教师》总第256期。

实践能力。项目学习的基本结构为：基于问题——研究反思——呈现成果。

相对于以讲授、训练为主体的语文学习方式，项目学习的特点体现为以下三个方面：

其一，过程完整。项目推进是一个完整的学习过程，学生完成项目的过程也是探索新策略、新方法的过程。在此过程中，学生的思维方式得以调整，行动方案得以完善，能够从更为宏观的层面设计方案、处理问题，提升应对新环境、解决新问题的能力。

其二，深度学习。项目学习的实践取向决定了学生的学习是基于自身体验的建构过程。学生需要不断反思认知经验，探索解决问题的新思路，不断调整或重构原有的认知图式，进而形成新的认知图式。项目学习伴随着学生认知方式的更新和认知策略的丰富，让学习的深度大大增加。

其三，团队合作。项目的复杂性使学习共同体的建立变得更为重要，学生需要在学习过程中学会制定合作的规则、协商合作的机制、共享合作的成果。这样的学习过程与社会生活的真实情境更为接近，能够实现学科认知情境、社会生活情境和个人体验情境的整合。

三、策略调整：设计凸显主体的“学的活动”

我们需要调整教学策略，从关注“教的活动”转向设计“学的活动”。

核心素养的提出直接影响到“新高考时代”的来临，2017 年高考全国卷已经呈现出素养的样态。接着我们看到高中语文课程设置的变化——2003 版高中语文课程设置由 5 个必修模块和 5 个选修系列（诗歌与散文、小说与戏剧、新闻与传记、语言文字应、文化论著研读）组成；而 2017 版则变成了 15 个学习任务群，其中 4 个任务群贯穿高中 3 个学年的学习始终，4 +3 个任务群为高一的必修课程，4 +4 个任务群为选修Ⅰ课程，4 +4 个任务群为选修Ⅱ课程。

这些信息再次告诉我们，语文教育的新时代已经来临，带领学生通过完成任务群而培养核心素养才是当下应该选择的真正的语文教育。

二、何谓“语文”？

当我们困惑的时候，我们应该沿着语文教育的河流上溯，去清澈的源头追问语文到底是什么。先贤们曾做过哪些我们可以“拿来主义”的探索呢？翻开古今中外浩如烟海的文献，回顾那些曾被翻来覆去思考过的“概念与思想”，让我们牢牢地记住，什么是语文。我们曾请山东省课程中心的张志刚主任作过《何谓语文》的专题讲座。结合其讲座观点，我们的观点如下：

一、语文是“语”和“文”的纠结

语文是口头语言和书面语言，口头为语，书面为文。东汉许慎《说文解字》对“语”的解释是：“语，论也，从言吾声”；“论，议也，从言仑声”。从本义上讲，“语”就是言论、议论，即口头的言语。人类的语言是从口语开始的，在经历了长期的口语发展后，书面语逐渐形成，人类语言从此进入了口语和书面语相得益彰的发展阶段，“语”也就新添了“书面语”的义项。

李海林认为：“语文是由语言和言语构成的；语文的本质，就在语言与言语的矛盾统一的辩证关系中。”在总结前人的论述后，他认为：“所谓语言，是一套表达观念的符号系统；所谓言语，则是指个人运用语言的行为及其作品。”“首先，语言是社会性的，言语是个人性的……其次，语言是潜在性的，言语是显在性的……第三，语言是空间性的，言语是时间性的。”在理解语言和言语的统一时，他认为：“言语是语言的历史前提，语言是言语的逻辑前提……言语推动了语言的发展，语言推动了言语的发展……语言潜存于言语中，言语是语言的存在形式。”①

在此基础上，他认为：“所谓语文，既不单纯以语言的形式存在，也不单纯以言语的形式存在，而是以语言—言语的方式存在。说得更实在一些，是既表现为由言语向语言的发展，也表现为由语言向言语的发展。”他从理论上对语文的二重构成要素进行了比较好的归结，使得语言和言语有了比较明确的区分。但立足于语言学理论的探讨并不能很好地解决语文的现实问题，语文毕竟不是语言学。

在语文教育语境里，我们所说的“语言”很多时候既包括上述的“语言”，也包括“言语”，它其实是“语言”和“言语”的混合体，习惯上称之为“语言”。如果在语文教育中硬要区分的话，可能会造成一些不必要的麻烦。因为语文教育毕竟是基础层次的教育，没有详加区分的现实意义，否则“语言”和“言语”的纠结就是永远也说不清的问题。在基础阶段的语文教育中，“语言”应该有些“大而化之”（“之”为“语言”和“言语”）的模糊内涵，这样会给语文教育以广阔的发展空间和实践路向，纠结于一端会在一定程度上使语文凝固。

在对语文的探讨中，“文”的纠结主要是围绕文字、文学、文章和文化展开的。

语文之“文”指文字。文化以文字为载体和中心表现，以文字表现世界。把“文”理解为文字，是吕叔湘、王力、张志公等老一辈语言学家对语文的“文”的定位，这是现代语文教育以来的主流理解，它深刻影响了语文课程的理论研究和教学实践。

语文之“文”指文学。文学是人感性生命的激荡，古往今来，人们执着于文学，沉溺于性灵兴会之间，以文字寄托一切价值及生命，用文学描摹人生与社会、演绎理智与情感，用文学作为沉积人生的实践物，用文学刻画和铭记时代，用文学渴望美好的未来，于是成就了无数的经典。

---

① 李海林：《言语教学论》，上海教育出版社2007年版，第6页。

语文之“文”指文章。语文课就是学文章，学着读文章，学着写文章，这是我们的老传统。

语文之“文”指文化。文化意识的觉醒是社会发展到一定程度的必然产物，“仓廪实则知礼节，衣食足则知荣辱”形象地说明了文化意识觉醒的社会必然性。20世纪末，我国社会发展带来的文化意识觉醒给语文教育带来一股新鲜的空气，语文教育的文化意识得以确立。

在语文教育研究和教学实践中，语文之“文”的纠结主要集中在上述的文字、文学、文章以及文化中。研究者的理论背景和研究视角纷繁不一，语文教学实践者的实践路径各有不同，他们共同促进了语文教育理论研究和语文教学的繁荣和进一步深化。即便是在语文课程标准已经有了明确定位的今天，研究和探讨依然会进一步深入下去，语文还会在“语”和“文”的纠结中继续发展。其实，就语文教育实践来看，对“语文”的理解尽管各有不同，不同的理论主张尽管给语文教学带来深刻的影响，但这种影响不是决定性的，语文课程的特殊性决定了“百花齐放、百家争鸣”是语文教育理论研究和语文教学实践的应有之境。

我们认为，“语”是本体，“文”是“语”的表现形态。本体只有一个，形态则是多样的，文字、文学、文章、文化等形态呈现出一体性的结构关系，语文就是一“体”多“形”的文化构成物。同时，对语文的理解还要动态观照，很多专家对语文的理解都有错误，他们错在无视学习主体的存在而以静止的眼光看待语文。我们认为，小学主要是语言文字，初中主要是语言文章，高中主要是语言文学，大学主要是语言文化。这里用“主要”一词，就说明在不同阶段其他因素也不同程度地存在着。

其实，关键不在于对语文认识的争论，而在于行动。对于一线语文教师来说，“意识决定形态”，有什么样的理念就有什么样的课堂，有什么样的语文观就有什么样的语文教学观。我们应该找到一种适合自己的教育教学理念，可以指导自己前行，而不致被各种风潮刮得东倒西歪。毕竟选择什么样的教育，是由我们脚下的这片土壤决定的。

二、《说文解字》对语文、教育、教学等的解释

语：语，论也，从言吾声；论，议也，从言仑声。

文：错画也，象交文。

教：上所施下所效也。

育：养子使作善也。

学：《说文解字》未收录“学”字，有一个和学相关的字，即“觉”，“觉悟也”。

三、中国传统的教学理论

在中国教育史上，有关教学的论述是极为丰富的。比如：在学与思、知与行、文与道、博与约、温故与知新、启发与诱导、教师的教导与学生的学习以及教师与学生的关系等方面（如因材施教、教学相长、当仁不让于师等）都有丰富的论述。

（一）《学记》（《礼记》卷十八）

本篇记述学习的功用、方法、目的、效果，并论及教学为师的道理，与大学发明所学的道术相为表里，故甚为宋代理学所推崇，以为《礼记》除《中庸》《大学》之外，唯《学记》《乐记》最近道。

（二）孔子的“学、思、习、行”

（三）荀子的“闻、见、知、行”

（四）《中庸》：“博学之、审问之、慎思之、明辨之、笃行之。”

（五）《师说》：“师者，所以传道、授业、解惑也。”

四、西方教育传统中关于教学理论的表述

（一）古希腊苏格拉底的“产婆术”

（二）拉特克的“教授之术”：以教学的方法、技术问题为中心。

（三）夸美纽斯的“教学的艺术”

1. 自然适应原则。

2. 教学原理：直观原理、活动原理、兴趣与自发原理。

（四）赫尔巴特的“四段论”：明了（清楚）、联想、系统、方法

他的弟子将其教学理论概括为五段教学法：预备、提示、联想、总结、应用。

（五）19 世纪末在欧洲兴起的“新教育运动”传到美国后成为进步主义教育

它与杜威的实用主义结合，形成新的三个中心：

1. 从教师中心转变为学生中心。

2. 从学习间接经验为主转变为重视个体的直接经验和兴趣。

3. 从班级授课制的课堂集体讲授转变为学生的个人活动，也就是在教师的辅导下使学生在活动中自己学习。

（六）美国斯金纳的程序教学、布鲁纳的发现学习、布鲁姆的教学目标分类，保加利亚洛扎诺夫的暗示教学法，德国根舍因的范例教学

（七）苏联的教学理论

1. 凯洛夫的教育学：肯定学生掌握知识的过程和人类在其历史发展中认识世界的过程具有共同之处，因此教学过程应在科学的认识论的指导下进行。强调上课是教学的基本组织形式。充分肯定教师在教育和教学中的主导作用，并强调教科书是学生获取知识的主要来源之一。

2. 赞可夫教学与发展的实验教学的五条原则：以高难进行教学、理论知识起主导作用、以高速度进行教学、使学生理解学习过程、使全班学生都得到发展。

（八）建构主义教学理论

建构主义的学习观主要有以下几点：

1. 科学学习不是从零开始，而是基于原有知识经验背景的建构。建构主义认为，在学习科学课程之前，学生的头脑里并非一片空白。通过日常生活的各种渠道和自身的实践，学生对客观世界中各种自然现象已经形成了自己的看法，建构了大量的朴素

概念或前科学概念。这些前科学概念形形色色，共同构成了影响学生学习科学概念的系统。学生的前科学概念是极为重要的，它是影响科学学习的一个决定性因素。前科学概念指导或决定着学生的感知过程，还会对学生解决问题的行为和学习过程产生影响。

2. 科学学习不是接受现成的知识信息，而是基于原有经验的概念转变。

3. 科学学习既是个体建构过程，也是社会建构过程。

建构主义观点中教师的作用如下：

1. 主导作用、导向作用、组织者。教师应当发挥“导向”的重要作用，发挥教学组织者的作用，努力调动学生的积极性，帮助他们发现问题，进行“问题解决”。

2. 发现者。要高度重视对学生错误的诊断与纠正，并抱有正确的态度。

3. 中介者。教师是学生与教育方针及知识间的桥梁。教师既要把最新的方法知识提供给学生，还要注意提高他们的全面素质。

五、教学理论中国化

（一）中华人民共和国成立后的“五段论”

1952 年下半年，我国大规模学习苏联的教育经验，形成了“组织教学—复习旧知识—讲授新知识—巩固新知识—布置作业”的“五段论”教学。

1953 年 5 月，北京师范大学教育系学生到中学实习，苏联教育专家普希金也到场听课，教材是《红领巾》。教师采用的是讲述法，兼以讲解法，课堂教学结构由“五环节”组成。普希金发表了意见，批评了当时流行的一些教学方法。同年 5 月 27 日，北师大中文系学生依据普希金的意见和方法，试教了《红领巾》，用了 4 节课，每节课都让学生先讲，然后由教师引导、启发，最后予以概括总结。这种分析型教法在全国引起很大轰动。

普希金的意见对我国语文教学的改革具有一定的推动作用，但也有弊端。主要在于中国和苏联语文的巨大差异：苏联的语文分为俄语和俄国文学，是分科型教材；而我国语文课程采用的是综合性教材。然而，由于当时苏联对我国强大的影响力，普希金提倡的分析课的做法几乎成为当时我国语文教学唯一的“课型”，这种分析方法最后演化为我们常说但当下被诟病的“肢解式分析”。其积极意义在于对课文细节的把握以及语言基本功的学习和掌握，不足之处在于缺失了对课文的整体把握，可能会产生“一叶障目不见泰山”的行为。

（二）魏书生的“六步教学法”

我国著名教育改革家、全国特级劳动模范魏书生老师在新的教育思想指导下，在教改实践中以培养学生自学能力为中心，重视科学与民主，创造出一系列新的教学方法，“六步教学法”就是其中之一。“六步教学法”的基本内容包括以下六点：

1. 定向。即确定课文的学习重点。

2. 自学。学生把课文通读一遍，逐段理解。不懂的地方，留待下一步解决。

3. 讨论。前后左右每四人为一组，把自学中不懂的地方提出来，互相讨论；讨论也不能解决的问题，留待答题阶段去解决。

4. 答题。立足于由学生自己去解答疑难问题。由每个学习小组回答一部分问题，如第一组回答第一段中的疑难问题，第二组回答第二段，以此类推。这样，疑难之处越来越少，然后由教师回答剩下的疑难问题。

5. 自测。根据定向阶段指出的重点、难点以及学习后的自我理解，由学生拟出一组 10 分钟的自测题，由全班学生回答，自己用红笔来评分，自己检查学习效果。

6. 自结。下课前，每个学生在自己座位上口头总结一下这节课的学习过程和主要收获，在不同类型的学生中选一两名单独总结，使学生接受的信息得到及时的反馈。

“六步教学法”以知、情、行相互作用的规律为依据，重点培养学生的自学能力。

知，就是使学生认识求知的重要性，唤起求知的欲望。

情，就是让学生体验获得知识的欢乐和幸福。

行，就是让学生了解自身学习活动的方向和规则，提高效率。

（三）钱梦龙的“三主四式”导读法

上海特级教师钱梦龙在长期的语文教学实践中逐步形成了以“学生为主体，教师为主导，训练为主线”的“三主”教学指导思想。“主体”“主导”“主线”三者之间的关系，可以这样概括：“学生为主体”是我们考虑问题的基点，“教师为主导”是确保学生主体地位的重要条件，而“主体”和“主导”的关系又辩证地统一在一个以训练为“主线”的教学结构之中。综观许多优秀语文教师的课堂教学，凡卓有成效的教学设计，无不体现着“三主”的教学思想。

“三主”思想体现在“自读、教读、作业，复读”四种基本课式之中。钱老师把他的以“三主”为指导思想、“四式”为基本模式的教学构思统称为“导读”。“导读”是一个相对完整的阅读教学体系。在此体系中，“以学生为主体”是前提，“以教师为主导”是条件，教师和学生的双向活动必然表现为训练形式。

（四）上海育才中学的“读读、讲讲、议议、练练”“八字教学法”

（五）李吉林的“情景教学法”

（六）特级教师张孝纯的“大语文教育”

三、山大附中语文教育的探索与选择

山大附中语文组的整体教育特色是什么？我们培养什么样的人？语文是一种怎样的教育过程？我们做怎样的语文教师？课堂上要怎样实现？语文组用什么样的宏观课程哲学来统领我们所有的思考，建设语文课程的近处与远方？

这些问题都曾经狠狠地折磨过我们。

《义务教育课程标准》颁布实施以来，传统语境下的课堂教学遇到了强有力的挑战，观念、模式、方法、教学文化都面临转型。那么如何按照新课程的文化理念、核心素养的精神、关键能力的方向，来建构我们语文课堂的精神文化呢？

我们提出了构建山大附中语文“文化视野大课堂”的理念。

文化是什么？

文化是历史凝结成的稳定的生存方式，其核心是人自觉不自觉地建构起来的人之形象。一言以蔽之，文化即人化。语文学科的知识就是文化。汉字、汉语，总是与人的气息、人的生活、人的生命紧密联系在一起。所以语文课堂不单纯是一种言语实践活动，更重要的是使学生通过这种言语实践的精神之旅，获得生命的成长。

我们的灵感来自《语文课程标准》：

（一）全面提高学生语文素养：指导学生正确地理解和运用祖国语文，丰富语言的积累，培养语感，发展思维，扩大视野，初步掌握学习语文的基本方法，养成良好的学习习惯。

（二）正确把握语文教育特点：语文课程丰富的人文内涵对学生精神领域的影响

是深广的，学生对语文材料的反应又往往是多元的。因此，应该重视语文的熏陶感染作用，注意教学内容的价值取向，同时也应尊重学生在学习过程中的独特体验。

（三）在语文学习过程中，培养爱国主义感情、社会主义道德品质，逐步形成积极的人生态度和正确的价值观，提高文化品位和审美情趣。

（四）认识中华文化的丰厚博大，吸收民族文化智慧。关心当代文化生活，尊重多样文化，吸取人类优秀文化的营养。

其中反复提到“文化”这个词。“以文化人”，与追求冷冰冰的分数不同，我们更看重“人”！龙应台在《文化是什么》中说：“它是随便一个人迎面走来，他的举手投足，他的一颦一笑，他的整体气质。他走过一棵树，树枝低垂，他是随手把树枝折断丢弃，还是弯身而过？一只满身是癣的流浪狗走近他，他是怜悯地避开，还是一脚踢过去？电梯门打开，他是谦抑地让人，还是霸道地把别人挤开？一个盲人和他并肩路口，绿灯亮了，他会搀扶盲者一把吗？他与别人如何擦身而过？他如何低头系上自己松了的鞋带？他怎么从卖菜的小贩手里接过找来的零钱？”

她还说：“如果个人创造力和想象力被容许奔放，那么这个社会的总体创造力也会是生机蓬勃、创意充沛的……文化更是一个国家的心灵和大脑，它的思想有多么深厚，它的想象力有多么活泼，创意有多么灿烂，它自我挑战、自我超越的企图心有多么旺盛，彻底决定一个国家的真实国力和它的未来。”

落实到语文教育上，我们更应该关注我们培育什么样的人。中华人民共和国成立后，我们的语文教育改革几经起伏迂回，改来改去，有时越改越迷茫。人们试图在深层次对语文教育进行反思，发现要想整体性解决语文问题，更加需要的是一种文化自觉和“文化视野”。“文化视野”强调多元价值和兼容兼顾，就是用文化理念审视语文课堂，寻求整体解决问题的“文而化之”策略，形成师生共同遵循的一种课堂精神、文化理念，进而呈现一种广博、深邃、精彩而阔大的语文教育境界。

因此，所谓“文化视野大课堂”，就是“以汉语文化为背景，把语文课堂打造成一个足够广阔和自由的文化空间，通过言语实践活动培养学生独立的价值追求与文化意识，以母语内在的文化内涵为学生打造精神的底子，建构学生的文化生命”。

也就是通过母语内在的文化内涵为学生建立自己的精神家园。

精神家园是一个人的精神归依和心灵归宿。一个人活在这个世界上，不仅需要知识和专业技能，还需要一点精神支柱、一些艺术和情怀支撑。在我们的日常工作中，在学生思想发展中有这样的发现：小时候完全接受老师、成年人教给他们的一切，后来经过自己的经历、观察和思考，发现这其中有很多都是“谎言”，于是开始怀疑、否定，甚至走向价值观的极端，以调侃、玩世不恭的态度消解一切。这种现象往往发生在敏感、善于思考甚至是早慧的孩子身上，这就是一种精神家园失落的形态。通过母语文化为学生建立自己的精神家园，尽管需要经过一生的实践和生命体验，才能真正将其内化为自己生命的一部分，但是这对一个人终生精神空间的拓展是有重大意义的。尤其在今天这样一个物质富裕、精神贫困的时代，更显得尤为珍贵。

关于课堂“教什么”与“学什么”的问题，从表层来看，是教学目标的确定，实际上是一个价值判断和选择问题；从深处讲，就是一种文化观念问题。新课标明确指出：语文是最重要的交际工具，是人类文化的重要组成部分。在中小学课程中，语文课担负的传播人类和民族文化的功能是首屈一指的，而文化正是语文课的内核、源泉和母体，抛开文化谈语文，抛开思想、情怀、艺术来考察语文，就如同折木求花、断源求水。

北京大学著名的钱理群教授在《语文教育的弊端及其背后的教育理念》一文中指出：“中学语文教育落实到人文教育上时，就是给人建立一种精神底子。一个人的精神是要有一定的底子的。我个人认为这种精神底子应当是浪漫主义和理想主义的，即给人的生命一种亮色。”初中阶段是青少年个性和人格的形成关键期。如果学生的心灵只靠时尚流行文化来填补，如果没有人文的阅读与思考、没有文化的引领，很容易患上文化贫血症，导致精神的平庸与低俗。

我们认为：只有老师具备高瞻的人文理念和开阔的文化视野，才能够把目光投向广阔、深远的文化高地，才能让孩子们在语言中学习，最终超越语言，使文化通过语言进入孩子的血脉，化为现实人生。

“文化视野大课堂”之“大”，是希望语文能够成为学生时时刻刻的生命在场，既包括师生共在的40分钟真正的课堂，更包括学生在课下读书和体验的总和。

我们这样定位课堂理念：用文化抹亮学生生命的底色，以文化奠基学生精彩的发展。

那么，这种课堂应该具备如下特征：

（一）文化渗透，深度涵养心灵

文化渗透特别强调经典文化在引人向善、向真、向深等方面的影响，这种影响不但是良性的，而且是深刻久远的。不是只停留在纸面上、墙面上、表面上，而是在情感、思想、心灵层面的深度渗透。

（二）教学相长的文化共生与共进

久而久之，文化沉淀下来就会呈现出一种生活常态，对师生的文化生命产生潜移默化的影响。

（三）教学方式的有机灵动

要建构具有文化特质的语文课堂，我们注重体验的意义。因为体验的情境越真实，主体的感受就越深刻。这一点，主要体现在我们对阅览课课型的探索上，体现在我们对体验类课程的建构上。

（四）动态、多向、互动的文化建构

语文大课堂，提出一个“大”，是因为语文教学的一个重要特点是语文具有丰富的外延。因此，我们尽可能建立语文课堂与外部世界的关联，在学校、家庭和社会之间建立多向、互动的文化联系。

几年的探索下来，我们意识到：各种风潮风起云涌的时代，其实也同样是一个找寻教育文化沃土、进行创造性融合与探险的年代。正是这种精神文化的迅速繁荣，才使我们勇于打破单一化的封闭模式，创建属于自己的“理念与形态”的时代。

山大附中语文组在建构“文化视野大课堂”中有得天独厚的条件：百年山大的文化底蕴、语文教师的文化姿态、相对较好的生源，使得山大附中语文课堂整体呈现充沛的文化底气和开阔的文化视野。这是我们课题开展的重要前提。

山大附中是一所百年老校，深厚的文化根基和浓郁的教育情怀都使这所小小的校园变成老师和学生的精神家园。山大附中是一所勇于变革的学校，从校长到普通老师都追求卓越、不甘平庸，整体的氛围是自由开放、充满活力的。

山大附中语文组是一个充满书香气息的团队，大家热爱读书、热爱教育、热爱学生、痴迷语文，曾经获得山东大学“三八”红旗集体，济南市“优秀教研组”等荣誉称号。我们理应是理想语文教育的创建者与实践者。

从生源的角度看，山大附中的学生在济南市是拥有相对较高素养的群体，他们大部分生活在山东大学洪家楼校区和中心校区周边，从小在喜欢读书的氛围中成长，父母的文化素养也较高，来到山大附中后，比较适应山大附中语文组的教育理念。

在山大附中语文组，大家的一致思考是：语文不是简单的教学，语文是教育。我们反复思考，形成了属于我们的学科宣言：

我们的教师观：

语文教师应该具备精深的专业知识、深厚的理论功底、开阔的人文视野。

语文教师应该爱读书、有学养、懂教育、热爱学生、充满智慧、有思想。

语文教师首先应该是有尊严的读书人，应该有一种文化姿态，在举手投足间能够给学生以文化气质的引领。

我们的学生观：

我们理应培养具有丰富美好的内心世界，较高的文化修养和品位，快乐、宽容、合作，有个性、善思索，具备创新思维同样具备批判精神的独特个性的学生。

我们的语文观：

当人的成长在教育中被窄化为知识增长的时候，人便被从情感、性情、情志、情趣的土壤中连根拔起。此时，纵使设备再精良、手法再先进、技巧再娴熟，教育充其量也不过是小丑的舞蹈。

语文教育就应该是一种有益于人的终生幸福、完整成长的教育。

我们的课堂观：

我们的课堂就应该是真正懂得孩子的元阅读体验的原生态课堂——开放的课堂、对话的课堂。把学生的疑问真正惦记在心上，从解决孩子的问题入手，灵活多样地读出语文味道、杂花生树的自然生成的课堂——引领、浸润、体验、升华。遇到，从此不同。

（五）文化视野大课堂建构的“KAD 课程体系”

“文化视野大课堂的构建与实施”的课题研究着力于把基础型课程、拓展型课程、探究型课程进行宏观建构并尝试实施，通过对知识系统、能力系统和动力系统的整体构建，形成一个具有包容性和文化底蕴的语文课程教育教学改革范式。

1. 知识系统（Knowledge system）——基础型课程研究

（1）课堂文化视野渗透研究：研究课堂教学中以“文化视野”为指导改变语文常态课堂的方法和模式。

（2）阅览课实施策略研究：研究多种阅读课型下对学生语文素养提升的影响，重点研究：①初始型阅览课；②导向型阅览课；③欣赏型阅览课；④自主型阅览课；⑤展示型阅览课。

（3）写作类课程的建构与实施：按照维果斯基的社会建构主义理论和最近发展区理论，“支架教学”是让学生进入最近发展区的教学，研究写作课程中如何运用“支架教学”法为学生提供可供选择的构思框架以及提高其写作能力。

2. 能力系统（Ability system）——拓展型课程研究

（1）“经典阅读”课程体系建构。站在文化的高地研究基础教育阶段的经典阅读课题体系建构，包括中学生经典阅读情况调研、经典阅读在基础教育阶段的实施和应用、经典阅读推广的前景和发展。

（2）“大家讲堂”名家名讲体系研究。建构适合初中生的名家名讲系列图谱，充分利用山东大学的优势，推进大学教授学术讲座与初中基础教育的对接，研究山大附中校园学术讲座的常态化发展体系。

（3）“三月文学联盟”学生文学素养研究。利用“三月文学社”校园文学社团研究新课程背景下初中校园文学社团建设，以山东省“三月文学联盟”为平台，研究“区域文学联盟”在语文教育教学改革中的作用以及初中生文学素养的培养策略。

3. 动力系统（Driving force system）——探究型课程研究

（1）体验类课程建构：针对不同年级、学段设置不同类型的体验活动，通过体验活动的过程研究和结果研究，分析体验课程对教育教学改革的影响。

（2）教师的个性化课程探索。研究如何充分发挥教师的“个性化”，探讨“一师一课堂”“一课一名师”的实施现状与发展，探讨教师走课制度对常态课堂的颠覆和改革以及师徒结对效果的研究等。

（3）青年教师的成长机制研究。研究促进青年教师成长的体质搭建，比如“导师制”“师徒结对”制度、研究青年教师的成长规律、研究青年教师个性特征与教学融合等。

温儒敏教授在《高考语文改革走向分析及建议》中曾指出：语文学科属于基础学科，这种对一个人成长的“覆盖性”影响，是其他任何学科都难以取代的。语文学好了，能为其他学科的学习打下基础。语文学科可以说是“基础的基础”。基于此，我们深感自己任重而道远，立志齐心协力构建有自己特色的课程，追寻属于自己的教育教学“梦想”。

山大附中语文组在学校整体课程建构的大环境下对语文教育进行了宏观课程建

构，具体而言，建构了基础型课程、拓展型课程、探究型课程并尝试实施，完成了“阅览课实施策略研究”“体验与表达”和“文化视野大课堂的构建与实施”三个课题研究。

阅读是语文教育的“左翼”。站在文化的高地引领学生读书，构建师生共同与书本相亲的精神家园是我们的一贯追求。“有一些书，如果一个人不曾在童年时读到它们，不曾在童年时代为它们动过真情、流过眼泪，那么这个人的性格和他日后的精神成长，都可能会有所欠缺。”徐鲁在他的《书香童年：记得纯真少年时》如是说。我们通过教研组、备课组、年级组、文学社给学生推荐书目，把阅览课实施列入教学计划，从文学作品、人生修养、名人传记、科学技术等方面推荐读书书目，让每个孩子制订个性化读书方案，手把手教授读书笔记方法，自己设计读书笔记，组织读书汇报活动、诗会、辩论会、演讲比赛、小小书市等。《让灵魂沐浴书香——阅览课实施策略研究》，使我们的阅读教学越来越趋向丰富性和有针对性，并渐成体系，力争在浮躁起伏的现实世界里让学生能够坚守住内心的宁静，涵养性情，成为有修养、有品位的人，成就孩子们一辈子的读书梦想。

山大附中语文组关于读书的研究成果不仅在山东省素质教育论坛、山东省教育改革十年研讨会上作了推广分享，也在济南的十几所学校以及全国不同省市作过推广。2010 年，全国第二届人文教育高端论坛及名师教学研讨会由山大附中语文组承办，高平做了《让灵魂沐浴书香》专题报告，王波老师、孔磊老师做了关于教育研究、大家讲堂等方面的报告，赵克芳老师、王爱侠老师执教，向来自全国各地的老师初步展示了山大附中语文组关于语文理想教育的思考成果，得到了广泛的好评。2016 年 11 月，龙口部编教材研讨会上，高平做了《课外阅读——我们的计划与实施》的报告，得到与会老师的高度评价。

写作是语文教育的“右翼”。如果学生的生活贫乏，写作就会变成“无源之水”。陶行知先生说：“没有生活做中心的教育是死教育。”“纸上得来终觉浅”，学生的完整成长仅仅靠读书是不够的。因此，2011 年，语文组进行了第二个课题研究——《体验与表达——体验类活动实施策略研究》，通过对初中三年学生体验类活动的设计与具体实施的策略研究，有梯度地进行学校宏观设计、教研组整体设计、备课组主题设计、文学社创意设计等不同层次的设计，“春天日志”“母亲小传”“行走济南”“童稚的眼睛”“原味端午”“灯光诗会”……生活的外延有多大，语文的外延就有多大。让学生的生活更加缤纷绚烂，让参差多态的自然与人文渗进孩子的每一寸肌肤，学生写作有根基、有内容，呈现出来自生活的多彩多姿。

2014 年底，济南市首届语文体验类课程展示活动在山大附中举行，原山东省教育厅副厅长张志勇亲临现场，对我们不同层面的体验类活动设计很是赞赏：“在山大附中，我遇到了理想中的语文。”2016 年，中央媒体对我们进行《母亲小传》采访，体验类活动的育人功能更是润物无声。

2013 年，我们把课题研究的视线再次聚焦课堂。我们盼望我们的课堂是广博读书与丰富体验的师生抵达课堂，是沉浸在文化视野下的心灵对话，让课堂有理念、有思想、有灵魂。2015 年 11 月，第七届人文教育高端论坛及名家讲坛上，高平老师做了《文化视野大课堂的构建与实施》的报告，刘霞老师执教《诗经两首》获得与会专家及老师们的高度评价。

原清华大学校长梅贻琦先生曾意味深长地解读课堂：“古者学子从师受业，谓之从游。学校犹水也，师生犹鱼也，其行动犹游泳也，大鱼前导，小鱼尾随，是从游也，从游既久，其濡染观摩之效，自不求而至，不为而成。”

语文教师不是从事教学的职业，而应该是从事教育的事业：教育就是把学生从窄小的教室里转移开来，投向更辽阔的星空。山大附中语文组老师不仅在山东省优质课评选中多次获得一等奖，也在全国不同层次的会议上推广经验。我们不断地践行着赵勇校长提出的“养根育能、养心育德”的办学理念——站在文化的高度思考教育，站在教育的高度思考教学。同时，过去 10 年里语文组老师的专著也硕果累累：《课堂，诗意还在》（赵克芳著，西南师范大学出版社 2012 年版）、《陪小土豆们读初中》（高平著，福建教育出版社 2013 年版）、《每一棵树都想开花》（王波著，山东教育出版社 2010 年版）、《别忘了自己也曾是个孩子》（姜荣奎著，山东教育出版社 2010 年版）、《教师如何与学生沟通》（姜荣奎著，中国轻工业出版社 2012 年版）、《解读青春期密码》（姜荣奎著，中国轻工业出版社 2015 年版）、《教想曲——高平教育随笔》（高平著，福建教育出版社 2014 年版）。

2014 年暑假，在语文教学改革之提高课程领导力的思考下，我们提出了构建教师个性化课程和学生个性化学程的想法——“教师走课”。孩子们每一天都可以享受精品课程，三年获得 20 多位济南名师的精彩授课，真正有八面普照的感觉，经常可以有新鲜的期待与启发，不同专业的老师“闪亮登场”，也会极大地激发孩子们的兴趣，给孩子一个更加阔大的世界。同时学校的优质资源得以扩大化，我们更可以站在高位宏观调控，做成教研组“团队”品牌，成就真正具有学校特色的教师精品课程和学生精品学程体系。在山大附中，不仅学生的个性得到了充分的尊重与实现，老师的个性化课程也在此基础上得以构建。

2016 年 5 月，济南市首届创新校园展示活动在山大附中辅仁校区举行，高平向与会老师介绍了山大附中语文组的文化构建，邹子韬老师执教《童年小传》展示课，得到了与会领导和老师的高度评价。

宋代大儒陆九渊在《与曾敬之》信中提到：“有其本，必有其末。未闻有本盛而末不茂者。”大意是说：事情都有本有末，没听过根本壮盛而枝节末端不茂盛的事。回望我们通过课题研究而扎扎实实走过的每一步，语文组已经在阅览课实施策略研究、体验类活动设计、文化视野大课堂的构建及实施、诗歌教学等方面硕果累累。根深方能叶茂，让我们的孩子把根脉深深扎进民族文化的土壤，扎进自我生命生活的深井；登高才能望远，让我们的孩子能够领略人类文化的风景，体验经历时间淘洗仍然熠熠生辉的灿烂文明，期待他们长成参天大树。

所谓“教育”，不是一堂又一堂黑色墨水换红色分数的鏖战，而是在孩子们的生命中铭刻记忆，那是他们郑重而庄严的成长。让我们用柔软的心，捧起这些脆弱的心灵，陪他们不放弃不抛弃，坚定地守护最初的梦想，相信亲情、相信友情、相信爱情，稳稳地、诗意地长大。

这本书就是基于我们的课题研究，从课堂、读书课程、体验类课程、写作课程、“三月文学社”、大家讲堂项目组的建构和青年教师成长的视角，全面呈现山大附中语文组的教育足迹。

第二部分

实践篇

一、课堂之内：文化视野大课堂的课堂实践

在山大附中文化视野大课堂理念的指导和影响下，文化渗透、涵养心灵、建设具有文化特质的语文课堂，已经成为附中语文老师们一种自觉的专业追求。经过五年多智慧的碰撞和实践摸索，文化大视野的理念慢慢沉淀下来，成为一种鲜活的课堂常态。课堂对教师们而言，既是一个充满文化智慧和创造力的场域，又是承载着师生有限生命和无限可能的艺术舞台。

“文化视野大课堂”注重引领学生“亲近文本”，主张让学生沉潜在语言文字中去比较、还原、体味、揣摩，从文字的表层抵达言语的意蕴和审美，让语文课上出语文味和文化味。

（一）散文课的文学味

散文是一种抒发作者真情实感、写作方式灵活的记叙类文学体裁。散文教什么？怎么教？要回答这些问题，不应该抽象笼统地谈“披文入情”；而应该研究：这一篇独特的“文”，具有这样独特的体式，将会传达怎样独特的内容？

一切阅读行为都是具体的。离开具体文本抽象地讨论阅读毫无意义，因为所有的阅读都是针对特定文本的阅读。不同的文体有不同的思想情感表达方式，背离这一方式，将给读者的正确解读带来极大的障碍。

散文阅读，即鉴赏“文学性的散文”，是要分享作者在日常生活中感悟到的人生经验，体味精准的言语表达。散文教学，从“教”的角度讲，关键是引导学生往“散文里”走，往“作者的独特经验里”走，引导学生细读，体味作者言语表达的功力和意味，培养学生以言逮意的能力。

课例一

《从百草园到三味书屋》

教学主张

这是一篇经典散文，教学就是要在学生和经典之间搭起一座桥梁。对于七年级的学生来说，这座在时间上跨越百年、在内容上串联起传统与现代的桥梁尤其重要。因而要让学生消除对鲁迅的文章和经典的敬畏感，通过“童年”“游戏”“快乐”这一系列共同的主题产生亲切感；同时，任何课堂都要让学生有期待，有一种创造的渴望和参与的愉悦，因而适当地采用“猜读法”可以让学生对课文和课堂充满着新鲜感。

于是，我设计了激发学生兴趣的主问题，让学生以新的视角来阅读、走入文本，在猜读的期待中了解鲁迅的童年。同时在这一过程中体味文章的文字美。

课堂的第一阶段，发放课文 1 ~ 9 段，让学生预习“百草园”部分内容，梳理“百草园”中有哪些让人难忘的景、事、人，总结百草园时期的生活特点；在此基础上猜测三味书屋的生活是怎样的。

第二阶段，发放课文的第二部分——“三味书屋”部分，从文中的描述中了解三味书屋，并印证自己的猜测，然后说出新的印象，并说明理由。

……

综上所述，从百草园到三味书屋，是从自然这个大课堂走进知识的殿堂的过程，这两个课堂在鲁迅的生命中同样重要。

在这个过程中，他以自然为师，以游戏为师，以书本为师，沐浴着自然的和风细雨，在游戏中成长，在知识中成长，在生活中成长……

这给我们启发，成长是综合的，并不仅仅是书本知识，更需要生活这个大课堂。无论是百草园还是三味书屋，都给我们提供了丰富的养分，对我们同样重要。

从百草园到三味书屋，实际上是我们破解鲁迅童年的成长密码。要想对鲁迅了解更多，推荐大家课外阅读《朝花夕拾》。

课堂实录

师：（学生入场）同学们，今天我给大家带来了一首好听的歌曲，请大家欣赏（播放歌曲《童年》）。

（课前准备一个小游戏，让学生放松心情。）

童年总是和快乐的游戏联系在一起，童年的鲁迅也喜欢游戏，他还在一篇文章中写了这些游戏，今天我们就来学习这篇文章：《从百草园到三味书屋》。

现在我们再做一个游戏：假如童年的鲁迅邀请你到他家做客，并和你一同游览百草园，你会选择哪个季节去？你会游览什么？并说明理由。

请大家浏览课文，想一想，然后小组交流。

（学生浏览课文，思考，小组交流，教师深入学生的小组中和学生共同交流。学生展示小组交流的结果。）

生：我喜欢冬天去。

师：（追问）为什么？

生：因为冬天可以捕鸟。

师：（开玩笑的口吻）你真的喜欢捕鸟吗？那我可要考考你啊，说准确了才是真喜欢。前提条件是不要再看课本了，快速回答怎样捕鸟。

生1：……用一支短棒支起一面竹筛，棒上系一条长绳，人远远地牵着……看鸟雀走到竹筛底下的时候，将绳子一拉，就抓住了。

师：我看你八成捕不到鸟。

生2：老师，还需要等下了雪，扫开一块雪，露出地面；还要在竹筛下面撒些秕谷……看鸟雀下来啄食时才能捕捉到。

师：补充得很好，你们两个合作就能捕到鸟了。看来这些步骤很重要，缺一不可，现在大家在文中标记出这一连串表示动作的词。

生：（标记）扫、露、支、撒、系、牵、看、走到、拉、罩

师：这些动词用得很准确、很贴切。法国著名作家福楼拜说："无论你所要讲的是什么，真正能够表现出它的句子只有一句，真正适用的动词和形容词也只有一个，就是那最准确的一句，最准确的一个动词和形容词。"

我们再来齐读一遍，细细体会，细细欣赏！

生：（齐读）薄薄的雪，是不行的；总须积雪盖了地面一两天，鸟雀们久已无处觅食的时候才好。扫开一块雪，露出地面，用一支短棒支起一面大的竹筛来，下面撒些秕谷，棒上系一条长绳，人远远地牵着，看鸟雀下来啄食，走到竹筛底下的时候，将绳子一拉，便罩住了。但所得的是麻雀居多，也有白颊的"张飞鸟"，性子很躁，养不过夜的。

师：有没有其他季节去的？

生1：我喜欢春天去，因为那儿有碧绿的菜畦，还能吃到桑葚和覆盆子。

师：覆盆子是夏天结果、成熟，看来你喜欢春夏这两季去，建议你暑假去。

生2：我喜欢夏天或者秋天去，因为有许多好玩的事物。

师：有哪些好玩的事物呢？你读一读原文。

生：（读）油蛉在这里低唱，蟋蟀们在这里弹琴。翻开断砖来，有时会遇见蜈蚣；还有斑蝥，倘若用手指按住它的脊梁，便会啪的一声，从后窍喷出一阵烟雾。何

首乌藤和木莲藤缠络着，木莲有莲房一般的果实，何首乌有臃肿的根。有人说，何首乌根是有像人形的，吃了便可以成仙，我于是常常拔它起来，牵连不断地拔起来，也曾因此弄坏了泥墙，却从来没有见过有一块根像人样。如果不怕刺，还可以摘到覆盆子，像小珊瑚珠攒成的小球，又酸又甜，色味都比桑葚要好得远。

师：的确很有趣、很好玩，这位同学读得很好，轻快、活泼。老师也喜欢到百草园去，我也试着读一读：（师语气平淡地读）院子里有碧绿的菜畦，光滑的石井栏，高大的皂荚树，紫红的桑葚；也有鸣蝉在树叶里长吟，肥胖的黄蜂伏在菜花上，轻捷的叫天子（云雀）忽然从草间直窜向云霄里去了。还有那周围的短短的泥墙根一带，也充满着无限趣味。

请大家评价老师读得怎么样？

生1：老师，你读得太平淡，没有感情。应该读出喜悦、欢快，体现出快乐的心情。

师：我虚心接受，你读一读试试。

生1：（声情并茂地读）不必说碧绿的菜畦，光滑的石井栏，高大的皂荚树，紫红的桑葚；也不必说鸣蝉在树叶里长吟，肥胖的黄蜂伏在菜花上，轻捷的叫天子（云雀）忽然从草间直窜向云霄里去了。单是周围的短短的泥墙根一带，就有无限趣味。

师：这位同学重点读出了“碧绿”“光滑”“高大”“紫红”“长吟”“肥胖”“伏”“轻捷”“短短”“无限趣味”这些词的情感，很好，我要好好学习。

生2：老师，你有些地方读错了，应该是“不必说……也不必说……单是……”

师：哦？我觉得这样写也可以，非得要用“不必说……也不必说……单是……”吗？

生3：“……也不必说……单是……”这个句式强调了泥墙根一带的趣味，还有这样的意思，百草园好玩的地方实在太多了，只是泥墙根一带就非常有趣了，更别提其他的了，那些就更有趣、更好玩了。所以，这个句式的作用就是强调园子中实在是太好玩了。

师：你说得真好，看来不能随便乱改。我虚心接受这些同学的意见和建议，我再重读一遍。

（师声情并茂重读。）

请大家也齐读一遍，体会百草园中的乐趣。

（学生齐读。）

师：百草园的确很好玩，但是我奉劝凡是夏天去的同学都要注意安全。谁能帮我提醒一下这些同学？

生：长的草里是不能去的，因为那儿有美女蛇和赤练蛇。

师：我看我们夏天还是不要去了吧。

生：不要紧，那只是一个传说，文中说："但也没有遇见过赤练蛇和美女蛇。叫我名字的陌生声音自然是常有的，然而都不是美女蛇。"

师：传说也很吓人的，你害怕吗？

生：（摇摇头）很神秘，不害怕。

师：（开玩笑的，恍然大悟）我明白了，我忽略了一件重要的事——大家是蒲松龄的老乡啊，连《画皮》这样的故事都听过，还怕这个故事！

（众人笑。）

师：老师也去过绍兴鲁迅的故居，还拍了几张照片，请大家看一看。

（教师展示百草园的照片，学生兴奋地指指点点。）

师：怪不得鲁迅说百草园是他的乐园，原来有这样多美丽的景物、有趣的动物、神秘的传说、好玩的游戏等着我们呢！真是：一年四季，四时之景不同，而乐亦无穷也。但是，美好的时光总是短暂的，鲁迅很快就要告别百草园。让我们一起读文章第9段，体会作者的心情怎样，你怎样看出来？

生1：留恋、依依不舍的心情。从“Ade，我的蟋蟀们！Ade，我的覆盆子们和木莲们”可以看出来。

生2：从“我”的猜测和不情愿去三味书屋可以看出来。

师：好的，我们就带着猜测、委屈和依依不舍的心情来齐读这一段。

生：（齐读）我不知道为什么家里的人要将我送进书塾里去了，而且还是全城中称为最严厉的书塾。也许是因为拔何首乌毁了泥墙吧，也许是因为将砖头抛到间壁的梁家去了吧，也许是因为站在石井栏上跳了下来吧……都无从知道。总而言之：我将不能常到百草园了。Ade，我的蟋蟀们！Ade，我的覆盆子们和木莲们！

师：离开百草园，怀着依依不舍的情感，鲁迅又领我们去了下一站，他求学的地方——三味书屋。根据课文中的信息，你猜测一下，三味书屋的生活是怎样的呢？

生1：很枯燥、很严厉，因为文章中说“是全城中称为最严厉的书塾”。

生2：也许会很充实，因为能学到知识。

生3：也会很快乐吧，因为有同学在一起了。

师：那么到底怎么样呢？大家想知道吧？

生：（齐）想。

师：那我们来读课文的后半部分。（教师发放课文后半部分——三味书屋部分。）

（学生读。）

师：请大家边了解鲁迅在三味书屋的生活边印证自己的猜测，然后说出新的印象。

生1：和我想的一样，这儿是严厉的、枯燥的。你看问老师问题，老师都不愿回答。

师：问的是什么问题啊？你读一读相关的内容。

生1：（读）“先生，‘怪哉’这虫，是怎么一回事？……”我上了生书，将要退下来的时候，赶忙问。“不知道！”他似乎很不高兴，脸上还有怒色了。

师：那么到底是怎么回事呢，你知道吗？

生1：知道，课文注释中有：“传说中的一种奇怪的虫。据说汉武帝在路上遇见这种虫，不认识是什么，就问东方朔。东方朔说，这种虫是秦朝冤死在牢狱里的老百姓的化身，是忧愁结成的，放在酒里就会溶解。”

师：这种说法对吗？

生1：不对，这种说法是不科学的。

师：哦，看来这是一种捕风捉影的说法，老师不太喜欢学生上课问这些道听途说的问题。

生2：我认为三味书屋的生活也是快乐的。

师：你怎么看出来？

生2：（读）“三味书屋后面也有一个园，虽然小，但在那里也可以爬上花坛去折腊梅花，在地上或桂花树上寻蝉蜕。最好的工作是捉了苍蝇喂蚂蚁，静悄悄地没有声音。”鲁迅也可以玩。

师：又找到了新的快乐。

生3：我觉得老师很严厉，不好。

师：你怎么看出来？

生3：老师大声地要求他们读书。

师：请你把相关内容读一下。

生3：（读）而同窗们到园里的太多，太久，可就不行了，先生在书房里便大叫起来：——“人都到那里去了？”人们便一个一个陆续走回去；一同回去，也不行的。他有一条戒尺，但是不常用，也有罚跪的规矩，但也不常用，普通总不过瞪几眼，大声道：“读书！”

师：哦，他有戒尺，还可以罚跪，的确很严厉。

生4：老师并不严厉，你看“他有一条戒尺，但是不常用，也有罚跪的规矩，但也不常用，普通总不过瞪几眼，大声道：'读书！'"

师：这位同学很细心，发现了这一系列词语。原来老师也不是很严厉。

生5：我觉得鲁迅在三味书屋的生活很充实，你看："先生读书入神的时候，于我们是很相宜的。有几个便用纸糊的盔甲套在指甲上做戏。我是画画儿，用一种叫作'荆川纸'的，蒙在小说的绣像上一个个描下来，像习字时候的影写一样。读的书多起来，画的画也多起来；书没有读成，画的成绩却不少了，最成片断的是《荡寇志》和《西游记》的绣像，都有一大本。"

师：我发现后面还有一句："后来，因为要钱用，卖给一个有钱的同窗了。他的父亲是开锡箔店的；听说现在自己已经做了店主，而且快要升到绅士的地位了。这东西早已没有了罢。"这几句好像有点啰嗦，删去行不行？

生：不能删，这几句体现了鲁迅的惋惜之情。

师：很好，"这东西早已没有了罢"应该读出惋惜的情怀来。鲁迅后来喜欢美术，喜欢木刻，到教育部工作也是主持全国的美育工作，这可以说与童年打下的底子是很有关系的。

师：这儿也有老师拍摄的三味书屋的照片，请大家看看。

（教师展示相关照片：三味书屋后面的园、腊梅树、三味书屋内景。）

师：这堂课我们随着鲁迅一起游玩了百草园到三味书屋，同学们有什么收获？

生：我了解到从百草园到三味书屋，这儿充满了快乐，鲁迅在这儿度过了一个充实的童年，我们也学到了很多知识。

师：（出示在三味书屋前的一张留影）是啊，当我走出这座普普通通的民宅时，我也感慨这样一个普普通通的私塾，却因为一个人而保留至今。它穿透了岁月，跨越了历史，今天依然静静地立在小桥流水之间，看花开花落、云起云飞……这就是不朽。

从百草园到三味书屋，实际上是我们破解鲁迅童年的成长密码。要想了解鲁迅更多的故事，推荐大家课外阅读《朝花夕拾》。

悟 课

《从百草园到三味书屋》是一篇回忆性叙事散文，是鲁迅先生45岁时用一颗童心去回忆的童年生活。通过对在百草园和三味书屋童年生活的描绘，表现了儿童热爱大自然，追求知识，天真、愉快的心理。因而本节课设计的主导思想是从六年级学生的认知心理出发，通过体验式教学让学生体会作家笔下各种童年的生活，引起学生的共鸣，同时引导学生理解如何在观察、描写景物中融入情感，激发学生观察、反映身边景物的兴趣。另外，采用“猜读法”在猜读的期待中走入文本，了解鲁迅的童年。

在课堂中我力求通过一系列做法来落实这些思想。

1. 精心设计主问题

主问题是一堂课的“纲”，纲举则目张，于是我结合学生的年龄特点和文章的主要内容，设计了“假如童年的鲁迅邀请你到他家做客，并和你一同游览百草园，你会选择哪个季节去？你会游览什么？并说明理由”这一主问题。这个问题从一个令学生感觉新颖的视角入手，切入文本，同时又避免了“问题式”教学的枯燥，在实际教学中效果明显。

2. “猜读法”让学生有了期待

这篇文章是鲁教版六年级下册的一篇文章，我给六年级上学期的学生讲，学生没有课本，我就先发放课文的前半部分，让他们根据前半部分的线索来猜读后半部分，学生就会对后面的文章有阅读的期待。在实际教学中，猜读法充分激发了他们的思考，阅读时精力集中，效率较高。

3. 将“师生平等”融入课堂

在课堂中，比较好地体现师生平等交流、教师又是平等中的首席的特点。在对文章的细节处理上，通过师生互评的方式，激发学生的活跃思维，学生参与的积极性被调动起来了。同时老师结合自己去鲁迅故居的经历、照片，让课堂有了现场感。

通过多种教学方式的结合，我力图让学生走进一个真实的童年鲁迅，也还原了《从百草园到三味书屋》这篇文章的本来面目，从而避免了学生读鲁迅文章的畏难心理。相信经过我们的共同努力，学生们会喜欢鲁迅、了解鲁迅，并进而唤起他们深入、广泛地阅读鲁迅的兴趣，这是我们在六年级学习这篇文章的最重要的目的。

（执教者：王波）

课例二

《我的母亲》：以母亲的名义

教学主张

在每个人生命的最深处，“母亲”两个字始终闪耀着温暖的光辉，对母亲的眷念和感恩也让天下无数子女把这份深情熔铸于字里行间。在古往今来诸多的名篇佳作中，胡适先生的《我的母亲》凭借质朴的文风、真挚浓郁的情感独拔于同类题材作品，真切再现了一位在苦难中坚守的中国传统母亲形象。这位青年成名的文学大师，在他深沉的人生回望中，对母亲虽然没有一句直抒胸臆的赞美，却把自己感念母亲的那颗心，掏出来，揉碎了，融化在文字里，在无尽的追思中涌动着绵绵深情，多年以后仍能在我们心底泛起层层涟漪。这样一篇经典散文，放到今天的孩子们的阅读视野中，多元语境的文化冲突、朴实平淡的文风和时代的隔膜，会使很多孩子轻视它的厚度。

真正唤起学生对这样一位久远时代的女人命运的同情和理解，必须还原人物的文化背景，拨响学生的心弦，只有这样才能听到他们心灵深处的回响。所以引领学生一步步深入文本，在素朴晓畅的文字中体会母亲丰富而复杂的情感和精神世界，感知母亲生命苦难的底色，才能读懂作者在每粒文字中所承载的饱满深情。

课堂实录

导入：猜猜她是谁

师：我们昨天发的材料是关于胡适的介绍，哪一点你印象最深刻？

生：他是中国新文化运动的主将。

生：他荣获过 35 项美国博士桂冠。

师：他是一位博古通今、学贯中西的大学者，是中国现代史上一个了不起的人物。

［屏幕显示］胡适照片及家庭照

这位是胡适先生，很有风度是吧？现在我们来看一下他的一张早年家庭照。

师：猜猜坐在中间的这位女人是谁？

生：（齐答）他的母亲。

师：为什么这么肯定是他的母亲呢？判断的依据是什么呢？

生：因为笑容很亲切。

生：因为拍照一般是重要的人、受尊重的人坐着，而且她显得年龄比较大，应该是她的母亲。

师：同学们观察得很仔细。从她的坐姿中，可以看出这位女性在家庭中所受到的尊重。但这不是他的母亲，而是他的太太。

（生哗然。）

师：他们的婚姻，被称为“民国七大奇事之一”。奇在：首先，胡适一生追求自由和尊严，他的婚姻却是旧式包办的；其次，胡适是名满天下的学者，他的妻子却是一位裹着小脚、识字不多的村姑。这对学识和个性天差地别的夫妻，虽也有吵闹摩擦，但他们的婚姻却从青丝一直走到白发。五四运动以后，受自由新思潮的影响，当时社会上有很多知名人士都抛弃了糟糠之妻，胡适却对妻子丝毫没有轻视之意，对她的人格格外尊重。晚年还把“久而敬之”四个字作为夫妇相处的格言。他对妻子的大爱使我们在佩服先生的学识之余，不得不佩服其为人，而这一切都源于母亲对他深刻的影响。今天我们就一起来学习他《我的母亲》这篇文章，看看这到底是怎样一位母亲。

初读：“早”字的疑惑

师：文章大家课前已经预习过了，现在请大家快速浏览课文，说说你对母亲最初的评价。一两个词语就可以。

（学生速读文章。）

生1：善良、严厉、有思想。

生2：仁慈、聪明。

生3：有尊严、宽容、刚气。

生4：识大体。

生5：教子有方。

师：很好。这是我们对她的最初印象。不知大家注意到没有，文中胡适对他的母亲有好几种称呼，都有哪几种？

生：慈母、严父、恩（严）师

[教师板书：慈母、严父、恩（严）师]

师：作为母亲，她的慈爱表现在哪里？有没有最打动你的细节？

生：第7自然段：“我母亲心里又悔又急，听说眼翳可以用舌头舔去，有一夜她把我叫醒，她真用舌头舔我的病眼。”

师：我发现你在读的时候自觉不自觉地重读了一个字“真”，为什么？

生：因为没想到他母亲能这么做，一般人做不到。

师：那小胡适想到了吗？

生：没有。

师：从哪里读出来的？

生：“她真用舌头舔我的病眼”的“真”字。

师：这种让人意想不到的爱是靠这个字传递出来的。这就叫“细微之处见精神”。再问一下大家，这种医治方法有科学依据吗？

生：没有。

师：从哪里知道的？

生：“据说”。

师：没有科学依据，那怎么就去做？

生：他的母亲十分担心他的病，怕他好不了。

师：爱子心切到了什么都肯尝试的地步。殷殷舐犊情，悠悠慈母心，可见一斑。那既然如此，为什么又称母亲为“父亲”呢？

生：他三岁丧父，母亲代替了他的父亲承担了责任。

师：“子不教，父之过。”那为什么又称呼母亲为“老师”呢？

生：老师的职责主要是教书育人，这说明母亲既重视小胡适的学习，也教给他做人的道理。

师：那我们看看母亲是如何督促他学习的。

生：“每天天刚亮的时候，我母亲就把我喊醒，叫我披衣坐起。我从不知道她醒来坐了多久了。她看我清醒了，才对我说昨天我做错了什么事，说错了什么话，要我认错，要我用功读书。还催促上早学。”从这里能读出母亲对小胡适的学业很重视。

师：耳提面命。这和我们现在很多母亲的做法相似。其实不仅如此，胡适在他的《四十自述》中提到，当年他们家乡的私塾，学金很轻，每个学生每年只送两块银元。而他的母亲渴望他读书，所以学金特别优厚，第一年就送了六块，要求先生别让他死背书，要一字一句讲给他听。以后每年增加，最后一年加到十二元。这样的学金，在家乡要算“打破纪录”的了。胡适后来回忆说，他“一生最得力的是讲书”，正是他的母亲增加学金所得的大恩惠。可见母亲对胡适的学业是非常重视的，可以说是不惜“重金”在栽培他。我这里有个疑问，上学不迟到不就行了吗？干吗去那么早？早到什么时候？同学们说说！

生：十天之中，总有八九天，第一个去开学堂门的。

师：钥匙是从谁那儿拿的？

生：先生家。

师：从哪里拿到的？

生：门缝里。

师：那先生起床了没有？

生：没有。

师：为什么去那么早呢？这个“早”字后面到底有什么呢？小组讨论一下。

师：（采访一学生）平常你的母亲都是要求你别迟到就行，还是一定要早到校？

生：别迟到。

师：（采访另一学生）你呢？

生：我妈一般要求我按时到校。

师：那胡适的母亲为何要求他这样做？谁来说说？这个“早”字背后到底有什么呢？

生：我们小组认为他母亲是希望通过这种方式让他勤奋。

生：让他知道珍惜时间、好好学习。

师：原来母亲是通过这种方式，培养他勤奋、吃苦、认真、上进的习惯和态度。由此可见，胡适的母亲不仅重视他的学习，更重视他做人做事的品性。那么作为严父的她又是怎样训练“我”做人的？

生：（读）我母亲管束我最严，她是慈母兼任严父。但她从来不在别人面前骂我一句，打我一下。我做错了事，她只对我一望，我看见了她的严厉眼光，就吓住了。犯的事小，她等到第二天早晨我睡醒时才教训我。犯的事大，她等到晚上人静时，关了房门，先责备我，然后行罚，或罚跪，或拧我的肉，无论怎样重罚，总不许我哭出声音来。

师：通过这段文字你想告诉大家什么呢？

生：从这里可以看出“我”犯错时，母亲对“我”的惩罚是非常严厉的。

师：犯了错误为什么“从来不在别人面前骂我一句，打我一下”呢？

生：怕伤害孩子的自尊。

师：母亲的做法和下文谁的做法形成了对比？她们怎么做的？

生：嫂子们。她们爱在别人面前打骂孩子。

师：她们为什么这么做？

生：她们是打骂孩子来出气，同时还用尖刻有刺的话骂给别人听。

师：看来胡适的母亲是真正地教育孩子。犯大错的时候惩罚重，这个我们容易理解。犯小错的时候呢？

生：第二天早晨再教训“我”。

师：看一下第5自然段的有关描述。一起读一下“每天天刚亮时，我母亲就把我喊醒，叫我披衣坐起。我从不知道她醒来坐了多久了。她看我清醒了，才对我说昨天我做错了什么事，说错了什么话，要我认错，要我用功读书。”

（学生齐读。）

师：天亮了，孩子们醒了，说他两句，这怎么就体现了母亲的严厉呢？注意对比老师这句话和原文的区别。

生1：原文是天“刚”亮，可以看出时间还特别早；而母亲把我喊醒，说明我不是自然醒的。从这里可以看出母亲对我要求的严厉。

生 2：“每天”说明这种晨训不是偶尔一次，而是每天都这样。

师：从这些看似不经意的问题中，我们一下子就捕捉到母亲对“我”管束的严厉以及对教育做人的重视。

胡适的文字看似平淡不起波澜，其实字字有精神，你得耐下心来细心地品味。我问一下大家，此时胡适只不过是个六七岁的孩子，你怎样看待他母亲的这种教育方式？有没有学生认为母亲教育孩子的方式过于严厉或者严苛的呢？

生 1：这是母亲从小教育胡适要有自我反省的精神，为的是长大后即便母亲不在他身边了，他也能自我反省。

生 2：我不同意。我认为母亲这种教育方式太过严厉了。因为童年在每个人一生中都是短暂而珍贵的，应该在玩与学中畅游。母亲这种过于严厉的教育方式，剥夺了他很多快乐。

深读：女人心·母亲心

师：其实大家观念分歧的根本是我们如何去评价一位和我们不同时代、不同环境的母亲的教育方式，有一种方法叫“知人论世”，让我们还原她的背景，来进一步了解一下这个女人的一生。

［屏幕显示］

冯顺弟的一生：

16 岁嫁给大他 32 岁的“三先生”胡传，做第二任妻子；

胡适的大姐比她大 7 岁，大哥比她大 2 岁；

和丈夫只过了 6 年 3 个月零 21 天；

22 岁守寡；

23 年寡居；

46 岁离开人世。

（背景音乐“classic river”响起。）

师：（缓慢、深沉）这个女人有自己的名字，叫冯顺弟，这一连串的黑色数字就是她的一生。少年做后母，青年守寡，23 年寡居，中年离世，你从这些数字背后读出了什么？

（现场能听到学生深深的叹息声。）

一声深深的叹息。我们会觉得 46 岁的年华太短，可是如果饱蘸心酸血泪，这人生又太漫长。在漫长而痛苦的一生中，是什么力量支撑着她？——她的儿子。为了自己的尊严，为了丈夫“三先生”的遗愿和面子，为了整个家庭的未来，她不得不艰难挣扎，把渺然不可知的希望寄托在儿子身上。所以她的儿子必须得懂事，必须得争气。当我们把母亲的“严”放在她的整个生命背景下来理解时，在“严厉”背后，你能不能读懂一颗女人的心、一颗母亲的心……

（全场十分安静，音乐缓缓流淌。）

细读：忍·家

师：（停顿了 40 秒左右）好。我们现在继续深入走进她的世界，大家注意一下除了胡适的母亲这一身份外，这个女人还有哪几重身份？

生：后母、后婆、年轻的寡妇。

师：先不去读她的生活，光看这三个身份，面对跟自己年龄相当甚至比自己大的继子、继女、继儿媳，撑起这个关系复杂的大家庭，就包含着多少不能为外人道的痛楚。所以胡适说，他的笨笔写不出母亲痛苦的一万分之一二。再比较一下这三种身份，你们觉得最难做的是哪种身份？

生：后婆。从文章中可以读出，母亲经常受儿媳妇的气。

师：都说“自古婆媳难相处”，何况是后婆和后儿媳之间，并且这里边还牵扯和继子的关系。这种身份面对的人际关系最复杂。我们现在去看一下 9 ~ 11 自然段。你从哪些语句中可以读出母亲当家的艰难？

生：第 11 自然段："每个嫂子一生气，往往十天半个月不歇，天天走进走出，板着脸，咬着嘴，打骂小孩子出气。"

师：面对这两个不懂事的嫂子的闹事，当她能忍的时候，她的表现是什么？

生：装作听不见。

师：那么当她实在忍不住的时候呢？

生 1：出去。

生 2：悄悄地出去。

师：有同学说的是"出去"，有同学说的是"悄悄地出去"。想一想为什么是"悄悄地出去"？

生：她不想和两个嫂子之间再产生一些不和谐。她的身份在这种情况下也很难说些什么。

师：那她出去干什么？

生：去邻居那里坐一会儿。

师：悄悄地转移一些自己的委屈，把痛苦消化掉。可是当她忍不住、忍无可忍的时候，怎么办？

生：哭。

师：你怎么看待这个"哭"，母亲是不是有点太软弱？

生：不是，她哭就是为了让她们（大嫂、二嫂）之间能够和谐相处，实际是一种方法、一种策略。

师：我看到了你写的点评，念出来给大家听听。

生：我认为母亲很聪明、很有智慧。

师：再往深处想一想，当这个世界艰难到一个柔弱的女子再也无力支撑的时候，哭，是她抵御这个世界最后的方式。从她这种被逼无奈的聪明当中，从她忍无可忍的泪水中，你能不能品出一种无法言说的痛楚和沉重呢？

师：我想问一下大家，母亲为什么要这么忍呢？这个“忍”字是怎么写的呢？

生：一个刀，一个点，一个心。

师：那一“点”是什么？

［屏幕显示］“忍”字

那一“点”就是锋利的刀刃在心头上划过，她为什么要那么忍呢？

生：为了这个家的和平。

［屏幕显示］“家”字

师：一个大的世界需要和平，一个小家呢？换个更贴切的词。

生：和谐。

师：那从中你能看出母亲什么品性呢？

生：宽容、明事理、识大体。

悟读：“母亲”的圆满

师：母亲的这种品性对胡适有什么影响？从哪一段可以看出来？

生：第13段。

（生齐读。）

师：这就是被称作“恩师”的母亲对胡适的影响。胡适一生很少为了一点利益同别人剑拔弩张，他的温厚、平和、宽容、体谅是有口皆碑的。他有一句名言：“做学问要在不疑处有疑，待人要在有疑处不疑。”留给同学们在学习、生活中慢慢体会。一起读一下。

不知大家发现了没有，全文作者对母亲的三种称呼，在文章的最后又如涓涓细流般汇集成了一种称呼——慈母。为什么？

生：无论母亲对“我”严苛的管束还是严厉的教导，都包含了一位母亲对孩子深深的爱。

师：从这个称呼里能不能读出胡适对母亲的情感？

生：感激和感恩。

师：这个称呼中凝聚着一个儿子对母亲最深的爱和敬意。到这儿，一位母亲的形象渐渐立在我们面前：她仁慈、宽厚、隐忍、刚直；是她给了胡适血肉，使他成长；又给了他骨骼，使他站立，使他成为名满天下的学者，而她自己背负了所有的苦难。当我们跨越时空，跟随他儿子的深情笔触，慢慢地读懂她时，我觉得我们刚开始评价的词语力度都不够，能不能用更有高度的词语来形容这位母亲？

生：伟大。

师：伟大在什么地方？大家一起讨论一下，写一写。

生1：我认为母亲伟大在于艰难之中能忍能屈，严以律己。

（学生鼓掌。）

生2：我认为母亲伟大在教诲育人的独特上、待人处世的宽容上、刚正不阿的精神上、直面困难的勇敢上。

（学生热烈鼓掌。）

生3：我认为母亲伟大在对子女的无私的爱当中。

师：所有的一切都浓缩为一个字——爱！老师也写了一句话：伟大在苦难中的坚守。都说母爱情深似海，只有掬一口海水入口，才知道大海是在苦涩中孕育了伟大。

回读：我的母亲

师：全世界的母亲多么地相像！因为她们的心始终一样，都有一颗极为纯真的赤子之心。这颗心你试图倾听过吗？你理解她作为母亲的痛苦和希望吗？你知道少女时代扎着马尾辫的她俏皮可爱吗？你明白她初为人母时候的欣喜和焦虑吗？有句话这样说：上帝不能在每个人的身边，所以他给我们每个人创造了一位母亲。所以老师今天留这样一份作业，为我们每个人的母亲、为这位给予了我们生命光明的女人写下一些文字，请以《我的母亲》为题写一篇文章，采访见证母亲成长的亲人朋友，力求全面反映母亲的个性和人格特点，好不好？

生：好。

师：请大家用心地去做。我们的课就先上到这里。能够和你们一起学习这篇文章感觉很幸福，谢谢大家！

悟课

胡适《我的母亲》作为一篇经典散文，是胡适先生对拳拳慈母心的感念，感情浓郁真挚，母亲形象立体鲜明。但朴实平淡的文风和时代观念的隔膜，使很多执教者面对此文时，苦于不知如何引领学生深入文本，体会母亲形象的丰富和作者情感的浓郁。我在执教此文时，从以下两个角度对母亲形象进行解读：

1. 这样一个女人

读文章，但不是把文本当教材来钻研。就是说心态上不是定位为老师和教材的关系，而是纯粹的读者和文本的关系。如果一上来就从意识上把文本定位为教材，先确定教学目标和教学重难点，就会把文本窄化和浅化，也会使自己原始的阅读感悟受到限制，很难有独到的发现。而细读文本要善良很多，让自己的心贴在文字的面颊上，回归阅读最本真的状态。带着这种心态阅读，我首先读出了一个女人坎坷的命运。也许同为女人，有共通的良善和敏感，尽管身处不同时代，我能体察这个女人穿越历史烟云仍旧清晰可触的伤感与痛楚。我希望能够走进她的生活，当我在有限的资料中拼凑她的一生时，我的视线久久地被一些数字所缠绕。都说数字是符号，是没有情感的，可是当一连串的数字和一个女人曾经鲜活的生命、多舛的一生放在一起时，谁又能说数字没有温度、没有情绪呢？那里面有她少女时代的圆圆面孔，有一头乌发，有她享受到的短暂的爱情欢乐，也有孤儿寡母的无助惶恐，更有漫漫长夜无人可诉的凄冷寒凉以及纷杂的家庭矛盾纠纷中几近窒息的挣扎。这些如果不是用心去读，很容易被忽略。

其实学生在阅读时不难读出她的艰难，概括出她的形象特点，可是知道不代表能感觉到，同情不代表理解。要真正唤起学生对这样久远时代的一个女人命运的关注，而不仅仅把她当成一个单纯的文学形象，不是件容易的事。必须真得拨响学生的心弦，才能听到他们每个人心灵深处的回响。从这个意义上说，我们的阅读，不是从文本开始，而是从我们自己开始。阅读文本就是阅读自己，文本只是一个美丽的倒影，在这个倒影中看到的只是我们每个人自己的容貌和精神世界。基于这点感触，我把理解她的这颗“母亲心、女人心”作为教学的重点，引导学生从一个女性的命运角度出发，来关注她的人生。在学生初步感知母亲慈爱严厉的形象后，让学生谈谈对母亲的教子方式的看法，然后预设在学生观点的分歧中引入她的生平介绍，掀起这堂课的一个情感小高潮。这样，学生既可以对母亲的教子方式有自己的思考和判断，又能学会“知人论世”，尝试去理解一个和我们不同时代、不同环境的人的行为方式。

在出示“冯顺弟的一生”介绍时，我会特意和学生强调一句：“这个女人有自己的名字，叫冯顺弟。”一个人有名字和没名字是不一样的，当我们呼唤出她的名字，剥离掉她母亲的角色和身份，还原到她女性的本我，一个完整的“人”时，她的生命会呈现出更丰富、更立体多样的姿态。幻灯片上的关键数字我放大、加黑了，这是一种提醒，也是一种暗示。在背景音乐的渲染下，加上老师富有感染力的语言冲击，学生一般都会沉静下来，你在现场会听到他们深深的叹息。这是我课堂设计的一个关键点，既是课堂结构的转折点，又是情感启动点。当学生在情感的波澜中，进入她寡母、后母、后婆母的多重身份的生活，以一颗柔软的心和她相遇时，我相信他们眼中的有关她的文字不再是简单的符号，而是被赋予了生命和活力，它们是喧闹的、是默默流泪的、是争相诉说的。而此刻文本也会变成一座言语的丛林，使每个穿行其中的人，都会感受到有风拂面，并且散发着艾叶般独有的苦涩与芳香。

2. 母与子

其实无论在西方还是东方的文化语境中，“母亲”这个词语，总是更多被赋予奉献、牺牲和仁慈、宽厚这样的社会人格，母亲的形象丰富多样，但是在我们心中划下印痕的，往往多是苦难中的母亲形象。她们或是在苦难中超越，完成母性精神、自我灵魂的升华，从而彰显人性光泽；或是就在苦难中沉沦、异化，展露出人性中的自私和丑陋。众多的母亲形象都呈现出丰富的文化意蕴和复杂的人性内涵。胡适的母亲和顺仁慈、宽厚隐忍，以寡母身份抚养独子长大，艰难地维系一个旧式大家庭的运转，维护自我的尊严。阅读她，我觉得我们会对旧社会传统女性的印象逐步清晰、生动起来，她们不再是被限定、被解释的词语，也不再是发黄的历史照片中沉默的扁平影像。她们一生的爱恨情仇、悲欢离合，都承载了时代的烟云、人生的况味和独属于她们自己的质地。通过她们，我们会真实而具体地认识到什么是旧式婚姻、旧式家庭；什么叫忍辱负重、克己谦让；什么叫负重前行，死而后已。我们会更深刻地体会传统女性的生活方式。我想，我们中华民族之所以能够历经几千年风雨屹立于世界之林，通过她们，通过胡适母亲这一代女性，或许我们可以窥知一些端的。

我们知道胡适母亲的品格对胡适的影响长久深远，浸透到他的骨子里。他后来的思想体系当中“容忍”精神的形成，很多人会认为更得益于西方自由主义，其实早年母亲的言传身教早在胡适心中打下了坚实的精神烙印。法国著名女作家西蒙·波伏娃曾经说过：“母亲，对小孩的态度，完全决定于母亲的处境以及对此处境的反应。”身处苦痛的境地，却依然坚守着品行中的善与美，把一个体弱多病的独子培养成为划时代的文化巨人，我们不得不说这是这位身高只有五尺三寸的平凡女性创造出来的一个伟大奇迹。

但换一角度说，如果母爱的伟大本身是人类与生俱来的天性和本能，也无须过多地去张扬。那么作为承载母爱、接收母爱的儿女，他们对母亲的理解和感念也往往成为折射母爱的一面镜子。如果说母亲捧给儿女的是一颗伟大、慈爱的心，那么儿女也要有一颗善良、敏感的心灵来感应，只有当“心”和“心”交融在一起时，母爱的表达才能成为生动的现实。胡适先生的这篇《我的母亲》之所以有感人至深的力量，除了苦难中母亲的坚守外，更多的是作者在成年后的人生回望中，借儿时的懵懂视角，以一个成年儿子的一颗心来体察、理解他自己的母亲。他对母亲虽然没有一句直抒胸臆的赞美，却把自己感念母亲的那颗心，掏出来，揉碎了，融化在文字里。个中滋味，就需要细细品读。

“每天天刚亮时，我母亲就把我喊醒，叫我披衣坐起。我从不知道她醒来坐了多久了。”为何母亲会早早醒来？难道操持一个大家庭还不够劳累吗？她每天清晨究竟在我床边坐了多久？在无人可诉的凄清长夜，母亲的孤独无依、夜难安枕我们能想象吗？

“到天大明时，她才把我的衣服穿好，催我去上早学。”为何母亲一定催我上早学，早到我每天都要从门缝里接过先生的家人递出来的钥匙。这“早”字后面又有什么？

“我渐渐明白，世间最厌恶的事莫如一张生气的脸；世间最下流的事莫如把生气的脸摆给旁人看，这比大骂更难受。”这里有两个字分量很重，“最厌恶”“最下流”，两个嫂子对母亲闹气的嘴脸在幼年尚不明世事的“我”的心里尚且留下如此受伤的阴影，在当时母亲的心里又曾划下多少伤痕呢？

除了这些典型细节之外，全文“从不”和“总是”这两个词分别出现了 6 次和 5 次，这些副词为什么反复出现？它们意味着什么？对完成胡适母亲这个人物形象的刻画又发挥了什么作用？我们停一下，一咀嚼，一琢磨，就能感受到其中隐含的意味了。胡适使用的这些词，程度都很绝对：

“从不骂他一句”“脸上从不露出一点怒色”“从不和两个嫂子吵一句嘴”；“她的饮食衣料总是和我的一样”“总是我吃亏”“总是责备我”。

这体现了母亲待人处事的态度，面对败家子的大哥，不懂事的大嫂、二嫂，纠缠不清以致再强壮的神经都快要崩溃的家务事，她的忍让、克己已经达到一个女人所能承受的最大极限。我们可以简单地说这是母亲仁慈宽容的体现，但再往文字背后想想，其实这是母亲一种艰难的自我压抑，是一种咬碎了牙也不埋怨一声的克制。其实胡母对儿媳的百般容忍，还不止于此。胡适晚年曾说："我是很客气的，还有许多都没有写出来。"他过继出去的三哥，因穷得什么都没有了，被他母亲接了回来，那夫妻俩使他的母亲受的气更大。其实婆媳妯娌之间的战争一般是冷战，顶多升级为扭拉厮打，兄弟之间的争斗就真可怕了。胡适亲眼看到他那个不肖的大哥，为了分财产，用刀刺伤了他的二哥。我们可以做个设想，假如胡母不是处在这样一个环境，或者不是这种性格，别那么忍让，别那么一切替人着想，想哭的时候能痛痛快快地哭一场，也许她的生命会活得长久些。可是她能吗？她不能！为什么？因为她的身份在，她必须去维护这个没落的大家庭的平衡；因为她唯一的血脉需要她的庇护，为了这个渺然不可知的希望，她必须挣扎着生存下去。所以，"忍"是胡母性格、命运的必然选择，在"忍"当中，完成了她作为一个女人、作为一个母亲的使命，从而成全了她超越苦难之后的全部尊严与高贵。由此引发了我课堂的一处小设计，让学生思考，她为什么要忍？为什么能忍？把"忍"字和"家"字放在一起，让学生们看看"忍"字怎么写。心字头上一把刀，那一点就是锋利的刀刃，从母亲的心上划过啊！这些感受都和这些副词有千丝万缕的联系。所以，这样的文字，引导着学生去咀嚼、品味，让他们感受到每粒文字所承载的饱满思想和情感。就像用文火熬汤一样，慢慢熬，慢慢熬，这个味儿就出来了。这样细细地读，对老师来说，是对老师言语智慧和精神境域的一种砥砺和修养；对学生来说，也是一个发现和收获的过程，既收获了解读言语的意义、意味，也收获了细读带来的情绪、经验和丰富愉悦感。我觉得我们教学生语文，就该养成这样的习惯。

除了回忆母亲往事，胡适文中对母亲称呼的变换，也是应该注意的一点。全文对母亲的称呼总共出现四次。

“我的恩师就是我的慈母。”“她是慈母兼任严父。”“这是我的严师，我的慈母。”“我都得感激我的慈母。”

这四个句子分别在文中和文末不同语境中出现，从句式上看，有的是完整一句，有的是短语。每句中称呼的前后位置不一样，强调的重点也不一样。比如，第6自然段：“她是慈母兼任严父。”引起的内容是母亲对自己管教的严厉，这段在强调慈母的严父身份。而有意思的是，第7段的结尾：“这是我的严师，我的慈母。”从情感上呼应第6段，表达却略有不同：首先，两个称呼调换了位置，强调的重点在慈母身上。为什么？因为第7段回忆的主要事件是母亲为他舔生病的那只眼睛，让我们明白再严厉甚至严苛的管教都是“打在儿身，疼在娘心”。其次，句式变成了“这是我的严师，我的慈母”。多了一个逗号，有了停顿，空白之间就有了无尽的追思，涌动着儿子对母亲的一份绵绵深情，这应该就是空白之间的言外之意、弦外之音吧！

还有一点就是前三句中的多种称呼，到文章最后只剩下简单明净的一种——“我的慈母”。一个成年儿子对母亲所有的理解、热爱、尊敬、感念这时都如涓涓细流涌入大海般汇入了这个称呼。我把这点作为我课堂结构的开头和结尾设计，从课堂开始初读三个称呼，到慢慢走近人物的内心，再到最后“慈母”称呼中所包含的全部情感。胡适先生温婉深沉的笔触，会让我们体会到一种“情到深处人孤独，无言之爱最深沉”的人生和艺术境界。

除了微观层面的细致阅读外，还需要对文章有宏观的把握。我是从以下几个方面来把握的：

首先，《我的母亲》是作者自传中的一段文字，“我”是母亲生活的参与者、见证者和记录者，“我”的种种在场的感受、体会，既会自然地增加文章感人至深的力量，又很自然地成了母亲形象的一种衬托，从而使母亲的形象更加深入人心。

其次，这是一篇写人的文章，人物所处的环境，人物自身的表现，作者对母亲多层面、多视角、多方法的描写，应值得我们关注。

尤需注意的是，在母亲的形象要素中，她所遭受的磨难和她品德的感召力是不可分割的，她的仁慈、隐忍、宽厚，是在多难痛苦的语境中体现出来的，正是这种苦难的底色，才使她的灵魂散发出永恒的芬芳。

（执教者：李彦）

课例三

《信客》：撑一支长篙，向文字更深处漫溯

教学主张

本文属于八年级上第二单元，这一单元的文章多是启发读者从最平凡的人身上发现最美好、最珍贵的特质。本单元以描写普通人人性的闪光点为主要内容，目的是让学生善于发现平凡人身上的闪光点，从而形成健康、合理的情感态度价值观。本文出自余秋雨的散文集《文化苦旅》，讲述的是民国时一位老信客因失信于人干不下去了，便找到一位年轻人，年轻人最终不好回绝，当了第二代信客，年轻信客任劳任怨、诚信无私、宽容待人，受到了人们的敬重的故事。在本文中，余秋雨把他对中国传统文化精髓的理性思考形象化，将“诚信”的美德寄托在具体的职业上，用睿智典雅的语言表达出来，使“诚信”变得具体可感。另外，这篇散文文笔凝重、语言警辟，不仅让读者读出了人性的美好，还能读出在社会进程中人们的诚信道德的衰微。《信客》这篇文章是余秋雨先生的一篇文化散文，和本单元其他文章相比，难度较大，老师在进行文本分析的时候，要先确定其文本特质。

它的“独特性”主要来自于三个方面：一是文本与现实的距离太远。二是文本理解难度较大。对两代信客生活的艰辛和悲苦，学生是容易理解的，但他们对自己职

业的坚守和其背后的精神内涵对八年级的学生来说，理解起来有很大的难度。三是从写作手法上看，文章较少细致描写，文笔含蓄而多有留白，语言的赏析难度较大。文章情感含量大，人物“常态化”描写方式和以形写神的写作手法都值得老师关注。

讲《信客》这篇文章前，我总想着如何让学生离余秋雨的信客近一点，再近一点。若是直接问学生信客是一个怎样的人，或是让学生写出一份“信客履历表”，学生们倒也能总结出些诸如“诚信”“责任”一类的词，但是这样理解他，总好像隔着什么，这样的课，也上得生硬了些。

好的课堂应该让学生置身于一种氛围中，对于第二单元写人的文章，我总觉得这种氛围的营造尤其重要。认识一个人，需要平等、亲切、设身处地的交流。在评价一个人之前，应该先走近他、理解他。

于是这节课，我们就从对话开始。

课堂实录

师：今天咱们学《信客》。先看字词。

［屏幕显示］

克扣	接济	唏嘘	稀罕
噩耗	呵斥	焦灼	伎俩
颠沛	吊唁	劲厉	文绉绉

（落实字词部分略。学生查字典纠正读音，一生读，全体读。）

对话：走近一个人

（PPT 展示一张照片，内容为 20 世纪初中国农村的生活场景。）

师：这张照片拍摄的是 20 世纪初中国农村的真实场景。通过这张照片，大家能不能看出在当时的中国农村，人们的生活怎么样？

生：贫困。

师：没错，当时的农村生活确实艰难。20世纪二三十年代，很多农村家庭中的男人，为了这个家庭能有更好的生活，选择外出闯世界。大部分人选择了当时最繁荣的城市：上海。因此，城市和乡村之间的往来愈加频繁，这就迫切需要有人勾连两地，传递信物。但是当时农村的交通不便，邮局还没有建立，信客这个职业就应运而生了。我们今天要讲的《信客》，就是这样描述了一个职业。这个职业现在已经不存在了，但是有关信客的故事却留存了下来，今天我们有幸能够走近这样一个职业，这样一个人，他是一位信客。他对于我们而言是陌生的，如果我们想要认识他，就需要对话，需要还原。

与几个人对话：丧夫的妻子、旅馆的茶房

师：昨天的作业，让大家回到了20世纪20年代的上海，见到了几个人。他们是旅馆里的一个茶房、丧夫的妻子。我们好不容易找到他们，他们也告诉了我们与最后一位信客相关的几个生活场景。下面我们来分享一下，你遇见了谁？他说了什么？

生：我遇见了一个茶房。我来跟大家分享一下他的讲述。

“来来来，看一看，尝一尝啊。”像往常一样，我按照掌柜的要求吆喝着。当然，来的客人越多，我挣的就越多。我有时帮邻村的信客捎些信件，挣点外快养家。今天下着雨，门前格外泥泞，天阴沉得很，人也无精打采。“嗨，小王。”我揉揉眼，看见邻村的信客正在门口。他全身都被雨打湿了，身上只穿了一件白色的内衣，黑外套披在肩头的编织袋上。“还不歇歇啊？”我给他倒了一杯热茶，给他暖暖身子。“哪能歇啊！”他说起话来毫无生气，一看就是几天没有休息。这活他才干了没几年，额头上皱纹就多了起来，人也消瘦了不少。“最近过得怎么样？还有要捎的信件吗？”“又要劳烦您了。”他拿茶杯敲了一下桌子，从包里掏出一封信，信上的字迹工工整整，比掌柜的写得好多了。“给村子里的张姐，是她上海的丈夫写给她的。还需要找个人

给她念才行。”他又喝了几口茶，从口袋里摸出些钱，放到桌上。茶还没有喝完，他就有些蹒跚地走出了茶馆，走几步，他就得停下来揉揉自己的膝盖。看着他的背影，我觉得他挺可怜。（学生想象信客的生活，创作而成。）

师：如此生动、具体、真实的生活场景的再现，真是了不起！

生：我遇见了丧夫的妻子。（讲述内容省略。）

师：通过刚才两个同学的场景再现，你能用几个词形容一下信客的生活状态吗？

生：不快乐、不开心。

生：刚才同学给我们讲述的故事，就是即使是刮风下雨，信客也得给大家送信。我觉得他的生活是奔波的、劳累的。

师：没错！我想请问大家，如果你生活在那个时代，你愿不愿意从事这样一份工作？

生：不愿意。这份工作很累，还挣不到钱。书中写了老信客的家里什么值钱的东西都没有，年轻信客估计也是如此。

师：很好，勇敢说出了自己的心里话。相信她的回答，代表了咱班大部分同学的想法。

与作者对话

师：那么，余秋雨笔下的年轻的信客，他愿不愿意从事这份工作呢？一个人把自己20多年的时间奉献给了这样一份工作，他如何看待自己的工作和生活呢？有关这个问题，老师问过余秋雨先生。他在跟我叙述的过程中透露出了一些重要信息。

［屏幕显示］

1. 他读过私塾，年长后外出闯码头，碰了几次壁，穷困潦倒，无以为生，回来做了信客。

2. 可怜的家属会号啕大哭，会猝然昏厥，他都不能离开，帮着安慰张罗。

3. 更会有一些农妇听了死讯悲痛欲绝，咬牙切齿地憎恨城市，憎恨外出，连带也憎恨信客，把他当成死神冤鬼，大声呵斥，他也只能低眉顺眼、听之忍之，连声诺诺。

4. 信客识文断字，还要经常代读、代写书信。

5. 这次回到家，他当即到老信客的坟头烧了香，这位老人已死去多年。他说："这条路越来越凶险，我已经撑持不了。"

师：（朗读屏幕上的句子，并重读加黑点字词）通过他的叙述，老师得出了两个结论：

1. 这个信客是被迫做了信客。

2. 在信客二三十年的工作生涯中，他本人对自己的工作是很不情愿的，是很被动的。

为什么这样说？老师是有理由的。你看，他做信客不是因为热爱，而是因为无以为生了，是被迫的。余秋雨先生用了大量的表现被动的词，比如"还要""只能"等，这些词都透着一丝无奈。信客最终决定放弃这个职业的时候，多么果断、坚决，一丝留恋都没有。大家同意我的看法吗？无论你同不同意，都要有理由。这个理由从哪里找呢？从文章当中的一句话、一个词、甚至是一个字中寻找答案。

（学生小组讨论。）

师：同意我的看法吗？

生：（齐声）一半同意，一半不同意。

师：这老师就困惑了。说说你们的理由吧！

生：信客一开始确实是被迫且无奈的。但是我觉得他在接触了信客这个职业后，慢慢地爱上了这个职业。课文第16自然段"满脸戚容""一路上想了很久的委婉语气"，从这几个词里明显能感受到他的情感投入。明明是人家家里死了人，他为什么要满脸的戚容呢？所以他对这份职业一定是认真的、用心的。

师：说得有理有据。尤其可贵的是，她注意到了文中的一个词：戚容。这是怎样的表情？

生：不是木然，不是麻木，而是悲伤的样子。

师：这种悲伤是因为自己家里有噩耗吗？不是的。是别人家里发生了不幸。他为什么是这样一副表情？

生：因为他同情他们，理解他们。

师：没错。这样一个噩耗的传递需要想很久吗？他只需要说一句很简单的话。这也体现了他的真诚、善良。

生：我不太同意刚才同学的观点。驱使他做信客的是他的正义感和责任感。文章第 18 段说他完全是为了乡情乡谊，不是他自己热爱这份工作。

生：我不同意。文章第 19 段说："他总是把幽怨和告急调理成文绉绉的语句，然后郑重地装进信封。"这句话里有两个词，一个是"总是"，一个是"郑重"。从这里可以看出他不仅有责任感，还能理解寄信者焦灼的心，也愿意帮助寄信者，体现了他对工作的认真。如果他对自己的工作不热爱，那么他就不会这么郑重地装进信封，理解并愿意帮助寄信者。

师：说得太好了！（学生鼓掌）她特别注意到了一个词："郑重"。什么是郑重？

生：（当场查字典）严肃、认真。

师：信客有必要这样做吗？通过之前大家的场景还原，我们知道他一天的生活是很忙碌的。这个词虽然不起眼，但是却能体现出他对工作的投入及他的态度。当他真正投入到工作中去的时候，你能说他不热爱这份工作吗？说到这里，老师好像要认输啦。不过我还是要反驳一下。大家看信客最终放弃这份工作的时候，用了一个词"当即"，是不是说明他已经忍受不了啦？

生："当即"并不是说明他讨厌这份工作，而是体现了他对当时社会状况的洞察。

师：什么样的社会状况？

生：文中也提到，他是最敏感的神经末梢。大家都知道，上海那时候是东亚第一大城市。他常常来往于城市和乡村之间，一方面接受着城市的新鲜事物，一方面又要应付农村的传统思想。我觉得他意识到了自己的无奈和无力。他这样选择，也是长期不满的一种爆发。他虽然投入、认真，但是文中也提到，信客这个职业没有得到过尊重和信任。

师：没有得到过尊重和信任？你有依据吗？

生：老信客的人生就是证据。他家徒四壁，他拿红绸只是为了好看而已。那些妻子们看到丈夫的遗物，往往就会怀疑信客从中克扣。所以信客从来没有得到过人们的信任。

生：我想反驳一下。如果他没有得到真正的信任，那么为什么那些农村的妇女们会让他代写书信呢？

生：我觉得是有信任的。信客不做信客之后，央他写信的人也实在不少。人们这才想起他的全部好处，给他端来食物和点心。这些都是同乡对他的信任。他不做信客的原因，是因为信客这个职业非常危险，他都去了巡捕房，要不是其他同乡的帮助，他可能都出不来了。

师：都送到巡捕房了，说明他的工作怎么样？

生：太危险。

生：我认为是有信任的。如果不信任，为什么要把血汗和眼泪堆到他的肩上呢？大家看第 18 段，从这一段叙述中可以看出，信客这个职业确实是辛苦的，很不容易。如果信客得不到他人的信任，他还能坚持下去吗？我认为他最后“当即”放弃这份职业，并不是不满的爆发，而是因为他感到自己得不到别人的信任了。这样一个职业，如果没有了别人的信任，就算他再认真、再尽责，也没有什么意义了。

生：还有一句。同乡们“集资将他保了出来”。这说明同乡愿意花自己的钱帮助信客。这怎么不是信任呢？对“当即”这个词，我认为还有一种理解。这个词不是表达他立即离开了这个职业，恰恰相反，说明他热爱这个职业。因为他对老信客有些羞愧，没法一直把这个职业做下去了。如果他不喜欢这个职业，他放弃做信客之后应该是非常高兴的，他不会说他已经撑持不下去了。可是这个信客是羞愧的，说明他虽然热爱，但是坚持不下去了。

师：刚才几个同学的回答完美地反驳了我的观点啊！太厉害了！如果没有一点信任，他怎么可能坚持20多年呢？只是后来越来越多的人开始怀疑老信客和年轻信客，他们的心渐渐凉了。身体上的创伤或许还不算什么，但是心里的伤痛却是致命的。信客认为自己的职业是传递生死祸福的。他们传递的是谁的生死祸福？

生：社会最底层人的生死祸福。

师：大家有没有注意到，余秋雨先生在叙述信客所做的事情时，用了一个词：这档子事。这档子事指的是什么事？

生：传送信件、代写书信等等。

师：余秋雨说“这档子事”，你说他认为这些事是大事还是小事？

生：是细微的、烦琐的、别人都觉得意义不大的事。

师：但是信客是怎么回答的呢？一起来读这一段文字。

［屏幕显示］

他能不干这档子事吗

不能

说什么我也是同乡

能不尽一点乡情乡谊

老信客说过

这乡间不能没有信客

做信客的

就得挑着一副

生死祸福的

重担

来回奔忙

四乡的外出谋生者，都把自己的血汗和眼泪

堆在他的肩上

（学生齐读，老师指导朗读中的重音。）

师：现在让我们来总结一下刚才大家的发言。信客开始的时候是有些无奈的，但是他用一颗真诚的心来面对这一份卑微的工作。他把自己全部的认真、负责、真诚投入到工作中去。这样一个人再普通不过了，如此简单，却又让人肃然起敬。

与一位老者对话

师：信客最后去学校教书，还当了校长，获得了人们的尊重。后来邮局建立起来，好像人们的生活恢复了平静。但是有没有一类人，会因为信客的离去，而感到悲伤和无措？

生：有，在外的家属。

生：家属可以投递邮箱嘛。

生：不认字的人啊！

师：农村里还有一些不认字的老人，写不了信。有些老人腿脚不便，根本走不到邮箱。这些人的快乐和悲伤、寂寞和无奈，又向谁传递呢？

生：没有人。

师：即使现在，通信技术如此发达，那些隐藏在粗糙的话语背后，含蓄而美好的情感，又有谁愿意认真倾听呢？在我们的交流即将结束的时候，我们遇到了这样一个人。她不认字，老得走不了路。小南货店门口的邮箱对她来说太遥远了。信客曾经帮她写过信，她还记得这位信客。她会如何回忆与信客相关的片段呢？

（学生小组合作，写出自己想象中的场景。）

生：老人会说，我多么希望信客能再帮我写一封信，我现在感觉很无助，我很怀念信客帮我写信的时光。

生：我现在老了，眼睛花了，腿也走不动了。当我想起远方的儿子，我也会想起那位帮我传递情感的信客。

生：老师，我觉得老人的语言应该更质朴一点。

师：说说你们组的设想吧。

生：以前，我的腿脚不太灵便，有一次入冬下雪，我有些着急，想给在上海工作的儿子寄一件棉衣，就托人给信客带了口信。信客来得很快，他认真听我说的每一句话，写起信来那么安静、投入，像个孩子一样。

（学生鼓掌。）

师：信客这样一个人，这样一个职业，虽然被社会淘汰了，但是他所拥有的精神，善良、认真、尽职的精神却永远不会被社会淘汰。因为有他们这种精神在，就会有温暖和感动。今天的课就上到这里，谢谢大家！

悟 课

上课之前和上课之后，我都在思考一个问题：这样一篇散文应该教给学生什么？

余秋雨的散文，篇幅普遍偏长，能吞吐古今，驰骋中外，具有黄钟大吕的磅礴气势，读起来令人荡气回肠。描写、记叙、抒情与议论水乳交融，充满睿智与情趣，富含哲理。其散文的核心表达方式是议论，但又多与抒情融合，最具特色和魅力的地方正是来自这种用抒情笔法进行理性思考的议论。他的散文有如此多可以让学生借鉴、学习的地方，那么老师究竟应该选择什么样的切入点，让学生真正有所得呢？

这堂课，我最想让学生明白的是这样一个事实：信客当初选择做信客的时候，一定是有些许无奈的。但在20多年的从业时间里，他用自己最真诚的心面对这份卑微的工作，他用善良、责任和乡情乡谊来诠释着自己质朴而执着的生活理想。信客这个职业虽然被社会淘汰了，但是这样的人和精神是永远不会被社会淘汰的。因为有他们在，就有温暖和感动。

课堂的最后，学生理解到了这个道理，就是真正地有所得。

另外，整节课其实都围绕着文本进行赏析，因为没有设计出激起火花的朗读训练，导致文本赏析的方式不够多样，有些枯燥。教学方式的多样，加上对文字情感的丰富把握，我想，应该能上出一节更好的课。

（执教者：郭琳）

课例四

《端午的鸭蛋》：品文思质，浑化无迹

教学主张

一提起汪曾祺，人们首先会想到，他总是善于用最平常的事物及最平凡的字眼组成最平凡的句子，形成“淡而有味儿”的语言风格。读汪曾祺的文章，像是一股清风，柔和温软，自然纯真地钻入你的心怀；又像在青山秀水之间，携一壶清茶，喝一口，满口生香。在这种闲散中，在平淡的语言背后，饱含着这位老人对生命的深刻体验，传递着自己特有的感情，通过地地道道的中国味儿和真真切切的家常味儿，营造人生的诗意。最重要的是，与热衷于宏大叙事的作家不同，汪曾祺专注于对“民情风俗”视角的展现。贾平凹曾经说过：“汪（曾祺）是一文狐，修炼成老精。”

课文《端午的鸭蛋》反映的正是民俗文化中的饮食文化，也是汪曾祺散文中脉络比较清晰的一篇文章。学习这一课，关键是激发起学生的兴趣，用诵读法和涵泳品味法，从“淡而有味儿”的语言入手，感受理解文章于自然而然中流露出的独特感受和生活妙处。仅仅是品味语言的味道还不够，更要感受作者在字里行间传递出的童年趣和家乡情。同时，通过知人论世、习作迁移的方式，借小小的鸭蛋，了解端午文化，体会鸭蛋中包含的民俗韵味和美好追求。

课堂实录

创设情境，导入新课

同学们，前几天我们刚刚过了哪一个民俗节日啊？——端午节。大家都吃过粽子吧？有自家包的粽子，也有超市买来的粽子。在端午节，还有哪些你熟悉的民俗活动呢？——插艾条，赛龙舟，缝荷包。今天，我们就一起走近汪曾祺，看看他给了我们什么样的端午节？

速读课文，理清思路

请同学们自由朗读课文，边读边梳理课文为我们写了哪三部分内容。试着用简洁的语言概括出来。

明确：①（别具一格的）端午的风俗；②（别有风味的）家乡的鸭蛋；③（别有情趣的）端午的鸭蛋（板书）。

品味鸭蛋，咂摸语言，感悟乡情童趣

既然题目是《端午的鸭蛋》，那么我们就先来一起看一下家乡的鸭蛋到底是什么样的。请两位同学来朗读课文，其他同学思考：家乡鸭蛋具有什么特点？作者怀着怎

样的感情来介绍？试着找出能体现这种特点和情感的句子。

与众不同 这是与众不同的鸭蛋，因为“高邮还出双黄鸭蛋。别处鸭蛋也偶有双黄的，但不如高邮的多，可以成批输出”。(对比)

名声远播 居然让苏南，浙江的人因此对你肃然起敬。(侧面描写)

令人惊喜 切开之后，圆圆的两个黄，竟然如此让人惊喜不已。不过高邮的咸鸭蛋，确实是好，我走的地方不少，所食鸭蛋多矣，但和我家乡的完全不能比！曾经沧海难为水，他乡咸鸭蛋，我实在瞧不上。(直抒胸臆)

历史悠久 （“老品牌”“老字号”）连200多年前的《随园食单·小菜单》就有了记载。

质细而油多 居然让人如此垂涎欲滴。(正面直接描写)

[侧面描写]

生1：我在苏南、浙江……对方就会肃然起敬：“哦！你们那里出咸鸭蛋！”

师：肃然起敬是恭敬、敬仰的意思，他们在敬仰谁呀？

生：鸭蛋。

师：哎呦，敬仰的不是高邮的著名词人秦观，也不是汪曾祺，原来是小小的鸭蛋，大词小用，别有一番滋味。

师：课文中加上“哦”字和叹号有什么妙处？

生：更能表现出外乡人的肃然起敬，更能表现出作者的自豪。

师：这小小的鸭蛋还真是了不起。我要是高邮人多好啊！我们来肃然起敬地、惊讶地读一下这句话。

(众生齐读。)

师：对于“哦”这个字，大家读得很短，还有没有其他的读法？如果是略作思考，恍然大悟应该如何来读？

生：可以读得长一点。

师：嗯，可以拖长，再加一点起伏就更妙了。（师边做手势边范读）别忘了最后还有一个叹号，请同学们再读（生齐读）。

师：采访一下你，如果此刻你是汪曾祺，你会是什么心情？

生：很自豪！我的家乡真好！

师：小小的鸭蛋，简单又平淡的几个词，就使作者对故乡的自豪感跃然纸上，韵味无穷，真是妙哉！妙处还绝非仅此而已，看谁还有独到的眼光？

［正面描写］

生2：上海的卖腌腊的店铺里也卖咸鸭蛋，必用纸条特别标明："高邮咸蛋"。

师：特别标明，看来是不同凡响。如果你去了大上海的干菜店，看见卖章丘大葱的，也必用纸条特别标明"济南章丘大葱"，你会有什么感觉？

生：很自豪，很亲切，因为章丘大葱是济南的特产。

师：济南人的自豪，值得我们珍视，我们也因此而感到荣幸，用汪老文雅的文言说，就是"与有荣焉"。这种对故乡的自豪之感，在平淡的语言中又显现无疑。

［对比］

生3："高邮还出双黄鸭蛋。别处鸭蛋也偶有双黄的，但不如高邮的多……使人惊奇不已。"从中可以看出高邮鸭蛋的与众不同。

师补充："中国最后一个纯粹的文人，中国最后一个士大夫。"他写凡人小事，记乡情民俗，谈花鸟虫鱼，在不经心、不刻意中成就了当代小品文的经典和高峰，汪曾祺也是江苏高邮人。听说汪老也是高邮人，有人就对他说："汪老，除了秦观，高邮——就您了！"汪老听罢笑着说："我只能排老三，前头——还有高邮鸭蛋呢！"汪老提起家乡的鸭蛋，就开玩笑地说："打一个双黄，再打一个还是双黄，比我还有名！你们看我的脑袋，像不像个鸭蛋？都是小时候吃鸭蛋吃的。朝朝暮暮地吃，津津乐道啊！"

［直抒胸臆］

生4：我对异乡人称赞高邮鸭蛋，是不大高兴的，好像我们那穷地方就出鸭蛋似的。

师：刚才都是对鸭蛋的赞扬，这里怎么成抑了？作者好像不大高兴。为什么不大高兴？

生：异乡人认为他们那个地方只出鸭蛋，好像很穷，其实故乡还有很多有名或者值得说的。

师：对啊，汪老不高兴了：你们也太不了解我的家乡了，我们还出过大词人秦少游，出过散曲家王磐，出过经学大师王念孙呢！其实体现了对故乡的自豪和骄傲，亟待与人们分享家乡高邮的特色。正因为热爱，所以对对方只知道鸭蛋，不知道其他感到不满和遗憾。哪一个词语最能体现作者这种微妙而复杂的感情？

生："不大高兴""就"。

师："就"在文中是什么意思？

生：仅仅，只。

师：我们来共同朗读体味，看看是不是这样。

（众生齐读，重读"就"字。）

［直抒胸臆］

生5："不过高邮的咸鸭蛋，确实是好，我走的地方不少，所食鸭蛋多矣……我实在瞧不上。"可以看出作者对家乡的鸭蛋情有独钟。

师：如果用现代汉语该如何说？

生：我吃的鸭蛋很多。

师：改成现代汉语可以吗？

生：不可以，文言文更能体现家乡鸭蛋的好，体现自己所食之多，很骄傲，很得意。

师：有一种摇曳之感，文言文和其他的白话相间，还有幽默的味道。

师：如果让你重读的话，你会选择哪些词语？（你来试试）

生：确实、多、完全、实在。

师：平平淡淡的话，经他这么一读表达了什么？

生：家乡的鸭蛋真是好啊。

师：这些修饰性的词语，点出高邮鸭蛋独步天下的豪情，咀嚼中有着悠长的韵味，让人唇齿留香。突出了汪老对家乡鸭蛋的偏爱，字里行间透着对家乡的骄傲和热爱，情到深处啊。

［直接描写］

生6：袁枚的《随园食单·小菜单》有腌蛋一条……油亦走散。

师：作者对袁枚的态度是自相矛盾的，认为他是一个空头理论家，书中好些菜的做法都是听来的，他自己并不会做菜。但这个空头理论家对高邮鸭蛋的赞美，让作者看后觉得亲切，而且深感荣幸，甚至还不嫌文长，全文摘抄。这是为什么？

生：因为汪曾祺对家乡的鸭蛋爱得深切。

师：说起家乡的鸭蛋又自豪又欣喜，煞费苦心地为我们考证一番。传说900多年前，北宋词人秦观就是拿高邮鸭蛋馈赠自己的老师苏东坡的，小小的鸭蛋很有文化渊源，怪不得让汪老如此深爱。

［直接描写］

生7：“高邮鸭蛋的特点是质细而油多……入口如嚼石灰。”说他乡的鸭蛋发干、发粉可以理解，但是说他乡的鸭蛋吃起来像嚼石灰，就有些夸张了。

师：汪老为了赞美自家的鸭蛋，把他家的鸭蛋说得无法入口，可见对自家鸭蛋的用情之深。

生8：“接着用筷子头一扎下去，吱——红油就冒出来了！”扎字用得好，写出了动作的特点：稳、狠、准。

师：为什么还用“冒”字？

生：突出油多，是“冒”而不是“流出来”。

师：我们再来品读，“筷子头一扎下去——”

生齐读：“吱——红油就冒出来了！”

师：大家读的这个拟声词“吱”，不长不短的，不好，要么就读长点，要么就读短点。自己尝试一下，应该如何读？

生 1 读：（该生读得长，这样能体现出油多的特点。）

生 2 读：（该生读得短，这样能体现油冒得快的特点。）

师：长短皆宜，怪不得贾平凹说“汪是一文狐，修炼成老精”。字斟句酌中透着家乡鸭蛋的特有味道和对家乡的浓浓爱意。

师总结：汪曾祺在写鸭蛋的特点时，通过直接描写、侧面描写、对比和直抒胸臆的方式字斟句酌，善于用最平常的事物及最平凡的字眼组成最平凡的句子，形成“淡而有味儿”的语言风格。读汪曾祺的文章，像是一股清风，柔和温软，自然纯真地钻入你的心怀；又像在青山秀水之间，携一壶清茶，喝一口，满口生香。这些语言像是一位白发老人悠闲地坐在几凳上，悠悠地拉着家常，聊着故乡的风俗，正是在这种闲散中，营造出人生的诗意。在平淡的语言背后，饱含着他的生命体验，传递着他特有的感情，写出了中国味儿和普普通通的家常味儿。课文在写小小的鸭蛋，也借鸭蛋传递着特有的家乡情。

汪曾祺自己曾说过：“故乡和童年是文学永恒的主题。”这篇课文不仅有“乡情”的轻妙抒写，也有“童心”的真挚流露。

1. 同学们齐读课文第 4 ~ 6 段关于端午风俗的描写，找一找文中写到了童年时候有关鸭蛋的哪些玩法。

挑鸭蛋——装鸭蛋——挂鸭蛋——吃鸭蛋——玩鸭蛋；

鸭蛋络子（挑鸭蛋、装鸭蛋、挂鸭蛋络子、吃鸭蛋），装萤火虫。

2. 结合文中内容，我们来聊聊你认为哪种玩法最好玩？

生：鸭蛋壳里装萤火虫。

师：说一说原因好吗？

生：萤火虫一闪一闪地亮，显得鸭蛋壳晶莹透亮，好像小孩子的眼睛，真好看。

师：那么由鸭蛋壳里装萤火虫引出一个故事，是什么？

生：囊萤映雪。

师：囊萤映雪是什么意思？

生：为了晚上看书做学问时当作照明用。

师：“囊萤映雪”是为了求取功名，有强烈的功利主义，那么“用鸭蛋壳装萤火虫”是为了什么？

生：好玩。

师：对，聪明的中国人设置节日本来就是为了给平淡的生活增添一份诗意、一份浪漫，而小孩子则是最能创造这份快乐并且享受这份快乐的人。

师：那么还有一种玩法是什么？

生：挂鸭蛋络子。

师：这一段中有一句话特别生动有趣，你认为是哪一句呢？

生：挑选鸭蛋时候的第二个步骤“别说鸭蛋都是一样的，细看却不同。有的样子蠢，有的秀气”。

师：是啊，鸭蛋有白色、淡青色两种，这是客观事实，可是鸭蛋的样子还有“蠢、秀气”之分吗？

生：拟人。

师：呵呵，在作者的心目中，端午节的鸭蛋也像他的小伙伴一样，有蠢、秀气之分。我们想一想，也许小伙伴们一边挑选鸭蛋，一边在想：这个鸭蛋好丑，像我们村的张三，这个好好看呢，真像村东头的小花……

［学生笑了。］

师：挑选好了的鸭蛋装在络子里，然后挂到哪里了？

生：衣服大襟的扣子上。

师总结：挂在扣子上，小伙伴们一走一晃，络子里装的不仅仅是鸭蛋，还有对故乡的眷恋、童年的快乐、生活的滋味。作者笔下有趣味，是因为作者心中有情趣。看来想让我们的生活变得趣意盎然，要学会像作者那样，热爱生活，有一双发现生活闲美的眼睛，有一颗体验日常生活感悟的心。

展现风俗，延伸拓展

1. 回归第 1 段，谈论风俗，作者家乡的端午节都有哪些风俗？哪些是特有的风俗？

师：童年生活的趣味在端午节那天玩鸭蛋的过程中体现无疑，那除此之外，端午节那天还有什么民俗民风和有趣的事情吗？请同学们默读第 1 自然段找一找。

生：系百索子、做香角子、贴五毒、贴符、喝雄黄酒、放黄烟子、吃十二红。

2. 老师有一个疑问，课文不是写《端午的鸭蛋》吗？为什么要用大量篇幅写了端午时候的风俗呢？同学们思考一下。

明确：围绕端午的鸭蛋，作者特写了端午节玩鸭蛋的风俗，串起全文整个端午节的风俗。看来作者在谋篇布局的时候，都是有一定用意的。借小小的鸭蛋这一带有特别的家乡味道的食物，除了表达一个长期漂泊异乡的游子对故乡的思念和对童年生活的怀恋之外，最重要的是寄托对整个端午习俗的怀念、对自然纯美的民俗生活的追求。

3. 汪曾祺　高邮的汪曾祺

江苏电视台为爸拍了一部电视片《梦故乡》。我记得那次周末回家，爸急不可待地要放这部片子的录像给我们看。汪嘲笑他：老头儿看过了又要看，几遍才算够？看片子的时候，我们一如既往地插科打诨，说爸“表现不俗，可以评一个最佳男主角”，可是没有像以往一样听到他反抗的声音。我回头看，一下子惊呆了：爸直直地盯着屏幕，眼中汪汪地饱含着的泪，瞬间，泪水沿着面颊直淌下来！爸去世以后，我们兄妹商量，在他的墓碑上写些什么呢？想来想去，决定了，就写：高邮　汪曾祺。

——《老头儿汪曾祺——我们眼中的父亲》

汪老写了许多关于食物和家乡风俗的散文，故乡的元宵、清明的荠菜、端午的鸭蛋、黄油烙饼、七里茶坊以及各家各户腌制的红皮萝卜干，都被他写得有滋有味。这一系列民间的节日活动，种种味道香甜的家乡吃食，除了寄托着一个长期漂泊异乡的游子对故乡的思念、对童年的怀恋之外，还富有浓郁的生活气息、民族民俗的自然纯美。

汪曾祺追求一种“中国味儿”，用笔描绘着一幅幅当地的风土人情画，吸收着民族的传统文化，他的文字中有着地地道道的民族色彩和家常韵味。他自己说过：“风俗，不论是自然形成的，还是包含有一定人文成分的，都反映了一个民族对生命和生活的挚爱，都反映了一种活着时所感到的欢悦。”

4. 练笔交流

那些富有地方特色的食物和风俗，有些怀旧，抒写着诗意的人生，给我们的心灵以慰藉，表现着一种别样的生活美。在我们平淡的生活中，也富含着生活的情趣、人生的意味。生活就是那枚小小的鸭蛋，虽然普通但是越品越有味道。请同学们把童年记忆中过节时的活动经历和具有特别味道的食物记录下来。

小组讨论交流，挑选最好的作品朗读交流。

结语：我们今天品食端午的鸭蛋，咀嚼生活，品忆民俗，就是一种对传统文化印记的寻找、记录、追忆和传承。其实，这种特别的文化，就在我们身边，无须多加渲染雕饰，只是信笔所至，同在一行字，共同细味“民俗”这个温暖的字眼。也许，这就是开始时我们所要寻找的：遗失的美好！

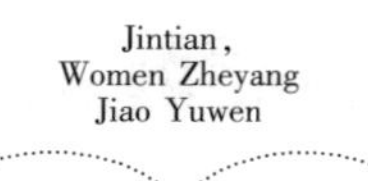

悟 课

《端午的鸭蛋》借写家乡端午的鸭蛋表达了对儿时生活的怀想、对故乡的热爱，典型地体现了汪曾祺散文“小叙事”的特点。因此，我这一课设计时的主导思想是品析汪曾祺的语言，从动词、重读、文白夹杂、情感、语气、替换词语、直接描写、侧面描写、对比和直抒胸臆等多种方式和角度展开。重视对学生听说读写等语文基本能力的训练，体现语文味。

例如：分析语言时可以利用“鸭蛋是什么样的？传递什么感情?”来串起语言，从这样几个维度分析：对比、直接描写、间接描写、直抒胸臆等。最后，“为什么书写如此多的风俗？与下文的鸭蛋有什么关系”这一问题，可以作为下文有关风俗和汪曾祺文章特点的引子。通过这种美读的方式引导学生体会语言中蕴含的情感，学生能结合自身情感深入文本，读得优美、品得准确，注重体会汪曾祺“淡而有味儿”的语言风格。

民俗是长时间约定俗成显性化的民族文化传统。本课还有一个重要的定位就是民俗。汪曾祺追求一种“中国味儿”，用笔描绘着一幅幅当地的风土人情画，吸收着民族的传统文化，他的文字中有着地地道道的民族色彩和家常韵味。

在本课后半部分，引导学生品读汪曾祺其他的有关食物和家乡风俗的散文，故乡的元宵、清明的荠菜、端午的鸭蛋、黄油烙饼、七里茶坊以及各家各户腌制的红皮萝卜干，回忆自己童年记忆中过节时的活动经历和具有特别味道的吃食，让学生学以致用。

通过这样一篇文质兼美的小文，我们和学生一起寻找小小的物件，拣拾生活的片段，寄托些许情愫，定位和品忆民俗，这就是一种对传统文化印记的寻找。记录、追忆和传承一直在进行……

（执教者：孙雅融）

（二）
把小说当小说来教

传统的小说理论认为，小说是通过人物、故事和场景的具体描写来反映社会生活的一种叙事性的文学体裁。

在初中语文教育中，小说具有非常重要的作用。陈太胜在《作品与阐释：文学教学引论》中说："读一部好的小说就像打开一扇窗户，看见以前从来没有看见过的迷人风景，这种关于人的生活、思想与情感的风景能给我们人生以某种启示。"好的小说，以精彩的故事情节吸引人，以鲜明的人物形象感染人，并让人在神奇的艺术表现性语言中受到美的熏陶。而作为一种文学体裁，在初中语文教学中就应该树立明确的文体意识，从而给学生未来的阅读、欣赏与情趣创造等活动打下艺术的底子。

解读小说文本就是对作为"课文"的小说文本加以阅读并从中提炼出准备教学的内容。因此，在教学中，就不能把小说当作一般文章来教，也不能只就着三要素按部就班地分析和梳理。小说的知识不是用来兜售的，而是用来建构学生新的阅读图式的。教学小说，要把小说当作小说来教，要更新小说阅读的知识，教出小说这种文学样式的特点。

课例一

《猫》：贴着语言行走

教学主张

《全日制义务教育语文课程标准》指出："语文课程应培育学生热爱祖国语文的思想感情，指导学生正确地理解和运用祖国语言，丰富语言的积累，培养语感，发展思维，使他们具有适应实际需要的识字写字能力、阅读能力、写作能力、口语交际能力。”对文本语言的品味揣摩是阅读教学的最基本任务，也是语文课最具“语文味”的表现。

汪曾祺说：“探索一个作者的气质、他的思想，必须由语言入，并始终浸在作者的语言里。”语言是一个作家精神世界的表征，他的个性气质、文化修养、审美情趣、价值取向乃至生命追求都通过语言得以表达。正是由于这个特点，我们在面对文本的时候，其实面对的是一个个丰富的心灵和鲜活的生命。

在学生、教师和文本之间展开对话的阅读教学，需要直接面对的就是作为文本核心的语言。让语文学习贴着语言行走，学生向文本走去，文本向学生走来，两者相互都找到了知音，读者由此体会到作者的人文情怀，沉浸在由语词带来的深刻思考中，语言所包容的世界也就被生动地扩大和更新了，文本的意义才得以生成。

课堂实录

导入新课

【教师导学】

同学们，我们在小学四年级的时候曾经学习过老舍先生的《猫》：“它要是高兴，能用身子蹭你的腿，把脖儿伸出来要求给抓痒，或是在你写稿子的时候，跳上桌来，在纸上踩印几朵小梅花。”老舍笔下的猫温柔可亲，给我们留下了深刻的印象！

许多作家都像老舍一样用文字记录了他们养猫的经历和感受。今天，我们一起学习现代作家郑振铎的文章《猫》。

【评析】

导入新课一定不能舍本逐末，要把旧知与新知、生活与实践、教师与学生有机联系起来。本节课的导入选择名家的同题散文，而且呈现了具体的语境，在温习旧知的同时恰切地引入新课。

整体感知

1. 【教师导学】文章有三句话交代了“我”养猫的经历以及养猫后的心路。

［屏幕显示］

我家养了好几次的猫，却总是失踪或死亡。

自此，我家好久不养猫。

自此，我家永不养猫。

【评析】

这篇小说叙事的表层结构，即故事直接展示给读者的情节发展流程，似乎波澜不惊，而作品的深层结构借助这三句话层层深入。开头就提出文章总纲，是关于猫的失踪和死亡的，也必然要触及人的情感。如果说“好久”表达了“我”因为守护不住生命而内心十分痛心与惋惜，那么第三句的“永不”则抒发了决然毅然的情绪，内心的痛悔之意完全被递进、被深化了。

如果从生活角度来观照郑振铎的小说作品《猫》，会觉得文章几乎完全是写实，因此就会忽视文本的写作思路和结构，读者的眼光或许就很容易被描写小猫可爱、活泼的形象语言所迷惑而局限其中，进而把一篇完整的作品读得支离破碎。

2. 【教师导学】请同学们默读文章，从来历、特点、家人的态度、结局等方面梳理“我”三次养猫的经历，完成表格。

生1：第一只猫是从隔壁家要来的。

生2：第一只猫的特点是活泼和可爱。

师：你从哪里读出它的活泼和可爱呢？

生2：文章里写道“很活泼”，而且从“在廊前太阳光里滚来滚去”“它便扑过来抢，又扑过去抢”这些对猫的动作描写都可以看出它的活泼；而文章中“常如带着泥土的白雪球似的”把小猫比作白雪球，可见其可爱。

生3：“我”的家人对小猫的态度是都很喜欢它。这可以从“三妹是最喜欢猫的，她常在课后回家时，逗着猫玩”以及“我坐在藤椅上看着他们，可以微笑着消耗过一二小时的光阴，那时太阳光暖暖地照着，心上感着生命的新鲜与快乐”可以读出来。

生4：文章里写小猫死后妹妹和“我”的内心感受的句子，也可见“我们”对第一只猫的喜欢。

又一天中午，我从编译所回来，三妹很难过地说道：“哥哥，小猫死了！”

我心里也感着一缕的酸辛，可怜这两个月来相伴的小侣！

【评析】

这个教学片段中，学生通过对小说文本语言的梳理、筛选和概括完成了对第一次养猫经历的整体感知。尤其在提炼第一只猫特点时，学生可以通过对猫的具体化的描写来概括，对语言的感受力更进一步。

3.【教师导学】为什么“自此，我家好久不养猫”？请结合小说相关内容，谈谈你的理解。

生1：因为第二只猫丢失，“我”内心十分难过。

师：文章中是怎么写“我”的内心感受的呢？

生2：我也怅然地，愤恨地，在咒骂着那个不知名的夺去我们所爱的东西的人。

师：请同学们抓住这句话中带有情感的词语来体会“我”的心境。

生3：“怅然”是因不如意而感到不痛快，“愤恨”是愤怒和怨恨，“咒骂”形象地写出了“我”的愤恨。

生4：“所爱的东西”写出“我”对第二只猫的喜爱。

【评析】

很显然，第一位学生的理解是建立在读者主观笼统的判断上，在老师的引导下，学生从文本的语言符号层进入到内在意蕴层，对“我”的感受理解更加立体了。

师：文中还有哪些描写“我”和家人在小猫丢失后反应和感受的句子呢？

生5：“心里便有些亡失的预警”，“这使我心里还有一线希望，因为它偶然跑到远处去，也许会认得归途的”。这些细微的刻画说明在“我”的内心深处是很在乎第二只猫，是打心里喜欢和关心它的。

生6：“三妹很不高兴的，咕噜着道：‘他们看见了，为什么不出来阻止？他们明晓得它是我家的！’”这句话直接写出最爱猫的三妹内心的“不高兴”和“诘责”。

生7：“大家都不高兴，好像亡失了一个亲爱的同伴，连向来不大喜欢它的张妈也说：‘可惜，可惜，这样好的一只小猫。’”从中可以看出，第二只猫丢失后，全家都为此而沉浸在失落和伤感的情绪中。

师：我们读到这里，是不是对“自此，我家好久不养猫”有了更深的理解了？

生8：第二只猫深得全家人欢心，它的无故丢失让“我们”一家人难以接受，好长时间都不养猫，是不想再触碰伤感的养猫记忆。

【评析】

对语言的涵泳和品味，不只是停留在零碎的词语上，而应该循着文本的意脉来回穿梭，才能直抵深处。

焦点探究

1.【教师导学】为什么在第三只猫死后，“自此，我家永不养猫”？

生1：第一只猫是病死的，第二只猫是被别人掠夺的，第三只猫是被“我们”冤枉致死的。

师：是的，作者在原文中是这样写的：“我没有判断明白，便妄下断语，冤苦了一只不能说话辩诉的动物。”

师：“冤苦”是什么意思？

生2：冤枉它，并使它受苦。

师：请同学们圈画出文章中写“冤苦”第三只猫的句子。

生3：我很愤怒，叫道：“一定是猫，一定是猫!”于是立刻便去找它。

我想它一定是在吃着这可怜的鸟的腿了，一时怒气冲天，拿起楼门旁倚着的一根木棒，追过去打了一下。

我心里还愤的，以为惩戒的还没有快意。

这三句话通过对“我”的语言、动作和心理描写，写出了“我”得知芙蓉鸟死后的怒不可遏，便粗暴地惩戒了第三只猫。

师：请注意这三句话中出现了三次“一定”，同学们怎么理解？

生4：在没有任何证据下，“我”便断定是第三只猫咬死了芙蓉鸟，可见“我”是何等傲慢和武断。

生5：文章里还写道：“妻听见了，也匆匆地跑下来，看了死鸟，很难过，便道：‘不是这猫咬死的还有谁？它常常对着鸟笼望着，我早就叫张妈要小心了。张妈！你为什么不小心？’妻子和我一样武断，轻易将罪责归到第三只猫头上。”

2.【教师导学】请同学们结合文章，思考：为什么“我们”在没有调查事实的情况下，就妄下结论并对第三只猫粗暴施虐呢？

生6：因为“我们”不喜欢第三只猫。

师：文章里面是怎么写的呢？

生7：但并不好看。

但大家都不大喜欢它。

它不活泼。

也不像别的小猫之喜欢游玩。

连三妹那样爱猫的，对于它，也不加注意。

它渐渐地肥胖了，但仍不活泼。

却仍不改它的忧郁性，也不去捉鼠。

师：请同学们注意观察这些句子在句式上有什么特点？

生8：全都是否定句，可见“我们”对第三只猫的不喜欢甚至是厌烦的程度之深。

【评析】

刘勰在《文心雕龙》中指出：“夫缀文者，情动而辞发；观文者，披文以入情。”这句话揭示了写作和阅读时不同的心理过程。写文章，诚然是一个字一个字连缀而成，可是没有感情的触动和灵感的激发，这些字不会自发地组织在一起；品文章，就必须读进去，去窥见作者文字背后的玄妙。作者用这么多否定句，笔端流露的对第三只猫的厌烦之情溢于言表，在教学中必须让学生洞悉到这样的写作用心。就像陶渊明在《五柳先生传》中用了很多否定句一样，里面藏着作者的心灵密码，而阅读就是解码的过程。

师：那么，“我们”又是如何对待芙蓉鸟的呢？

生9：妻常常叮咛着张妈换水，加鸟粮，洗刷笼子。

师：同样是家里养的动物，为什么待遇不同呢？

生10：第三只猫是拣来的，不好看也不好玩；而芙蓉鸟是妻子买来的，而且叫得很好听。很显然，芙蓉鸟是很得“我”家人喜欢的，人们总是容易在这种情况下产生偏见，作出错误的判断。

师：傲慢与偏见

3.【教师导学】文章中交代第三只猫结局的句子，老师试着将原文进行了改动，请同学们体会原句和改句的不同之处。

［屏幕显示］

原句：两个月后，我们的猫忽然死在邻家的屋脊上。

改句：两个月后，那只猫忽然死在邻家的屋瓦上。

生 1：或许在第三只猫死之前，在“我”的心中，只是一只流浪猫，根本不属于“我们”这个家。当“我”发现真相后，“我”深刻地反省、深深地自责懊悔，这只猫在“我”心里被认同为家的一分子。

生 2：屋脊是屋顶中间高起的部分，可以想象到第三只猫蜷伏在邻家屋顶的最高处凝望曾经的家，临死之前有家不能回啊，可见它的凄楚和可怜。

【评析】

在文学作品中，词语、句式、词序、表达方式的不同，都会引起语义和表达效果的差异。在教学中引导学生抓住这些不同的因素，通过替换、复原、描摹、删减等方法来进行比较，让学生品味语言的神奇魅力。

4. 【教师导学】请同学们发挥想象，用生动的语言描写“我们的猫蜷伏在邻家屋脊上”的画面。

生 1：我们的猫蜷伏在邻家的屋脊上，尾巴无力地下垂着，毛色也比之前更黯淡了，它的爪子死死地抓住屋脊，仿佛一块小小的石雕，显得十分僵硬，眼神中透露出绝望的神色。

生 2：这只可怜的小猫，在邻家的屋脊上挨受着寒冷，蜷缩着。晚上吹来寒风，刺得它瑟瑟发抖，紧紧蜷伏着。

生 3：蓝天、绿草、深红的屋脊，仔细一看，躺着一只黄色的小猫，仿佛在熟睡。风轻轻地刮着，似乎一不小心就能把它刮走似的，那晶莹的蓝色双眸永远不会再睁开了……此时，天还是蓝的，草还是绿的，只是深红的屋脊上永远少了这一块黄色……

【评析】

品味语言是语感培养的重要途径。让学生进行想象写作，从言语感受到言语表达，让学生将课文中的言语材料、情感和审美体验，迁移转化为自己语汇世界的重要组成部分。

悟　课

文化视野下的语文课堂，是在师生共享关系的前提下，通过情感领悟、语言品味、意理阐释、文学创作等手段，让学生体验到汉语言的形态和意境，获得愉悦的审美体验，引起学生的情感共鸣，拓宽语文视阈，发展其言语智慧，构建起极具教学个性与文化气息，同时又令人陶醉的自由境界。

在文学作品中，一个词就是一个风光旖旎的世界，一个标点就是一首婉约动听的乐曲，一段话就是一根能够扣动学生语文能力、语文情感的琴弦。因此，在语文教学中，教师应引导学生关注那些“含义丰富、含情脉脉”的词句、标点，让学生反复揣摩、品味，理解文字背后蕴含的深意，体悟作者或显或隐的情趣，获得对文本的深入理解，促进学生语言感悟能力和运用能力的提升。

选择从语言入手，指向文本的人文内容，然后再回到语言，在语言和人文内容的不断互逆中，使阅读教学有了自身的意义，激活了学生对语言的认知体验，生成了学生的言语能力。这样的设计，坚守了语文教学的核心价值，实现了人文性与工具性的真正融合，从课程标准的高度来看，充分体现了阅读教学内容的合宜性。语言品味是深入理解文本、涵养语文能力的主要途径，也是凸显语文课堂“言语实践性”的基本形式。开展深入、有效的语言品味活动，以关注“整体语境”为基础，关注行文思路，切中文脉主旨，这样的语言品味才有方向和旨归，才能贴近文本，引发共鸣，从而提升其有效性。

贴着语言行走，浸染在语词的世界里，着力从语言角度塑造学生，使其能灵活而富有个性地运用语言建立起同周围世界的全面联系，这是我们应该追求的阅读教学境界。

（执教者：赵学东）

课例二

《孤独之旅》：读书的厚度就是课堂的深度

教学主张

《孤独之旅》节选自《草房子》，是初中教材选取的曹文轩先生的唯一作品，也是中国当代一部比较有代表性的“成长小说”——一部唯美的男孩子的“童年成长史”。它以9章20余万字的篇幅，以一座建在“草房子”里的小学为背景，描绘了桑桑、杜小康、秃鹤、纸月、细马等男孩女孩读书、生活、成长的历程，既弥漫着艰辛与苦痛，又闪烁着奇妙迷人的人性光芒。

文中的主角杜小康曾经是村中富户独子，曾经是“草房子”里的“领头羊”、让孩子们个个都钦羡不已的“大班长”。但是他的家庭却突发变故，不得不失学，跟随父亲踏上了挽救家道的艰难历程。“孤独之旅”就是从这里开篇的……

这是我应邀去济南市三十四中，与市直学校的两位老师一起同构异构的展示课。面对这篇自读课文，也几乎是这册语文课本中最长的一篇文章，我真的觉得突破的难度很大，因为作为山大附中的学生，初一时就已经读过《草房子》全文了，我们一般就可以处理为自读，布置一些阅读任务，孩子们读一读议一议就结束了。但是三十四中的初三孩子大部分还没有读过《草房子》，如果停留在《孤独之旅》，怎样引领孩子们走进《草房子》？如果走不进《草房子》，如何引领孩子们走进曹文轩塑造的杜小康的全部秘密，感受曹文轩如此纯美的文字？这就需要我把这篇文章当作一堂引领他们打开曹文轩的《草房子》，继而认识这位儿童文学家，然后能够去读他的更多童年小说的“引领课”。

小学生的生活，初三的孩子会感到幼稚，年代久远的故事，孩子们兴趣也不大，如何让孩子们真正回到那群油麻地孩子的“生命场”极其重要。于是，正如我课堂上告诉孩子们的，读一篇文章也像逛花园，时间充裕可以角角落落都细观，时间不允许就走捷径——一节课处理如此长篇的文字，我就抓住了杜小康在这次“孤独之旅”中说的四句话，关键是让孩子们根据当时的情景还原出声朗读，让自己变成杜小康，体味这次孤独的意味，体悟在孤独中一个孩子的成长。

于是，我想到了从过去的杜小康之优越入手，以杜小康从大芦荡带回鸭蛋，坚守自己一个小小的诺言结束，把文字放到更广远的背景上，这样也许才能真正读懂杜小康和曹文轩。

如果我们仅仅看文章节选的部分，主题当然是杜小康的成长，他从孤独中锻炼磨砺，由一个富裕家庭的小少爷变成一个可以独当一面的男子汉。但是从整部小说来看，联系后面的情节，我们知道曹文轩塑造杜小康这个形象，是想让孩子们感悟真诚的友谊、干净纯美的心灵是多么动人。于是我在拓展的时候进行了一个小小的写作训练：

他双手抱着一只小小的柳篮，小心翼翼地，仿佛那只篮里装了什么脆弱而又贵重的东西。桑桑低下头去。他看到____________________

我问学生：桑桑到底看到了什么，让他宁肯卖掉自己十只可爱的鸽子也要给杜小康摆摊做底金？桑桑到底看到了什么，让他成为杜小康的第一个顾客？桑桑到底看到了什么，当杜小康家的红门被催债的摘走时，站在杜小康身边的是桑桑，还紧紧握着杜小康的手？（深情发问）

通过这一问题引出杜小康在离开油麻地的时候给桑桑的那个承诺，打动孩子们的心灵。然后用“后来呢”这种中国古老的讲故事的方式，引出后面的情节，激发引诱孩子们去读后面的故事。

这还不够。

在下课的时候，我向孩子们深情告白："有一些书，如果一个人不曾在童年时读到它们，不曾在童年时代为它们动过真情、流过眼泪，那么这个人的性格和他日后的精神成长，都可能会有所欠缺。"

通过引用徐鲁《书香童年：记得纯真少年时》里的句子激发学生们去看电影《草房子》，读"曹文轩纯美小说系列"：《根鸟》《细米》《感动》《野风车》《红瓦黑瓦》《青铜葵花》《山羊不吃天堂草》《草房子》。

最后给孩子深情的祝福：祝愿孩子们都拥有丰盈的童年！

也许，我们每个人，都无法走出自己的童年！

我们语文组的老师常说："遇到，从此不同。"我希望，我只是孩子们漫长求学生涯里一个擦身而过的老师，如果他们的人生里因我而多了些许书香，那是再好不过了。

课堂实录

导入激趣

师：孩子们，下午第三节课了，是不是很累了？（微笑着打招呼）

生：不累！（声音挺大的，出乎我意料）

师：真的假的？孩子们，认识一下。我来自山大附中，大家叫我高老师就可以了。我是第一次来咱们三十四中，找个同学给我介绍一下咱们学校吧？

生：我们三十四中有大楼，有操场，有……

师：其实人家别的学校也有这些啊，说点有标志性的。

生：三十四中有阳光男孩，你看我多帅。

师：哈哈，还真是，我喜欢。其实我和咱们三十四中还是很有缘分的。今年暑期我们语文老师参加了全省的远程研修，我有幸当选济南 1 班的班长，负责收五六个学校语文老师的作业，还要每天出一期简报。为了宣传这几个学校，我在网上下了通知，每个学校负责一天，有的学校我需要打电话去催——喂，您做好了吗？可是有一个学校，每天都按时交简报，图文并茂，有思想有文化，你们知道是哪个学校吗？

生：（齐）三十四中！

师：没错，就是三十四中，所以今天我很高兴能够到三十四中讲课，因为，对三十四中所有的语文老师，我是怀有敬意的。其实他们交上来的，并不是简单的作业，而是对教育的情怀！我当时就在想，这样一群对教育如此有情怀的老师，他们培养的孩子也一定是很厉害的！今天我终于见到你们了！

亲近文本

师：孩子们，你们以前上课分组吗？几个人一组？咱们今天临时每八个人一组，用最短的时间给自己的小组起个名字，然后我们把它放到我带的一个魔盒中，当我们遇到困难的时候，魔盒会起作用。为了奖赏大家，我给大家放首歌听。

（播放张艾嘉演唱的《爱的代价》，穿行在孩子们中间，然后让孩子们亲手把小卡片放入魔盒。）

师：“还记得年少时的梦吗？像朵永远不调零的花。”这是我很喜欢的一首老歌，“走吧，走吧，人总要学着自己长大。走吧，走吧，人生难免经历苦痛挣扎。走吧，走吧，为自己的心找一个家。”今天，我们一起分享的就是一个男孩的故事，来源于一本我很喜欢的书——《草房子》。

师：大家昨天都做旁批勾画了吗？这样，孩子们，请坐在最后一位的同学把大家的语文课本收到前面来，我要给大家发干净版的《孤独之旅》。因为很多人都说，初三的孩子是做题的机器，中国的孩子只读教辅资料不读书，旁批勾画把课本折腾得“江山一片黑”了，可是没有一句是自己的声音和观点。今天，我们要用干净的文字，发出我们自己的声音，好不好？

生：（齐）好！

［屏幕显示］《孤独之旅》，曹文轩，《草房子》电影剧照

师：大家可曾读过《草房子》这本书？（有六七个孩子举手。）

师：那你们可曾看过这部电影？（没有一个孩子举手。）

师：（指给学生们看）猜猜哪个是纸月、温幼菊老师、桑乔校长、爱吹忧伤笛子的蒋一轮、跳美丽舞蹈的白雀姐姐？

师：（指着中间的秃鹤）这个是最好认的！

生：秃鹤！

师：其实人家叫陆鹤。最难认的是这两个——一个是桑乔校长的儿子桑桑、一个是红门的大公子杜小康。

生：那个笑得灿烂的是桑桑，他是校长的儿子，当然很幸福；那个满脸忧伤的是杜小康，他们家遭难了。

生：那可不一定。桑桑一直跟杜小康比，但总也比不过，所以，我觉得那个满脸忧伤的才应该是桑桑。

师：没错，那个满脸灿烂的真的是杜小康，忧郁的是桑桑。我强烈推荐大家去看这部电影，它拍摄于1998年，获得了很多大奖，特别是第14届德黑兰国际电影节评审团特别大奖“金蝴蝶”奖。这是当时的一张剧照（投影一张电影剧照，杜小康跟秃鹤他们一起骑自行车），在那样一个贫困的年代，这群孩子却生活得这样美好。你能一眼认出杜小康吗？

生：能，那个穿得最好的就是。

师：这是读过原著的孩子。曹文轩这样描绘杜小康：

（投影展示以前的杜小康）

“油麻地的孩子，念书都念到六年级了，都还没有一个有一条皮带的。他们只能用一条线绳来作裤带。

杜小康才读一年级，就有了一条皮裤带。棕色的，油汪汪的样子，很有韧性，抓住一头，往空中一甩一收，就听见叭的一声脆响。

油麻地一般人家的小孩，一年四季，实际上只勉强有两季的衣服：一套单衣，一套棉衣。中间没有过渡的衣服，春天，天气已经非常暖和了，还只能将冬天的棉袄硬穿在身上。秋天，天气已经很凉了，只好将单衣硬穿在身上，缩着身子去抵抗凉意。

杜小康却有一年四季的衣服……完全可以根据天气的冷暖来增减衣服。因此，一年四季的杜小康，身体都是很舒服的。

大约是在杜小康上四年级时，他变得更加与众不同了。因为，他有了一辆自行车。虽然这只不过是一辆旧自行车，但它毕竟是一辆自行车，并且是一辆很完整的自行车。

当时的油麻地，几乎没有一辆自行车，即使油麻地小学的老师，也没有一个有自行车的。”

师：杜小康的成绩还特别好。因此，杜小康一直当班长。曹文轩还通过桑桑的眼睛这样写道：（深情读投影）

“家境富裕时的杜小康，往油麻地孩子群里一站，就像一簸箕黑芝麻中一粒富有光泽的白芝麻。”

生：说他很显眼、很突出呢。

师：（深情读投影）“就像秋天高远的天空中一只悠然盘旋于他的鸽群之上的黑色的鹰。”

桑桑有一群喜欢的鸽子，但是杜小康是黑色的鹰！你能用一个成语来概括杜小康在油麻地孩子中的这种优越感吗？

生：鹤立鸡群、卓尔不群、出类拔萃、超凡脱俗、超群绝伦……

师：很好，大家的积累很棒！但是，天有不测风云，正如鲁迅先生在他的《呐喊》自序中所说，杜小康从“小康坠入了困顿”，正如咱们课本中第一段所描绘的：

“油麻地家底最厚实的一户人家，就是杜小康家，但它竟在一天早上，忽然一落千丈，跌落到了另一番境地里，杜家的独生子杜小康失学了，只好跟着父亲去放鸭。”（投影）

师：我们咬文嚼字，字斟句酌这段文字，猜想一下，杜小康家到底怎么啦？

生：破产了。

师：没错，我们看看杜小康到底遭遇了什么？（投影，播放音乐背景《殇》。）这需要一个特别有情怀的孩子来读，孩子，你来。

生：（很深情）一心想发大财的杜雍和用几代人积累下的财富买了一条运货的大船，并贷了一笔款，去城里买了一大船既便宜又好的货，打算赚出更多的钱来。但回家途中，在河弯处与大拖驳相撞，船毁了，货没了，人也病倒了。但当他能下床走路时，他又萌发了让“红门”重新焕发光彩的信心。这年的春天，他又筹集了一笔钱，买下了500只小鸭，想靠自己年轻时的放鸭经验东山再起，爱读书的杜小康被迫辍学，跟随爸爸去牧鸭……

师：这就是杜小康为什么要别却油麻地去放鸭。《孤独之旅》几乎是我们上初中以来最长的一篇文章，其实是一篇自读课，用一节课讲完时间比较紧。但我觉得读一篇小说就像浏览一座花园，路径有很多，时间充裕我们可以绕绕远，时间紧了我们可以抄近道，今天高老师就领大家走一条近道。透过繁密的文字，我发现作者在表现杜小康的孤独方面，语言描写特别少，但是，只要读懂了这四句话，就读懂了杜小康的内心，就读懂了杜小康这个人。

品读探究

［屏幕显示］

1. “我不去放鸭了，我要上岸回家……”

2. “我要回家……”

3. “还是分头去找吧。”

4. “蛋！爸！鸭蛋！鸭下蛋了！”

师：我们用情景再现的方法，看看谁可以读好这四句话。谁来试试？

生：我来，我来！

师：你刚才表现得很好了，高老师第一次上这么小班的课，一定让每一个孩子都有参与的机会。孩子，你试试？

生：（怯怯地）“我不去放鸭了，我要上岸回家……”

生：老师，他读得不对，他没有读出哭腔，人家说的是“带着哭腔的请求”。

师：你真棒，你读出这关键的一点来了，你试试看。

杜雍和沉着脸，绝不回头去看一眼。他对杜小康带了哭腔的请求，置之不理，只是不停地撑着船，将鸭子一个劲赶向前方。（投影）

生：“我不去放鸭了，我要上岸回家……”

师：是有哭腔了，可我怎么不觉得是请求，倒像是命令呢。有人说，咱们九零后的孩子对家长除了命令就是威胁，早就不懂得什么是“请求”了。这样，你把这句话后面的省略号变成一句话，分别用“命令”“威胁”“请求”的语气尝试一下，我觉得你可以，试试看！

生：“我不去放鸭了，我要上岸回家，把船开回去！你听到没有？”

师：呵！还用的是反问句，果然很会下命令。（大家笑。）

生：“我不去放鸭了，我要上岸回家，否则我就一头扎进水里淹死！”

师：哦！是挺吓人的！

生：“我不去放鸭了，我要上岸回家，好不好爸爸？”

师：真好，此处应该有掌声！（大家赞许地鼓掌。）

生：这样读是可以读出杜小康的软弱，但我觉得还应该注意当时杜小康的表情，他应该是很茫然的。

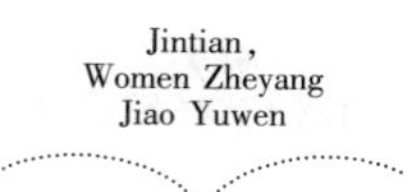

师：孩子，你太会读书了！这是很难发现的一点，因为这是通过写杜小康的父亲来写杜小康，你有很强的洞察力！你来试一下。

杜雍和现在只是要求它们向前游去，不肯给他们一点觅食或嬉闹的机会。仿佛只要稍微慢下一点来，他也会像他的儿子一样突然地对前方感到茫然和恐惧，从而也会打消离开油麻地的主意。(投影)

生：“我不去放鸭了，我要上岸回家……”

(带了哭腔的请求，大家真诚地为他鼓掌。)

师：真棒，这个感觉找对了！

第二句：“我要回家……”这是杜小康到达芦荡深处说的一句话。

生：当时他很害怕、很孤独，关键是他刚刚“哇哇大哭”过。

师：你真棒！孩子。你来读一读。

杜小康开始想家，并且日甚一日地变得迫切，直至夜里做梦看到母亲，哇哇大哭起来，将父亲惊醒。(投影)

生：老师，我可能不行，我好久没哭过了。

师：近期有哭过的吗？还得“哇哇大哭”！这一声虽然是睡梦中，但声音怎么样？

生：挺大的，把他父亲都惊醒了！

师：好的，分析得很到位，谁试试？(巡视，找一个还没有发言的男生。)

生：我要酝酿一下感情（作哭泣状，嗓子里有了“哇哇大哭”的感觉了）。“我要回家……”(大家配合他，都装睡。读完大家热烈鼓掌。)

师：你是懂杜小康的。

第三句：“还是分头去找吧。”

师：要读好这句话，我们先要看看杜小康经历了什么。深情的诵读，也是一种创作。这一段我要找个特别有气势的孩子来读它，大家推荐一位同学吧，我们可以更好地领略暴风雨的洗礼。（投影，音乐随之而起，那是暴风雨的声音。）

生：那天，是他们离家以来所遇到的一个最恶劣的天气。一早上，天就阴沉下来。天黑，河水也黑，芦苇成了一片黑海。杜小康甚至觉得风也是黑的。临近中午时，雷声已如万辆战车从天边滚动过来，过不一会儿，暴风雨就歇斯底里地开始了，顿时，天昏地暗，仿佛世界已到了末日。四下里，一片呼呼的风声和千万支芦苇被风撅断的咔嚓声。

（大家极力推荐的同学声情并茂，气势如虹，顿时赢得了热烈的掌声。）

师：继续制造恐怖气氛，这是父子二人在暴风雨中的表现（很多孩子举手强烈要求来读这一段）。孩子，别着急，再找一位还没有回答过问题的孩子来读它。

生：杜雍和大叫了一声“我的鸭子”，几乎晕倒在地上。因为他看到，鸭群被分成了无数股，一下子就在他眼前消失了。

杜小康忘记了父亲，朝一股鸭子追去。他紧紧地跟随着它们。他不停地用手拨着眼前的芦苇。即使这样，脸还是一次又一次地被芦苇叶割破了。他感到脚钻心地疼痛。他顾不得去察看一下。他知道，这是头年的芦苇旧茬儿戳破了他的脚。他一边追，一边呼唤着他的鸭子。

师：（第一个孩子读得不好，还读错字和读破句）孩子，要想打动别人，真的要有好的语文基本功，如果读错了、读破了，大家一哄笑，什么感觉都没有了！自告奋勇，谁可以？男孩，你让着女孩点，这个机会给你！

（一个女生起来朗读，真的很深情。）

师：你读得很棒，大家看，这时候的杜小康……

生：比他的爸爸都坚强！

师：大家不知道有没有注意到这段文字：

杜雍和望着儿子一脸的伤痕和冻得发紫的双唇，说：“你进窝棚里歇一会，我去找。”（投影）

师：说明什么问题？

生：他们已经精疲力竭了。

师：没错，杜小康已经尽力了，此刻他有三种选择：

不去　　　　　一起去　　　　　分头去（投影）

师：如果他选择“不去”，而是像他爸爸说的那样“进窝棚里歇一会”，我们能不能理解他？

生：能！

师：如果他选择“一起去”呢？

生：他还是太依赖他的爸爸，可是杜小康现在已经是男子汉了，他可以独自担当风雨了。我觉得他完成了一个男孩到一个有责任心的男人的蜕变。

师：孩子，你读懂了！“一起去”也许有人会理解为“同舟共济”，但这已经不是此时的杜小康作出的选择了！

生：“分头去找”概率会大一些。

师：这是个数学学得极好的孩子！概率大，真的，那天他如果跟爸爸一起去，还真的找不到呢，因为最后是杜小康找到了那群鸭子。

有人把第三句末尾的句号改成了问号，大家觉得好吗？

生：这句话前面还有一句对杜小康的动作描写：“杜小康摇摇头”，说明这是他自己的选择，他已经有了属于自己的见解了。他很镇静、很坚定，不是争取别人的建议，所以还是句号更能表现。

师：那好，找一个咱们班的“淡定哥”来读读这一句。

生：我！我！

（老师继续寻找没有参与课堂的孩子，最终找到角落里的一个孩子，他读得很好，大家给他掌声，老师颔首赞许。）

杜小康闻到了一股鸭身上的羽绒气味。他把头歪过去，几乎把脸埋进了一只鸭的

蓬松的羽毛里。他哭了起来，但并不是悲哀。他说不明白自己为什么想哭。（投影）

师：聪明的，请告诉我：他到底为什么哭泣？

生：他为自己可以独自找到鸭子而哭泣。大家知道，这时候的鸭子是他们家的精神支柱和经济来源，找到鸭子对杜小康来说意义重大。

师：（对这个孩子竖起大拇指）孩子，你知道你说得多深刻吗？你已经走到杜小康的内心去了！

生：这时候的杜小康为自己的成长而哭泣，他由一个软弱的自己成长为这样一个硬朗的自己，他还自己找到了鸭子，难道不应该喜极而泣吗？

师：真的，我想他此刻一定是五味杂陈、百感交集了！接着有一段对杜小康的深情描述，要找一位内心特别细腻的孩子演绎一下：（投影）

雨后天晴，天空比任何一个夜晚都要明亮。杜小康长这么大，还从未见过蓝成这样的天空。而月亮又是那么明亮。

杜小康顺手抠了几根白嫩的芦苇根，在嘴里嚼着，望着异乡的天空，心中不免又想起母亲，想起桑桑和许多油麻地的孩子。但他没有哭。他觉得自己突然长大了，坚强了。

师：读得真好，一定是你真的理解了，语文基本功也很棒，语调、语速选择得都很好。

第四句：（先出示四句让学生自己读，自己选择，看哪一句最好。）

爸！蛋！鸭蛋！鸭下蛋了！

蛋！爸！鸭下蛋了！鸭蛋！

爸！鸭蛋！鸭下蛋了！

蛋！爸！鸭蛋！鸭下蛋了！

生：（集体呼喊）第四句！第四句！

师：为什么大家意见这样统一？

生：他看见那个白色的东西，惊喜之情溢于言表，当然冲口而出的第一个字是“蛋”。他急于把这个好消息告诉爸爸，所以第二个字是“爸”。他强调的是“鸭蛋”，而不是见到的其他东西的蛋，因为他爸爸曾领他捡过卢雁的蛋。“鸭下蛋了”，意味着他们的梦想实现了，他可以回去上学了！

师：孩子，我太爱你了，你简直太棒啦！谁还发现了这个句子的特点？

生：是四个感叹句的并列，还是四个简短的感叹句，更好地表达出他当时欣喜若狂！

师：大家有没有注意：前三句中都没有一个“爸”字，这次放鸭之旅杜小康是不愿来的，第一段中有一个词可以说明……

生：只好！

师：是的，为了逼小康放鸭，一向宠爱儿子的杜雍和竟然打了杜小康。现在，这一声亲切的呼喊，可见杜小康已经理解了爸爸。谁可以读好？

生：我！我！我！

师：好的，你终于举手了！（一个一直没有举手的孩子举起了他的手。）我等你很久了，就你了，我相信你一定可以！

生：应该是一句比一句声音高。“蛋！爸！鸭蛋！鸭下蛋了！”（全班鼓掌。）

师：当表达刚刚出发的灰色心情——任性、懦弱时，杜小康说：

生：“我不去放鸭了，我要上岸回家……”

师：当表达芦荡深处的黑色恐惧时，杜小康说：

生：“我要回家……”

师：当表达暴风骤雨中的平静担当时，杜小康说：

生：“还是分头去找吧。”

师：当表达梦想实现后的惊喜、激动与坚强时，杜小康说：

生：“蛋！爸！鸭蛋！鸭下蛋了！”

［屏幕显示］

（1）“我不去放鸭了，我要上岸回家……”

刚刚出发的灰色心情：任性　懦弱

（2）“我要回家……”

芦荡深处的黑色恐惧

（3）“还是分头去找吧。”

暴风骤雨中的平静担当

（4）“蛋！爸！鸭蛋！鸭下蛋了！”

梦想实现后的惊喜、激动与坚强

师：有一种成长叫越来越坚强。虽然这是一篇长篇小说的节选，但是却独立成章，也分成了开端、发展、高潮、结局四部分。我现在要找一位特别具有表演天赋的孩子，把这四句都读一下，既有软弱时的任性，也有长大后的坚强，谁可以？

生：我，老师，我！我！

师：好的，我们这个帅哥举了好长时间手了，就你吧。

（该生把四句不同情境下的语言演绎得特别准确，真的很动脑筋。声音控制得很好，把感情也演绎得极棒，每一句话读完，都要再顿一顿，酝酿一下，真的太厉害了！）

［屏幕显示］

孤独之旅——牧鸭之旅、心灵成长之旅

师：杜小康的孤独之旅，既是牧鸭之旅，也是他的心灵成长之旅。我认为，孤独是一个相对的哲学概念：走在茫茫人海里，也许你仍然觉得形单影只；深夜、窗前、灯下，也许你仍可以把自己的心开成一座缤纷的花园。

生：啊？半夜了，谁还会把自己的心开成缤纷的花园？有的时候半夜还写不完作业呢。

师： 真的吗？孩子们真辛苦，我不知道是不是有的孩子和我有同感？（有孩子举手。）

生： 有的时候，看一本自己喜欢的书，真的觉得半夜不算什么，很幸福。

师： 孩子，你是高老师的知音，有书的日子不孤单，我常常是灯下，一本书，就品到了真正知足的滋味。

读出自己

［屏幕显示］

后来呢？

师： 后来呢？

生： 后来，他们一定带着他们成筐成筐的鸭蛋回到了油麻地，过起了幸福的生活吧。

师： 其实命运没有这样眷顾他们。（投影）

后来啊，他的前方出现了很多比孤独更可怕的，鸭群连续几次误入人家的鱼塘，几乎吃尽了塘中刚放养的几万尾鱼苗。被愤怒的当地人扣下了小船和整个鸭群，杜雍和再次陷入一贫如洗的绝望。瘦得只剩下一袭骨架，躺在门板上被人抬回了油麻地。

生： 杜小康呢？

师： 大家比较关心杜小康。（投影）杜小康却没有父亲的绝望，他坐在那里咀嚼着油麻地的任何一个孩子都不会去咀嚼的、由大芦荡给予他的那些美丽而残酷的题目。

当他穿着破烂的衣服重新出现在油麻地时，面容清瘦，但眼睛却出奇地亮，透出一种油麻地任何一个孩子都不可能有的成熟。

关键是，他也并非空手而归，他带回什么来了？

（投影，音乐声起，忧郁的笛声。）

他双手抱着一只小小的柳篮，小心翼翼地，仿佛那只篮里装了什么脆弱而又贵重的东西。

师：我要找一位文学素养很深的孩子来读，声音要控制好。

生：他双手抱着一只小小的柳篮，小心翼翼地，仿佛那只篮里装了什么脆弱而又贵重的东西。（声音轻轻地，又重读了我勾画出的字，很美。）

［屏幕显示］

桑桑低下头去。他看到____________________

师：桑桑到底看到了什么，让他宁肯卖掉自己十只可爱的鸽子也要给杜小康摆摊做底金？桑桑到底看到了什么，让他成为杜小康的第一个顾客？桑桑到底看到了什么，当杜小康家的红门被催债的摘走时，站在杜小康身边的是桑桑，还紧紧握着杜小康的手？（深情地发问。）

请大家每人写一句话，来填充桑桑到底看到了什么？

（学生开始写，老师巡视，看到每个人都有五花八门的创造，因为大部分孩子都没有读过这部原著。有的写："几只可爱的毛茸茸的小鸭子"，他一定是想象力丰富；有的写："杜小康手捧着几只鸭蛋，他的手饱经沧桑"，他一定没有注意那只柳篮……）

师：课上时间有限，写一句就可以了，不必写成长篇小说。我看你写了这么多，一定很有感触，你读一下吧。

生：柳篮里，熙熙攘攘的一群鸭蛋，那是杜小康精心挑选的、他和他爸爸剩下来的所有鸭蛋……

师：天哪，你简直是个文学家，鸭蛋还要"熙熙攘攘"！

师：（投影）桑桑看到：五只很大的、颜色青青的鸭蛋，正静静地躺在松软的芦花上。

如果你是桑桑，当你看到这一幕，你有什么感受？

生：我感动死了，松软的芦花，看杜小康多么用心啊！

师：是啊，我突然想起一个词，那是迅哥看到不识字的阿长买回《山海经》时的感受——震悚。

师：（投影，深情诵读）杜小康将柳篮送到桑桑手上，这五只大大的双黄鸭蛋，大概是杜小康从大芦荡带回来的全部财富。

曹文轩并没有说成长是杜小康从大芦荡带回的财富，连“之一”都没有，这就说明，在曹文轩看来，（投影）虽然杜小康经历了苦痛挣扎，但他还保持着油麻地孩子的纯真梦想，呵护着出发时的一个小小的诺言，长大并没有使他丢却真纯的内心——没有迷失来时的路。

所以，如果我们仅仅读《孤独之旅》，我们就只是读到了成长之于人的意义。只有读原著《草房子》，我们才知道，曹文轩真正想告诉我们的是：长大的路上不要丢却纯美的内心！

师：再后来，他甚至不带一丝卑微地在自己曾经就读的“油麻地小学”门口摆起了地摊。到现在为止，还有没参与过课堂的孩子们吗？（两个孩子举手。）你看，你刚才不参与，就是等着当校长的吧？下面是桑乔校长的一句话，你来说：

师：那天，学生们都在上课，桑乔站在办公室的廊下，望着校门外的杜小康，正在冬季的第一场雪中，稳稳地坐在树下，对另外几个也在廊下望着杜小康的老师说：____________________

生：“哎，真可惜，这么优秀的一个孩子，就这样去卖东西去了！”

师：孩子，我觉得你没有读懂前面的三个字“稳稳地”。你呢？

生：“老师们，我们还是想办法让杜小康上学吧？”

师：真是个善良的校长哪！但是，当时桑乔校长说的是：“日后，油麻地最有出息的孩子，也许就是杜小康！”

文化引领

师：纸月呢？桑桑呢？秃鹤呢？蒋一轮呢？白雀呢？还有，桑乔校长呢？我不知道，也许他们正走在你途经的那个路口。

还是强烈推荐：（投影）

电影《草房子》，

“曹文轩纯美小说系列”：《根鸟》《细米》《感动》《野风车》《红瓦黑瓦》《青铜葵花》《山羊不吃天堂草》《草房子》。

［屏幕显示］

> 好多人认识了字，却只「看字」，不「阅读」。
>
> 他们看路标，看证件，看各种说明书，但他们不「阅读」。
>
> 真可惜。他们明明有了翅膀，但他们只用这对翅膀煽风升火，对付生活。
>
> 他们不相信，如果把那对翅膀伸展开，他们其实可以飞翔……

——《康熙来了》节目主持人蔡康永

师：“有一些书，如果一个人不曾在童年时读到它们，不曾在童年时代为它们动过真情、流过眼泪，那么这个人的性格和他日后的精神成长，都可能会有所欠缺。”——徐鲁《书香童年：记得纯真少年时》（深情地读给学生听。）

祝愿孩子们都拥有丰盈的童年，愿最初的梦想永远伴你飞翔！

也许，我们每个人，都无法走出自己的童年！

悟 课

感谢那群孩子！回来这几天，他们的一颦一笑似乎还在眼前，特别是称自己是“帅哥”的班长，他们的阳光和向上给我留下了很深的印象。其实在我去之前，我真的有点担心，因为初三的孩子被称作“做题的机器”，但他们始终仰着脸，眼睛明亮地跟随着我，使我行走在他们中，简直就是行走在甜蜜中。那一刻，我觉得做个老师好幸福！

校长送我们的时候说，应该给老师们讲一讲如何备课。

没错，意识决定形态。有什么样的理念，就有什么样的课堂。课堂的成败取决于老师在课前的储备与思考。储备不是一日之功，要真正做到日积月累，不要因为见效慢就不行动；思考是针对这堂课，我们的切入点如何设计得精巧，我们的课堂节奏如何行进，最后“春归何处”。一堂好的课就像写一篇好的文章，起承转合都重要。

语文也可以很美！正如李春老师说的：“语文老师是幸福的，因为你可以做一个很虔诚的读书人、很热情的教育者。”希望书卷味在课堂上芬芳四溢，为幸福加码。

（执教者：高平）

课例三

《台阶》：那九级生命的台阶

教学主张

小说的文体特征是作者通过虚构情节，塑造人物形象，表达对现实生活人生世相的洞察和思考，小说作者一般将主题隐藏在人物的性格命运之中或人物关系背后，需要读者去揣摩感悟。正是由于小说表达主题的方式含蓄曲折，所以读者在解读作者意图时，经常出现见仁见智的现象。

《台阶》是一篇小说，文章以第一人称口吻讲述了“父亲”修台阶的故事，塑造了一个老实本分、吃苦耐劳、坚忍不拔追求自己生活理想的农民形象。“台阶”这一物象承载着“父亲”在物质与精神上的双重理想，也象征着人生的使命。作者通过

“父亲”的物质理想实现而精神理想受挫的结局，引发读者对于物质理想与精神追求错位现象的多元思考。对于学生来说，教师的主要任务是启发他们多元地理解和揭示本文的主题。

本文是一篇自读课文，在教学方式上虽然需要教师引导，但主要应从阅读策略、阅读角度方面进行，可以提供相应的资源，阅读时关注的重点应由学生自己选择。

课堂实录

自学自悟

师：同学们，今天我们来学习一篇小说——《台阶》。这是一篇自读课文，需要同学们先自主学习，完成以下任务：（投影）

1. 默读课文，用简洁语言概括故事内容
2. 选取自己喜欢的细节进行批注
3. 你的疑惑

【评析】初中语文新课程标准要求“养成默读习惯，有一定的速度，阅读一般的现代文每分钟不少于500字”，“要重视学生思维能力的发展”，“尊重学生在学习过程中的独特体验”。自读环节可以为学生亲近文本提供足够的时间和空间。

交流分享

【整体感知】

师：同学们，下面我们来交流一下自学成果。哪位同学概括一下文章的主要内容？

生：父亲以前经常坐在房前的台阶上，后来盖了新屋，他觉得不自在，他觉得自己老了。

师：概括故事的主要内容，除了人物外，还要有起因、经过、结果。

生：父亲觉得自己家里台阶低，所以造了九级台阶，台阶造好了，他也老了。父亲觉得自己家地位低，用了大半辈子，好不容易把新房造好了，却发现自己老了。

师：父亲为什么觉得自家的台阶低？

生：因为没地位。

师：好，这位同学说出了故事的原因——为了提高自家的地位；经过——父亲不辞劳苦花了大半辈子造了高台阶；结果——父亲走向了衰老。

【交流批注】

师：同学们，下面我们来交流一下你们的批注。

生：我最喜欢的是第 13 自然段："父亲坐在绿荫里……一片片旱烟雾在父亲头上飘来飘去。"这里表现了父亲专注地望着别人家高高的台阶，他内心非常羡慕，他可能在想什么时候可以有人家那么气派的台阶啊。

师：这位同学批注得很好，不仅对文章的具体语句进行了赏析，还加入了自己合理的想象，这是一种很好的读书方法和读书习惯。

生：我选的是第 11 自然段："父亲七个月种田，四个月到山里砍柴，半个月在大溪滩上捡屋基卵石，剩下半个月用来过年、编草鞋。"我认为父亲是一个不辞辛劳的人。

师：父亲确实很辛苦，是什么力量支撑他这样日复一日年复一年地坚持？

生：理想。

师：理想的力量真的很强大呀！所以，可以这样说，父亲是一个不辞辛苦、坚持理想的人。

生：我选的是第 15 自然段："冬天，晚稻……一个冬天，破草鞋堆得超过了台阶。"这里表现了父亲是一个执着的人。

师：刚才这三位同学的批注都是针对一段文章，有没有选择词语的同学？

生：我选择的是第 19 自然段：“父亲头发上像是飘了一层细雨，每一根细发都艰难地挑着一颗乃至数颗小水珠。”我觉得“挑”字用得很好，写出了露珠粘在头发上的样子，也表现出父亲起得很早。

师：这个“挑”字用得确实很生动，具有很强的表现力。还有想分享的同学吗？

生：我选了第 14 段：“去烟灰时，把烟枪的铜盏对着青石板嘎嘎地敲一敲，就匆忙地下田去。”这里的拟声词用得很好。

师：这位同学选了一个拟声词，这个“嘎嘎”真的很有表现力呢，能让人一下子就想到父亲磕烟灰的动作和声音，想象出父亲“磨好刀”、精神抖擞地开始干活的样子。

我们来总结一下刚才发言同学的读书方法：对整个段落进行点评感悟，还可以加上自己的合理想象；选取有表现力的词语进行赏析品味。这几位同学的读书方法为我们提供了很好的范例。

【评析】这一环节着重对学生自读文章策略进行引导，将这样的引导渗透在日常教学中，以培养学生良好的阅读习惯。

【解疑答惑】

师：下面，我们一起解答同学们的疑惑。

生：我的疑惑是第 28 段：“父亲身子晃一晃，水便泼了一些在台阶上。我连忙去抢父亲的担子，他却很粗暴地一把推开我：‘不要你凑热闹，我连一担水都挑不——动吗!’我只好让在一边，看父亲把水挑进厨房里去。”这里“我”想去帮助父亲，他却很“粗暴”，让人很不舒服。

师：我们一起看看这一段。（请一名同学朗读这一段。）

我想问一下大家，父亲他闪了腰，为什么“粗暴地一把推开我”，说我是“凑热闹”，不让“我”帮忙？他内心是怎么样的感受？

生：说明当时父亲很生气。

师：父亲为什么生气？他生谁的气？

生：一方面是生自己的气，自己挑个扁担腰都会闪；另一方面是生儿子的气，认为儿子瞧不起自己，连扁担都挑不动了。

师：想得很周到，考虑到了两个方面。的确，父亲作为一个曾经身强力壮的男人，在意识到他连挑一担水都不行的时候，他该有多么的无奈进而愤怒啊。还有别的理解吗？

生：我觉得父亲内心不仅是愤怒，还有痛苦。他自己心里已感到自己老了，因此内心很纠结、很痛苦。

生：这里写“扁担的惨叫声”，其实是写出了父亲内心的痛。

师：这位同学注意到了一个细节，认为扁担的叫声把父亲心里的愤怒、痛苦都表达出来了。在“不”字后面加破折号有什么作用？

生：我认为是表示语气的延长，父亲当时应该非常疼痛，说话的时候一口气没有缓上来。

生：父亲当时是硬撑着的，很痛，但是他不想让自己的儿子、妻子知道。

生：我觉得父亲十分粗暴地一把推开“我”，应该是生气的语气，破折号是用来强调的。

师：同学们分析得很好，现在请同学综合前面的理解，再来读一读这段话。

（师生分角色朗读。）

师：这是一个非常要强的、执着的、不服老的父亲。从这个角度来看父亲，就多了一份对父亲的理解，他的粗暴就可以接受了。下面我们继续解答同学们的疑惑。

生：我的疑惑是：父亲已经实现了理想，住上了有九级台阶的房子，为什么还是不开心？

师：你从哪里读出来父亲不开心？

生：第29段："父亲闲着没有什么事可干，有觉得很烦躁。以前他可以在青石台阶上坐几个小时，自那次腰闪了之后，似乎失去了这个兴趣……一副若有所失的模样。"

（学生齐读第30、31、32段。）

师：想一想，文中的父亲究竟失去了什么呢？

生：失去了青春，失去了生机。

生：失去了目标，他一直在为九级台阶的新屋努力干活，现在新屋盖好了，他失去了努力的方向和动力。

师：父亲的人生目标只是九级台阶的新屋吗？

（学生们开始思考。）

生：他想实现的是在别人眼中的高地位，通过第8自然段"台阶高，屋主人的地位就相应高"可以看出来。

师：好，那么父亲的地位提高了没有？他得到人们的尊重了吗？

生：（齐）没有。

师：在哪里可以看出父亲没有得到人们的尊重？

生：第27段："正好那会儿有人从门口过……父亲不知怎么就回答错了。"

师：是的，父亲辛苦了大半辈子，付出青春和汗水盖起新屋，却不是自己真正想要的东西。也就是说，父亲的人生目标包含了两个方面：精神的和物质的。当他的物质目标实现而精神目标无法达成的时候，父亲感到深深的失落。他的不开心正源于此。这样的父亲又会让人对他生出怎样的情感呢？

生：同情。

生：心酸。

生：悲惨。

师：我觉得用"悲壮"也不为过。我们还应该对为实现愿望而付出太多太多的父亲多一份——理解。

（板书：同情、心酸、理解、敬意）

师：同学们，其实，小说中“父亲”的形象是所有父亲也是千千万万农民的缩影，他们勤劳质朴、坚忍不拔，他们就在我们的周围，用自己勤劳的双手为自己的家庭、为城市建设默默奉献。让我们对天下所有这样的父亲致敬。

【布置作业】

1. 给大家推荐一篇写父亲的文章：阎连科的散文《盖房》。除了感受文章中父亲的形象外，还要注意感受散文与小说两种文学体裁的不同。

2. 练笔：回去采访自己的家长，以“父辈的梦想”为题写一篇文章，走近家长，了解他们的梦想和成长历程。

悟 课

初中语文新课标指出，要“尊重学生在学习过程中的独特体验”，“对课文的内容和表达有自己的心得，能提出自己的看法和疑问”，“多角度地观察生活，发现生活的丰富多彩，捕捉事物的特征，力求有创意地表达”。在这一板块的教学中，根据学生提出的疑问：“父亲为何一把推开我”“父亲失去了什么”，引导学生从文本出发，关注父亲、关注父亲的精神世界，进而关注农民，从而把握文章的主旨。

对学生问题的解答过程有利于学生思维的培养。对有价值、富有创造力的问题，除了支持提问外，还可以把它作为一个研究性课题或一次综合性学习活动来开展。所以质疑环节在一定程度上是合作探究环节的延伸，又对它有所超越，真正体现出“文化视野大课堂”的教学理念。

（执教人：王春红）

（三）
回归诗性的阅读

英国著名诗人艾略特说过："诗歌代表着一个民族最精细的感受与智慧。"诗歌是文学作品的重要形式之一，往往以短小凝练的形式、形象含蓄的语言，表达出作者丰富的思想和感情，集中反映社会生活。

诗歌的阅读，应该放弃纯粹理性的、纯粹思想性的解读，回到诗性阅读立场上来。所谓"诗性阅读"，就是尊重诗歌特质的阅读，尊重诗歌的情感情绪性、想象性、象征性、超现实性。最可能具有"诗性"的阅读方式是"体会"，"解释"显然不是这种阅读方式的手段，更不是目的。

然而，我们的中学诗歌教学，太注重于"解释"和词语的分析。"体会"即浸没、交融、重合，我们需要放弃思想性的预设，专注于诗歌的想象空间和语言的魅力，即语言的语感、质感、空间感，语言的滑动或滞钝、纯净或粗糙、空白或完满、轻盈或沉重，为学生打开内在的感受。

课例一

《诗经》：她从诗中来

教学主张

沿着河流的方向，中国的诗歌必然要追溯到《诗经》。孔子说："不学《诗》，无以言。"先民的歌唱，不论是闾巷情诗还是朝廷、宗庙乐歌等，所呈现的清澈丰沛之美，都是诗意教学的优质资源。《诗经》中与女性有关的作品约占其总数的三分之一，以姿态、性情各异的女子形象为主的篇章，就是《诗经》中可反复涵泳妙悟的

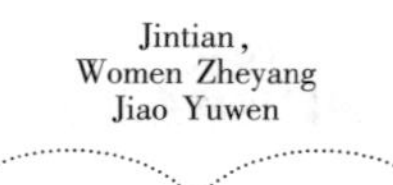

最具特色的内容之一，就此可开设古代诗歌专题拓展阅读课。

本节课赏析品读的主要篇目《硕人》与《静女》均为表现女性形象的代表作品，从女性之美的角度看，庄姜的美是硕大丰盈，是饱满健康，是眉目清爽、顾盼神飞；静女的美是轻灵俏皮，是可亲可近。两个具有不同特质的女子各具其美，相互映照。同时，借助推荐阅读和自选阅读《诗经》中其他相关篇目，丰富学生对《诗经》中女性之美的感知，在专题阅读中体味《诗经》的独特魅力。

从读的方法上看，《周礼》记载，“大司乐以乐语教国子：兴、道、讽、诵、言、语”，提到了多种可传承的读书法。《诗经》中的诗，“歌”的特质鲜明，诗三百皆有曲调，因此，歌诀体乐读和吟诵的辅助，让源头性的诗歌增加了一种中国式读诗法的意味。《贞一斋诗说》就认为：“诗有三要：发窍于音，征色于象，运神于意。”借助文字与音乐的通道，让学生在重视“歌”的情态上亲近诗歌，感知神韵，因法而会情得趣。

就任教班级而言，学生在初一、初二学段的古诗词积累从先秦到清代已有一定基础，故从教材走出，专题阅读和课内外精读篇目结合，辅以自主吟诵交流展示。

读诗之法

吟诵，是中国古代文人的诵读方式，是吻合汉语语音体系特征的诵读方式。中国诗歌的生命，就伴随着吟诵的声音。吟诵要求按照音韵声调的不同，读出长短高低、轻重变化，其基本规则是：平长仄短，入声急促，依字行腔，韵字绵长，依义行调等，听起来像唱歌一样。其情态和流派众多，有浓厚的地方特色。近年来，为了继承、弘扬古诗文的吟诵法，多以“普通话吟诵”的方式进行推广。作为一种独特而行之有效的鉴赏古典文学作品的手段，在古诗文学习中易被学生接受并喜欢。吟诵的方式，将学生带进诗歌之美的微妙之地，以声音唤起学生对诗歌的感动。

歌诀体乐读法，参照旧时“疾读法”，又运用了吟诵的基本规则，依据古诗文句式长短参差特征的要求，声、情并茂地诵读。这种诵读法，节奏感特别强，又十分强调文辞含义，突出文句的关键点，因明快、活泼的语调促使背诵者身心投入，做到“眼到、口到、耳到、心到”。

阅读篇目

1. 推荐篇目：《硕人》《静女》《芣苢》《卷耳》《桃夭》《摽有梅》《柏舟》《氓》《采葛》《女曰鸡鸣》《山有扶苏》《褰裳》《子衿》《野有蔓草》《月出》《有女同车》等

2. 自选篇目

3. 书目推荐

余冠英选注：《诗经选》，中华书局2012年版。

课堂实录

展示课题：她从诗中来

师：据说汉人取名讲究“女诗经，男楚辞，文论语，武周易”。当我们呼唤一个美好的名字时，恰似一个般配相宜的人走过来。大家看到的这些词语，都来自《诗经》。最近和大家读诗，就被一些远去的名字唤起来。先来读读吧，就像亲近一个个美好的人一样。

［屏幕显示］

静姝　燕婉　惠然　淑慎　蓁蓁　炜彤　洵美　如云　邦媛　舜华　舜英　静好　琼瑶　琇莹　子佩　婉如　如英　楚楚　美清　菁菁　雅南　徽音　令仪　静嘉　柔嘉　穆清　纯熙　子宜　攸宁　清婉　燕飞　淑君　邦彦　巧笑……

（学生齐读幻灯片上出自《诗经》的词语。）

师：不知你是否还愿拥有《诗经》中这样雅致的名字，若为自己或送给别人，你中意哪一个呢？

生：我想送给我的朋友“静姝”。我身边的朋友虽性格各异，但我觉得她们最大的特点就是安静，而且她们容貌美丽。

生：我想送给别人“巧笑”二字，它形容女子的笑容非常美丽，我身边就有很多这样的朋友。

师：无管你选择哪个名字，这份美好就来到我们身边。其实《诗经》当中何止有这些清亮、令人遐想的名字，更有一个个至情至真、至纯至美的女子，比如“硕人——庄姜”。一起来，歌诀体诵读。

（师生歌诀体诵读《硕人》。）

师：庄姜是最早出现在《诗经》里被细细描摹赞颂的美人，她有怎样绝伦的外貌呢？前人这样评价：

［屏幕显示］

千古颂美人者，无出其右，是为绝唱。

——（清）姚际恒

师：评价说后人难再超越，读一读，诗中怎样描绘她的肖像？

生：手如柔荑，肤如凝脂，领如蝤蛴，齿如瓠犀，螓首蛾眉，巧笑倩兮，美目盼兮。

师：绘肖像，诗中还有其他句子吗？

生：还有诗中第一句“硕人其颀，衣锦褧衣”。

师：老师特别感兴趣，你们这些孩子会用怎样的想象和语言描绘几千年前庄姜的容貌呢？试着一边吟诗，一边想象，是一个怎样的女子来到你的面前，你怎么向大家描绘这幅美人图？

（学生在老师要求下自行吟诵描写庄姜外貌的诗句，作描述准备。）

生：这个女子是齐国的公主。她身材高挑，皮肤光滑柔嫩。她的手就像杨絮花一样柔软，她的脖颈像天牛的幼虫。这个在现在看来可能有些不雅，但在当时天牛的幼虫很白、很光滑、很柔嫩。她的牙齿如瓠瓜的种子一般洁白整齐，这在先秦时期是一种难得的外貌。她的额头如蝉一样，是宽额头，眉毛如蛾子的触角一样，非常浓密，这是先秦时期人们评判美的一个标准，就是长得健康、高大。最传神的两句就是“巧笑倩兮，美目盼兮”。可以想象这个女子向你走来的时候，她的眼睛是含着笑意的。看她的嘴角微微上扬，好像自己的灵魂都被她勾去了。她凝神注视你的时候，你感觉她好像有很多故事要向你诉说。

师：这是一个女孩子对美人的描述。如她所述，在庄姜的外貌之下，我们会觉得如果一个美人只拈花不微笑的话，似乎她就少了神韵。诗中不仅用连缀的比喻勾画出美人的形，哪两句话还把一个活脱脱的美人请出来了？

生：巧笑倩兮，美目盼兮。

[屏幕显示]

千古颂美人者，无出“巧笑倩兮，美目盼兮”二语。

——（清）方玉润

师：现在大家自由地吟诵，体会“巧笑倩兮，美目盼兮”在你心目中的样子。

（学生自由吟诵。）

师：请几位同学或吟或诵这两句。

生：巧笑倩兮，美目盼兮。（学生吟诵展示）

师：庄姜的外貌、眼神、微笑如何打动人心呢？如刚才所言，好像那个时候人们的审美和现在有所不同。我们换一种方式，如果现在让你用比喻来描绘天生丽质的美人，你会说“手如什么”呢？

生：可以用“手如皎月”这样意象非常美的词语，歌颂她的手光滑、白润。

师：手的洁白，如披了月的清辉。

生：要是我的话，我觉得她的手柔美得就像水一样。因为水无形，也是柔滑的。她的皮肤白得如雪一样。因为雪是这世上最纯净的，是天然的。所以，“手如水，肤如雪”是我对庄姜的描述。

生：我觉得如果让我选一个词的话，我会选“手如润玉”，因为玉晶莹澄澈。我觉得用这样的词来形容一个美女的话，应该是恰当的。

师：突出的是柔润的感觉。还有吗？大家好像有点绞尽脑汁的感觉了。你看，当我们现在如此费脑筋的时候，先民自如地“近取诸身，远取诸物”，所选都是日常生活中常见且喜爱之物，用来作比，好像天地之间万事万物都是相通的，庄姜的惊艳也就呈现出这样的天然之美。这也是四言诗的魅力。当我们读到“巧笑倩兮，美目盼兮”时，活脱脱一个美人的千古一笑，就惹出了多少情愫。我们再来看这个“倩”字。

[屏幕显示]

倩　倩笑　倩倩笑容　倩语

师：她的笑为“倩笑”，便可称作“倩倩笑容”，甚至她若开口，那娇好的语声应该就是“倩语”了。

[屏幕显示]

师：大家看这个“盼”，从造字法上来讲，是哪一种？

生：象形字。

师：“目”是象形字，但两部分合在一起，各表什么，是什么造字法？

生：形声字。

[屏幕显示]

盼：形声。从目，分声。本义：眼睛黑白分明的样子。喻美目流转。

盼，目黑白分也。——《说文》

盼，美目也。——《字林》

师：大家彼此看看对方的瞳仁。古人认为，黑白分明时，眼睛似乎就有了顾盼神飞的美。所以大家看“盼”的本义，就是眼睛黑白分明的样子。不妨这样，你用自己独特的形式来描绘这样的眼神。或直接临摹抒发，或调动触觉、嗅觉、视觉、听觉等。先来吟诵第二小节，酝酿一下。

生：（师生一起吟诵）手如柔荑，肤如凝脂，领如蝤蛴，齿如瓠犀，螓首蛾眉，巧笑倩兮，美目盼兮。

师：用你自己独特的表达形式，说说这眼神、这笑。

生：我觉得这眼神像一道光，带着明媚的颜色，让人的心头感到温暖。

师：“带着明媚的颜色”，我喜欢这样的描述。

生：我查了古代女子的笑，除了《诗经》中提到的，还有白居易《长恨歌》中说的“回眸一笑百媚生”，我觉得用来解释“巧笑倩兮”也是恰当的。

师：这位同学能以诗言诗，形容这笑也是相宜的。对啊，你也可以想想，在你的阅读记忆里，还有哪些笑也许在延续着这样的美丽？

生：我想到了我们在早读时读过的一首诗，看“美目盼兮”时想到那样一个画面，明亮清澈的双眸中仿佛有光华流转，我忘记诗名了，但是诗中说你可以在她的眼睛里面看到有宇宙、有昨天、有未来。

师：“你的眼睛沉入我的眼睛。”

生：我联想到宋词中有一句写道：“肯爱千金轻一笑”，我想这一笑肯定比千金还要珍贵。这一笑来自庄姜的话，人们看到这一笑，似乎付出任何事情都是值得的，这笑便是珍贵的。

师：这是无价之笑。

生：大家说的都是中国的文学作品，我想到的是西方的一幅名画《蒙娜丽莎》。《蒙娜丽莎》以她永恒的微笑获得了永恒的魅力，“巧笑倩兮”与蒙娜丽莎相比有过之而无不及，轻巧的笑流动在嘴角，那眼珠儿黑白分明，多么美好。我觉得这女子亮丽生动、光景长、活灵活现的神态就展现在我们眼前，所以才有人这么说“千古颂美人者，无出‘巧笑倩兮，美目盼兮’二语”。

师：那是西方神秘的微笑，我们东方亦有如此尽态极妍的笑容。

生：杜牧曾经写过“红尘一骑妃子笑，无人知是荔枝来”。这里面的妃子就是杨贵妃，她取悦了唐玄宗，得到了百般恩宠，所以她才笑。但是我觉得庄姜的笑性质是不同的。庄姜嫁给卫庄公后，并没有想尽办法去排挤其他妃子，而是以她一贯的贤淑去包容卫庄公，之后她受卫庄公冷落，在冷宫里写下了很多诗。我觉得庄姜的笑其实是一种宽容的笑，她贵为齐国公主，心中容纳的是整个中原的山河。所以，我觉得她的笑超脱了物质，是一种精神的笑。

师：可见你读了很多的史料。这是庄姜出嫁那天的笑，也许她的笑还是作为一个新嫁娘憧憬着自己的爱情时，那天然本真的微笑。继续用你自己的形式，说说这笑带给你什么感受？

生：我也是想到早读时读的一首诗，是以美人写山水，“水是眼波横，山是眉峰聚”。这里用山水比作人的笑也是十分恰当的。所以，我想以山水来比庄姜眼里的神态，因为水含蓄大方，能包容万物。如刚才所说，庄姜的笑是大方的，并不限于她的美貌，而是到了一种精神的层面。我觉得她的笑之所以美丽，并不只是因为她的外貌，还因为她的心态、她的包容。

师：她的高贵自在其中。这位同学提到了早读时的一首词，一起来吟诵。

（师生吟诵回顾《卜算子·送鲍浩然之浙东》上阕。）

师：庄姜留下了这神秘的一笑，可是你看刚才我们用了那么多文字来描摹她的笑，而《诗经》中只有八个字就让庄姜顾盼神飞。这八个字就是“巧笑倩兮，美目盼兮”（师生吟诵）。这就是《诗经》独有的文辞美。除此之外，叠词在诗中也有它独特的魅力，比如这首诗的第四小节，一起来歌诀体诵读，感受叠词之美。

（学生歌诀体诵读《硕人》第四小节。）

师：让手动起来，让身体活动起来，这样可能就放松些了。再来一遍。

（学生再次歌诀体诵读《硕人》第四小节。）

师：来，聊聊叠词，说说它的美、它的妙。

生：我认为叠词可以使诗歌更具节奏感，读起来朗朗上口。还有，叠词读来更有画面感，很快就能在脑海中联想到那种壮大的景象。

师：比如说？

生：比如说“庶姜孽孽，庶士有朅”。很快就能在脑海中想象到当时那些陪嫁的女子、随从身形高大。

师：叠词有声，有形，还有义。

生：其实叠词单纯从它的作用上来讲，一是起强调作用，二是营造一种节奏感，给行文增加一种韵律。我认为最好的是“北流活活”，因为当时在听吟诵调的时候，第一个“活”或许平淡，第二个“活”是唱音，听起来多了一种跃动感，增加了一种动态感，使得河水的动态美更加灵动。而且叠词在这里还有强调的功能，为什么能起强调作用？就是所谓的“一加一等于二”，二要大于一，这个二更便是一种强调。对于一个词来说，不足以表现它的美，但是两个词叠在一起，“人多力量大”，“众人拾柴火焰高”，可以使这个词更有气力。

师：话说得通俗但在理。这样，你来读一读，我们看看能不能听到你提到的节奏和韵律。

（此生歌诀体诵读，教师鼓励。）

师：还有怎样的叠词？

生：我觉得这六句里的叠词写出了滔滔不绝的河水，用渔网捕鱼等壮大鲜丽的景象都意在引出后面两句“庶姜孽孽，庶士有朅”，就是庄姜这陪嫁的队伍都像庄姜本人一样，清一色的修长、俊美，体现出婚礼的隆重盛大，表现出庄姜高贵的形象。

师：当我们看到这些随从都如此壮美的时候，反而更会去想象庄姜是如何的华美高贵。

生：我觉得这些叠词都有一种跳动感，读起来很欢乐。这样就体现出庄姜出嫁，人们都为庄姜成为卫庄公夫人感到高兴，十分欢快，就连景物都变得欢快起来。

师：这些叠词更切合出嫁时在路上的情形，比如说“河水洋洋”，我们应该读出一种什么样的感觉？

生：流动、浩荡感。

师：第二个“北流”描摹的是什么？

生：声音。

师：你看，叠词就这样叠着声音、叠着形状、叠着意义散落在诗行之间。所以，当这样具有文辞美和情致美的诗歌吟唱出来的时候，那一个个女子就犹见其貌了。

接下来，我们就用吟诵的方式回顾这首《硕人》。一三小节歌诀体，二四小节吟诵。

（学生先自由吟诵《硕人》。）

师：一起来，身体动一动，想象着，这可是千古第一美女。

（学生一起歌诀体诵读、吟咏《硕人》。）

师：《诗经》当中可不只有丰盈健康、眉清目爽的尊贵的庄姜，还有其他风采各异的女子，比如接下来读的这首《静女》。

（师生一起吟诵《静女》。）

师：我们到诗中寻寻她的芳踪，先来找找写这个女子举动的词语。

生：“薆而不见”中的“薆”写女子躲在墙后，故意不见这个男子。我觉得一个“薆”字就表现出她天真烂漫、调皮可爱的情态。

师：只是一个“薆”吗？继续寻找表现女子举动的词。

生：“俟我于城隅”中的“俟”，这个词可以表现出姑娘对“我”的喜爱。

师：一个“薆”，一个“俟”，还有吗？

生：我觉得“贻我彤管”中的“贻”，是“送”的意思。

生：还有一个“归（馈）”字，是“赠”的意思。

［屏幕显示］

俟　薆　贻　归

师：这姑娘一躲，最令谁着急？

生：“我”。

师：“我”，是诗中的一个男子。大家读读诗中和女子相关的物件有哪些？

生：彤管、荑。

师：那“我”口中的女子呢？诗中有哪些词语来表现？

生：诗中说这个女子是“静女”，是“美人”。

生：还有“静女其姝”的“姝”，是“美好”的意思。

生：还有下文中的“娈”，也是“美好”的意思。

［屏幕显示］

静女　姝　娈　美人

彤管　荑

我

师：大家再来歌诀体诵读一下，这首诗分明是一个故事，或者说是一出有趣的短剧。

（学生歌诀体诵读《静女》。）

师：你关注到了这个故事或短剧中的什么镜头？静女的形象是怎样慢慢鲜活起来的？

生：我读到诗中的“薆而不见，搔首踟蹰”，尤其是“搔首踟蹰”一句，意思是害得诗中的男子抓耳又挠腮，然后我脑海中想象到的画面是诗中的男子站在那里非常着急，他明明知道那女子躲起来了，可是就是看不见她，从这里就能侧面衬托出这个女子应是非常美丽的。

师：他等待的是一个美好的女子。

生：文中说“薆而不见”，可以看出这个女子十分娇羞。虽然他们是爱人，她的内心也深爱着对方，但她还是有些害羞。包括她送礼物，可以说是送出两件情物，荑和彤管，这两件普通的情物也被她赋予了美好的意义。

师：她有她的娴静之处。

生：我关注到的是静女送给“我”的两件物品：一件是彤管，一件是荑。诗中说“彤管”时只用了一个“炜”字，说“荑”时用了“洵美且异”，意思就是很美好。他为什么这么说？就是因为这把茅草虽微不足道，但体现了姑娘内心对“我”的深深爱意，它是由姑娘亲自从牧场采回的，所以对“我”来说弥足珍贵。

师：太喜欢这个女子了，这就是爱屋及乌。

生：我关注到的镜头也是“薆而不见，搔首踟蹰”，我脑海里想象到的是躲起来的女子看着她的爱人在城门边见不到她搔首踟蹰的样子，嘴角可能早已有了一抹微笑，可能就是最纯真的那种，也体现了对爱人的爱。

师：可能就是那种初恋的人一种既娇羞又急切的心理。

生：我也想说一下那个彤管和荑。这两个物件虽然常见，但是这个男孩子得到了女孩子送的礼物，特别高兴、感动，甚至有点受宠若惊的感觉，我觉得这种感觉很可爱，这种可爱也是一种爱情的可爱，而这种爱情的可爱是特别令人向往的。就是男女之间的爱情，虽然礼物微不足道，但爱的心意已经达到了，男子和女子都非常喜悦。

师：我觉得要为他鼓掌，爱情其实就是生活美好的一种源头啊！

生：我看到的是诗中这个男子情感前后的一种对比。在前面，当他来到约好的城角楼的时候，发现女子不在，急得抓耳挠腮。但是后来他发现姑娘不但如约而至，而且还给他带来了礼物，有一种大喜过望的感觉。虽然文中没有直接描写，但却能从字里行间感受到他的高兴、喜悦。而且女子送给他的礼物不过是一把红管草、几根茅草，但在这男子看来却出奇地美丽，就是因为送礼物的人是可爱的，这礼物也令人喜爱了。

师：最重要的是送礼物的人。送什么不重要，就如我们以前读过的诗《木瓜》。“投我以木瓜，报之以琼琚。”（教师吟诵）重要的是这份情。

生：我关注到的是第一、二小节中的“其”，我认为“其”应该是加强语气的作用，因为它是以男子口吻写的，所以就算是四个字也不经意间流露出他对女子的喜爱和赞美。

师：你试着以男子的口吻来向别人说这是个多好的姑娘。来，试一试。

生：静女其姝。

师：换成现代的语言表达。

生：你多漂亮啊！

师：好像这情感还不够强烈，谁想来试试？你想想，今天要去城角约会啊，等待“我”的姑娘是怎样的？要向别人夸耀啊，他会怎么说？对爱情有美好向往的人来试试。

生：如果是我，我会说“一个多么安静贤淑的女子啊，一个多么美丽妩媚的女子啊”。

生：因为他有一种炫耀感，所以他会说：“哎，我女朋友长得真漂亮。”

师：现代式的表达，也是诗中热烈的表达。我们读诗的时候，语言会跟着甜润起来。静女，我们看到了她的娴静娇羞，其实她也是个俏皮可爱的女子。还有谁想分享？

生：我关注的是最后一句“匪女（汝）之为美，美人之贻”，从中看出这个男子收到女孩子礼物后的小满足和愉悦，衬托出这个女孩就像灵雀一样可爱，小家碧玉的感觉。

师：那我们一起来吟诵这首诗吧，吟给静女听。

（老师、学生一起吟诵《静女》。）

师：这就是我们初识的硕人与静女，今天我们把她们放在一起进行对照，给你的感受是怎样的？

生：硕人是大家闺秀，带着一圈光晕一样，给人不可接近的感觉；而静女平易近人，就是一个俏皮、平常，但很可爱的女孩子。

生：庄姜给人端庄的感觉，而静女给人俏皮的感觉。

生：我觉得这两首诗，《硕人》写的是卫庄公夫人，她是王朝女子，给人一种金碧辉煌、恢弘大气的高雅感觉；静女偏向于小村子里的一个恬静、可爱的女孩子，小家碧玉那种灵巧动人的神态跃然纸上。两人给人的感觉不同，但她们同属一种美好。

师：她们各具其美，同具美好。

生：《硕人》描绘了宏大的场面，如“朱幩镳镳，翟茀以朝”，写红绸飘飘极为盛大，感觉是千万人都在和她同喜，很多人都来祝贺；而《静女》描绘了一个特别生活化的场景，只有他们两个人。但是他们都非常幸福。

生：《硕人》中的庄姜给我一种可望而不可即的感觉，只能远望欣赏她的美丽，接近她就比较困难了；但静女就是一个非常接近我们的人，其实如果我们仔细观察，就会发现我们身边就有像静女这样的人，就是俏皮可爱的女子。

师：是，她也许就在我们身边。你看，《诗经》当中既有这样饱满健康、尊贵华美的硕人，又有如邻家女孩一样娴静、俏皮、可爱的静女。还有很多女子，她们在哪儿呢？

趁着这个秋天，要多吟一首诗。还有一些女子，会从哪首诗中来呢？老师之前推荐了一些给大家，我们现在来分享一下，你读到了诗中怎样的女子？

生：我读到的是《月出》这首诗中的女子。《月出》描绘了夜幕月影之下的一个女子，这个场景就好像诗人远远地在月光下看到一个美丽的女子，只在远处观望，不敢近前。同时，月光照得这个女子美丽而恬静，而夜幕也赋予了这个女子有神秘的气息。

师： 这是如月光般美丽的女子，自此之后，就牵出了月下怀人的很多情愫。你为我们读还是吟？

生： 我可以试着吟诵。

（此生吟诵《月出》。）

生： 我想说一下我特别喜欢的一首《芣苢》里面的女子。《芣苢》这首诗就像一首民歌一样，它描写了少女、少妇女们在田间采摘芣苢时唱的歌以及她们劳动时的神态动作。在读诗时，就好像能看到少女们呼朋引伴一起来采芣苢子，就能感觉到少女的那种天真烂漫，还有劳动的喜悦。

师： 是，好像就能听到这些女子采摘时那歌声袅袅地传来。我们早读已读过，一起来吟诵。

（学生一起吟诵《芣苢》。）

生： 我分享的是第 85 页《女曰鸡鸣》，我能不能先吟诵，然后再分享？

师： 好的。

生： 我吟诵第二节。“弋言加之，与子宜之。宜言饮酒，与子偕老。琴瑟在御，莫不静好。”（学生吟诵）我特别喜欢其中“与子偕老”“莫不静好”这两句，女子在虔心为与丈夫平静又摇曳多姿的生活祈祷，我觉得妻子是十分幸福的。虽然需要起早贪黑地劳作，但这个女子知道爱、懂得爱，并且拥有爱，这一切就在静美中孕育出馥郁芳香，所以我特别喜欢。

师： 我也喜欢，特别是其中的“莫不静好”。你看，这就是活泼地过着小日子的女子啊。还有想分享的吗？

生： 我想分享《褰裳》，这是一首一个女子戏谑她的情人的诗。大意就是说：要是你思念我，你就蹚过这河水来见我；你要是心上没有我，我还有别人，就用不着你了。这首诗描绘的女子非常活泼、俏皮，是一个邻家女孩一样的形象。

师： 有点泼辣的女子，训人的时候都这么可爱。

生：然后我给大家吟诵一下。

（学生吟诵《搴裳》。）

生：我选择的这首诗歌比较特殊，它写一个女子求偶并且希望求婚的男子及时到来，叫《摽有梅》。题目看似与诗的内容没有太多联系，但其实是女子将这种青春的流逝比作梅子的成熟坠落。如果放到现在的话，这种女子应该被叫作“剩女”了。但是在诗中，这个女子比较简单直率地表达了自己对爱情的向往。没有现代社会的抱怨或其他坏情绪，用一个词语来说就是“无邪”。一些小小的急切是有的，但更多的是对爱情的渴望。

师：你让我想起了《牡丹亭》中的慨叹“良辰美景奈何天”。你能吟诵吗？

生：我知道另一个同学也喜欢这一首，他吟诵得比较好，我想请他吟诵。

师：好的。

生：我想先谈一下对这首诗的理解。我想送给这个女子两个词，这两个词也可以概括这首诗：一个是“委婉”，一个是“大胆”。表面上看这两个词不是很搭配，可是仔细读时会发现整首诗时时都体现着这两个词。我自己独创了吟诵调来吟诵一下。

（学生入情吟诵《摽有梅》。）

师：给他掌声。他的吟诵让我觉得诗中主人公的性别可以转换一下，一个男子也会有这样的渴求。所以《诗经》中的这些女子都在率真大胆地追求着自己的幸福。

生：我所选的也是《月出》，它描写的是一个月光下的美人，以月光美比作作者所爱人之美。他的心上人可能此刻并不在这里，但月光朦胧，他想象着女子娇好的容颜以及她月下的婀娜倩影。月光是静美朦胧的，所以也衬出这女子的气质是美好的，举止舒缓，心神安静。诗中提到作者想到这个女子时，心有点怦怦跳的感觉，也可以看出这个女子对他多么有吸引力。

生：我选的是《郑风·子衿》。“衿”指的是古代人的衣领，我觉得“衿”在古代文学中有一种特别的象征，象征自己渴望见到可是又好像见不到的人，比如说女儿出嫁，母亲会在她的衣领上结一块方巾，这个成语是“施衿结褵”。《子衿》中说一个女子每天在城墙下等，直到夕阳落下，还是看不到自己要等待的人的熟悉的衣领，所以心情很失落。又不仅仅是惆怅，还有一种责备的口气：就算我不去找你，你怎么也不来见我啊？我感受最深的是“一日不见，如三月兮”，可见他们之间的爱情是很深厚的。

师：所以人们会说“一日不见，如三月兮”“一日不见，如三秋兮”，这是一种多么深沉的思念啊！这也是我们早就读过的诗，一起来吟诵一遍。

（师生一起吟诵《子衿》。）

生：我比较喜欢的是《郑风·风雨》，写的是风雨交加、夜色昏暗的晚上，一个女子在等她的心上人归来。我主要是喜欢它的描写手法，它写一个女子的等待，既没有写她等待时绵长的过程，也没有写她等到之后的欣喜，反而是写将见未见时那种略带一丝焦急又带一些欣喜的感情。而且场景是在天色昏暗的时候，按理说应该是比较哀伤的，但是它写出来的风格是比较明快的，就是以一种哀伤的情境来写她心中的喜悦。

生：我想说的是《蒹葭》，它在《秦风》中是比较有名的，我喜欢的是这首诗的朦胧美，这种朦胧我主要从两个方面来说。第一个是“伊人”，在《诗经》时期，伊人表示“那个人”。诗中“伊人”出现了三次，仿佛在呼唤，那个人在哪儿呢？第二个是方向，无论是顺流而下还是逆流而上，都能看到这个人的身影，给人两种感觉：第一种是两处茫茫皆不见，第二种是身随影至。有人说，这是中国第一首朦胧诗，“伊人”并没有直接表明就是他的心上人，而是一直念叨着“那个人那个人”。另外，无论从哪个角度，这个男子，或这个女子，或这首诗，或《诗经》，或文学发展，都体现了对美的追求。

师：“伊人”成了最扑朔迷离的谜，若是一个女子，会有多少人怀想啊！这个秋季，恰适合吟诵这首诗，一起来吟诵第一节。

（师生吟诵第一节。）

［屏幕显示］

沿着河流的方向……

硕　清　宜　趣

师：我们的分享就这样顺着河流的方向向前，其实，今天读《诗》刚刚开始。先民们就是这样吟唱着诗歌，让我们认识这些女子，这样的女子。她们从哪儿来呢？从桑树间，从芦苇旁，从城墙下，从水边……她们微笑着，以自己美好的姿态而来——硕、清、宜、趣。《诗经》是诗歌的源头，我特别喜欢赵老师的话，她说："诗是先民们的吟唱，是大地的诗歌，是寻常的日子，是生活，是故事。"所以我们并没有下课，因为读《诗》还要继续。

［屏幕显示］

大地的诗歌从不会死亡。

悟　课

中国诗词的特性，要求诗歌教学要有契合诗词特质的特别路径，为诗意人生，打通诗歌与生命、生活的意境。

1. 开发诗歌专题阅读与教学——"她"从"诗"中来，从作为诗歌源头的《诗经》切入并拓展，引领学生走上亲近先秦诗歌的小径

新课标提出"诵读古代诗词，有意识地在积累、感悟和运用中，提高自己的欣赏品味和审美情趣"。教学班级重视学生古诗词积累，早读课以课外古诗词拓展为主，篇目按先秦至明清诗歌本身脉络的发展选取，如追溯诗歌的河流，漫游其中，并突出代表诗作或杰出诗人。因此，课堂内容突破教材限制，在开展《诗经》专题阅读的基础上进行教学设计，以"人物美——女性篇"为主线，推荐相应篇目，落实经典作品的课堂品读，提倡推进课外自主理解吟诵。教学兼顾《诗经》的独特性、

诗作选读的专题性、代表作品的典型性。庄姜的硕大丰盈与静女的俏皮可爱各自鲜活；《月出》里身披清辉的美人；《芣苢》中田野采摘、怡然放歌的女子；《摽有梅》《褰裳》中大胆率真的女性；《野有蔓草》里清扬的她；《子衿》里深情思念的爱人……这些各具特质又美好如一的女子在品读中慢慢鲜活起来，课堂上、课堂外，学生在亲近文字的过程中初步领略到古老的四言诗的魅力。

2. 激活意趣，歌诀体诵读和吟诵有效创设并引领学生进入诗境

朱自清在《论诗学门径》中说："诗是特种的语言，它因音数的限制，便有了特种的表现法。"歌诀体诵读强化了诗歌本身的特点，与节奏、文意等紧密契合，既可保有轻重缓急，又能体现出势如破竹的流畅之感。如《硕人》中的系列叠词，或重或疾，或长或缓，叠着或河流游鱼芦苇或侍女随从，叠着声音、形态、意义，在韵律极强的歌诀体诵读中更有表现力地传达出来。而吟诵乃教诗的入门之道、根本之道。它复活了诗的音律、声气、节奏乃至诗的全部风骨和精神。吟诵就是理解，就是对话，就是以心契心。如《硕人》第二节和《静女》的吟诵，能更好地体现庄姜的千古美人的姿态和《静女》中隐秘而美妙的男子与静女的心理。尤其是推荐篇目学生自创吟诵调的展示，精彩纷呈，《月出》的沉静悠远、《女曰鸡鸣》的情意融融、《褰裳》《摽有梅》的热烈率真，都让每一首诗找到了一个可以愉悦相处的孩子。而早读中涉及的古诗词随时穿插，也适宜地增加了诗境的情感浓度。同时，吟诵作为独特的中国式读书法，以这样的方式进入学生学习范围中，无疑也是一种美好的文化传承。

3. 切合诗歌本身特质的品读方式，调动学生渐渐融入文本的教学情境

除歌诀体诵读、吟诵等方式的运用外，其他教学策略和技术也力求匹配诗歌本身的特点。古诗词和现代文差异明显，其教学的意义要考虑文化元素，教学设计和达成路径应落实到"识其体、感其情、用其事"上。因此，教学中利用美名自选、诵读体会、想象描摹、比对感知、解字开智、编剧摄影等角度和方法，引领学生走近文本，靠近"诗教"，以求让学生用恰当的方式读到经典的诗歌，获得属于古诗词本身

的阅读滋味，一点点被唤起中国诗歌的文化体验。读诗的课堂、诗教课程，都应是有情有趣的。从古老的《诗经》起，“诗”的人物美、风物美、情致美、语辞美，都会是诗意课堂永远品味不尽的所在。

（执教者：刘霞）

课例二

《秋天》：现代诗的情感解读与意境分析

教学主张

假想有一个湖，湖岸上有一排高大的白杨树，你把手放到树干上，能感受它凹凸的质地。这时候，有片树叶从树上徐徐地落下来，飘飘荡荡，落在湖水中，微微的涟漪里你看到了白杨树的倒影，风吹起，倒影随风而动，若隐若现。天色微微有些暗，一滴、两滴、三滴，小雨淅淅沥沥地下起来了，湖水中的倒影深深浅浅、明明灭灭，以不同的形状、不同的质感、不同的方向回旋着，似有若无。这时候，你深吸一口气，鼻尖满是深秋泥土的芬芳。

我们通常只活在一个现实里，就是岸上的白杨树那个层面，手可以摸到、眼睛可以看到的“实物”层面，而往往忽略了水里头那个“空”的，那个随时千变万化的、那个与我们的心灵直接观照的倒影的层面。文学，只不过就是提醒我们：除了岸上的白杨树外，有另外一个世界可能更真实地存在着。文学的价值、诗歌的价值，就在于使看不见的东西被看见。

而语文教学，尤其是诗歌教学的目的，永远不应该是功利性的，而应该是一湾小溪，淙淙地流入孩子们的心底，给心灵以滋润。所以，诗歌的教学应该是自由的，同时应建立在美学基础之上。如果非要追求什么效果，如果孩子们的心灵之弦有一刹那的波动，那也就足够了。

课堂实录

诗意导入

第一场秋雨淅淅沥沥下起来的那个傍晚，我们忍不住感叹：此刻，秋。秋意在一个多雾的黎明溜来，它踮起脚尖，掠过树顶，染红几片叶子，然后乘着一簇风掠过山谷离开。今天是农历九月二十三，下周的这个时候刚好是二十四节气中的“霜降”，古籍《二十四节气解》中说：“气肃而霜降，阴始凝也。”霜降是秋天的最后一个节气，这是我们来到山大附中度过的第一个秋天，而它即将要在时光中溜走了。站在秋天的尾巴上，遥想来日，感慨系之矣。

入 秋

师：九月的晴空是多么高、多么圆！

我的灵魂将多么轻轻地举起，飞翔，

穿过白露的空气，如我叹息的目光！

南方的乔木都落下如掌的红叶，

一径马蹄踏破深山的寂默，

或者一湾小溪流着透明的忧愁，

有若渐渐地舒解，又若更深地绸缪……

你心目中的秋天又是怎样的？让我们一起来回忆秋之色、秋之声、秋之形。

生1：我觉得秋天是金黄色的，因为有很多丰收的果实。

生2：我觉得秋天是暗黄色的，因为有很多落叶飘零。

生3：我觉得秋天是五彩的，因为还有火红的辣椒、柿子、紫色的茄子，有些树在秋天也是绿色的。

师：那秋天的声音呢？

生1：秋天的声音有很多，我回老家的时候，到田野里去，能听到田里农民的吆喝声，能感受到他们丰收的喜悦。

生2：秋天有大雁的声音，看着大雁南飞，就知道秋天来了。

生3：秋天还有花朵绽放的声音，比如《秋天的怀念》里所说的，各种各样的菊花，傲寒开放。

师：秋天的声音是如此迷人，可是孩子们，秋天是什么形状的呢？

生1：我觉得秋天是“S”形的，因为大山里的小溪就是弯弯曲曲地流着。

生2：秋天应该是波浪形的，就好像风吹过田野，万物都像波浪一样涌动。

生3：刚才有同学说到大雁，我觉得秋天是“人”字形状的，就是大雁南归的形状。当然也有可能是“一”字形的。

生4：秋天是斜线形的，秋雨淅淅沥沥下着，斜斜地落下来。

生5：秋天应该是无形的，因为它包含了很多很多的形状，但是它又无处不在。

读　秋

师：秋风红叶漫天飘，乃知春意遥。同学们心中的秋天意蕴绵远而悠长，树木在微风中摇曳，田野的气息一缕缕地幽幽飘来。下面我们一起走进何其芳笔下的《秋天》。大家根据对诗歌内容的理解，有感情地朗读，要注意语气、语调、语速和感情，读出自己的理解，读出诗人的感情，读出秋天的味道。

（男生朗读第一段。）

师：朗读指导：第一小节，要读出悠远、清静和喜悦的味道，体现出农家人生活环境的特点以及收获的忙碌和喜悦之情，“丁丁”作为形声词，朗读时要适当拉长（丁——丁）；“用背篓来装竹篱间肥硕的瓜果”，大家想想胖嘟嘟的南瓜、可爱的大冬瓜，是不是会露出会心的微笑？大家笑一笑。朗读不仅仅要把握节奏、情感，更要加入表情，如此才能声情并茂，我们一起再读一遍第一小节。

（大家一起读第一小节，随后请一位同学示范朗读。）

师：第二小节，要读出悠闲、轻快的感觉，体现出渔人怡然自得的生活乐趣。第三小节，要读出空旷、深远和怅然若失的意味，体现盛夏过后的沉寂和牧羊女内心朦胧的感觉。

（女生朗读第二段，学生齐读第三段。）

品　秋

师：秋意浓，秋意深，那么秋到底在哪儿呢？读过了秋天，下面就让我们跟着何其芳的脚步，一起“品秋”。先请一位同学来说一下，读完全诗，你认为诗人眼中的秋在哪儿？

生1：秋在农家。

生2：秋在渔船。

生3：秋在牧羊女的眼眸里。

师：那我们就先随着秋到农家去转转，看看那里秋天的样子。

底色：农家

师：“震落了清晨满披着的露珠，伐木声丁丁地飘出幽谷。”一般情况是先“伐木”后“震落了清晨满披着的露珠”，此处为何这样写呢？

生1：我觉得是诗人有意颠倒顺序，先给我们画面，再说声音，这样声音就有了画面感。

生2：应该用电影镜头来考虑这个问题，首先我们看到的是近景镜头，草尖上的露珠晶莹欲滴，一阵声音传来，眼看着露珠轻轻地落了下来，隐藏了踪迹。而后镜头渐渐拉远，由近景到全景，幽谷青青，伐木声远远地传来。

师：不错，诗人轻而易举地造成一种突兀感，先发制人地吸引了读者。“丁——丁”出自《诗经·小雅·伐木》：“伐木丁丁，鸟鸣嘤嘤，出自幽谷，迁于乔木。”（砍树“丁丁”地响，鸟儿“嘤嘤”地叫。它们从那深谷中飞出来，迁到高高的大树上面。）画中有声，意境辽远。

师：“放下饱食过稻香的镰刀，用背篓来装竹篱间肥硕的瓜果。”“饱食”一词运用了什么写作手法？如果把“稻香”换成“稻子”可不可以？

生1：“饱食”用了拟人的修辞，将镰刀的锋利收起，把镰刀拟作一个大肚汉。

生2：饱食了稻谷的镰刀心满意足，获得了丰收的农民满心欢喜。

生3：“香”字不仅有嗅觉，更有味觉。金黄的稻田，农家的丰收，秋天是欢悦的。

师：对，秋天迈着露珠般清新的脚步而来，与平常的农家共享着丰收的喜悦。

底色：渔船

师：“向江面的冷雾撒下圆圆的网，收起青鳊鱼似的乌桕叶的影子。”渔民撒下的是圆圆的网，收起来的是什么呢？

生1：江岸上的乌桕树，树叶婆娑，倒映在江面，就好像网起的是乌桕叶的影子。撒下了圆圆的网，收起的却是乌桕叶的影子。

生2：只因为乌桕叶的影子很像青鳊鱼，所以渔家才把江岸上乌桕叶的倒影错看成青鳊鱼，欣喜地撒下圆圆的网。

师：这是多么惬意的一个打鱼人啊，打到多少鱼好像他并不在乎。

生1：对，他并不仅仅在打鱼，更多的应该是融入秋天的一种美好里了。所以我觉得他撒下的是网，收起来的是一种美丽的心情。

生2：其实打鱼人撒下网的时候，内心一定是非常期待的。所以这个网是神秘的代表，而他也不知道可能会收上来什么。

生3：我同意上一位同学的说法，还有什么比未知的神秘更有诱惑力的呢？虽然不知道收上来什么，但撒下网的那一刻，他心里一定在想：不管怎么样，我总会收起些什么的。

师：大家的想象力真是太丰富了。不禁让我想到了这首诗的作者何其芳的一句话——我非常喜欢那用来描写那个最年轻的人鱼公主的两个外国字 beautiful thoughtful。他那句形容儿童的话很可以来形容他自己：“寂寞的小孩子常有美丽的想象。”

师：刚才很多同学都说到了打鱼人，那大家觉得打鱼人的心情是怎样的呢？

生1：我想说他收起网时候的心情，他收起了乌桕叶的影子，但是我觉得渔人并没有失望，反而很开心，好像觉得乌桕叶在和他互相逗趣一样。

生2：这是不是应该和第一小节联系起来呢？因为秋天丰收了，所以生活很富足，渔人此时心情本来就很好，所以收起影子也没什么。这么好的生活，为什么还希望别的呢？

生3：我倒觉得可能渔民没有想这么多，不可能每次撒网都能网到鱼，网不到的时候也有很多，再撒一次就好了，总有收获的时候。而且“江面有白雾”“芦蓬上满载着白霜”，景色这么美，心情很是悠闲。

师：没错，尤其是“游戏”一词虚实相生，他收获的是什么呢？是秋天那份愉悦的心情。

底色：草野

师：为什么说“草野在蟋蟀声中更寥阔了”？

生：这是以声衬静，与“蝉噪林逾静，鸟鸣山更幽”有异曲同工之妙。

师：“溪水因枯涸见石更清洌了”这句话是否矛盾？

生1：我觉得这里的“枯涸”并不是真的干涸了，而是说秋天水少了。

生2：夏天的水是像我们学的《三峡》里写的那样：“至于夏水襄陵，沿溯阻绝。”但是秋天水量少，所以天蓝水清，并不是说水枯萎了。

师：枯涸是干涸、没有水的意思，而清洌是水清的意思。有人认为前面既然说水干涸了，后面就不能说清冽。实际上枯涸并不是单独使用，而是“枯涸见石”连用，也就是欧阳修在《醉翁亭记》中写的“水落而石出”，它只是指水位下降，而并非是整条小溪完全干涸，水位下降后有的地方石头就露出来了，水看起来就更清澈了。这是通过写水位下降来描写秋天的特有景象。王维的诗歌中亦有此场景：“明月松间照，清泉石上流。”

师：“牛背上的笛声何处去了，那满流着夏夜的香与热的笛孔？秋天梦寐在牧羊女的眼里。”戴望舒《秋天的梦》中有更直白的表述：“秋天的梦是轻的，那是窈窕的牧女之恋。”而何其芳的《秋天》深得古诗词的熏陶，“诗宜曲不宜直”。不是秋天梦寐在人的眼里，而是人在秋天中梦寐。词序的倒装是为表意的曲折。那种如梦似幻的爱意，牧羊女种种“欲说还休”、难以直说的细密心思都由“梦寐”委婉地传达出来。

牧羊女在秋天充满了憧憬，她憧憬什么呢？

生1：前两节都暗示了秋天是一个丰收的季节，那么我们依据前两节诗的内容可以推测出牧羊女憧憬着丰收。

生2：憧憬着美好的未来。

生3：她或许在想：今年秋天丰收了，明年会有一个更加富饶的秋天吧！

写　秋

PPT出示秋天主题的现代诗：

秋　天

何其芳

谁的，一角轻扬的裙衣，

我郁郁的梦魂日夜萦系？

谁的流盼的黑睛像牧人的笛声
呼唤着驯服的羊群，我可怜的心？
不，我是忆着，梦着，怀想着秋天！
九月的晴空是多么高，多么圆！
我的灵魂将多么轻轻地举起，飞翔，
穿过白露的空气，如我叹息的目光！
南方的乔木都落下如掌的红叶，
一径马蹄踏破深山的寂默，
或者一湾小溪流着透明的忧愁，
有若渐渐地舒解，又若更深地绸缪……
过了春又过了夏，我在暗暗地憔悴，
迷漠地怀想着，不作声，也不流泪！

秋　日

里克尔　北岛　译

是时候了，
夏天曾盛极一时。
把你的阴影置于日晷上，
让风吹过牧场。
让枝头最后的果实饱满；
再给两天南方的好天气，
催它们成熟，把
最后的甘甜压进浓酒。
谁此时没有房子，就不必建造，

谁此时孤独，就永远孤独，
就醒来，读书，写长长的信，
在林荫路上不停地
徘徊，落叶纷飞。

秋　颂

济　慈

谁不经常看见你伴着谷仓？
在田野里也可以把你找到，
你有时随意坐在打麦场上，
让发丝随着簸谷的风轻飘；
有时候，为罂粟花香所沉迷，
你倒卧在收割一半的田垄，
让镰刀歇在下一畦的花旁；
或者，像拾穗人越过小溪，
你昂首背着谷袋，投下倒影，
或者就在榨果架下坐几点钟，
你耐心地瞧着徐徐滴下的酒浆。

“自古逢秋悲寂寥，我言秋日胜春朝。晴空一鹤排云上，便引诗情到碧霄。”请同学们拿起笔，用几句话写出你心目中的秋天。

寻　秋

师：是谁不小心打翻了竹篮，撒了一地的秋天？现代诗中的秋天那么美，那古人眼中的秋天呢？

生1：秋在范仲淹的记忆中是“碧云天，黄叶地，秋色连波，波上寒烟翠”。

生2：秋撒长安时，贾岛低吟“秋风吹渭水，落叶满长安”。

生3：年轻的王勃初登滕王阁，给我们留下了“落霞与孤鹜齐飞，秋水共长天一色”的美丽画卷。

生4：辛弃疾则“欲说还休，欲说还休，却道天凉好个秋”。

师：诗歌的语言是相同的，不管是古代还是现代，不管时间过去多久，秋天的诗意一直都在。推门即是秋天，当你再次站在走廊的过道，不妨轻轻地扬起脸庞，感受秋风拂面的温柔，操场东侧高大的树木斜斜地耸立在蓝天下，树叶沙沙地响起时，可能它们想同你说说话。

被诗歌浸润的生命是丰盈的，沉浸在诗歌中的人是幸福的。在我们日日真实的生活之外，一定有这么一个世界，那里是美，是爱，是温情，是斜风细雨，是暖阳普照。希望你们能找到那个平常所看不见的世界，而后，如花般静静绽放。

悟　课

《秋天》选自何其芳早年创作的诗集《预言》(1931～1933)。它不像那个时期的诗歌那样爱用象征手法，高深莫测，好像故弄玄虚一般。相反，这首《秋天》是如此明朗清丽，以最质朴、最简单的文字，打动人心。

1. 文字背后是情感

在教学过程中，我注重从“情感”和“诗歌意境”两个层面来努力。首先带着孩子们通过朗读体味诗人文字背后的情感。比如“放下饱食过稻香的镰刀，用背篓来装竹篱间肥硕的瓜果”，就应该带着笑来读，笑起来的心情才是秋天农民收获喜悦的心情。“轻轻摇着归泊的小桨。秋天游戏在渔船上。”打鱼人悠闲的心情中带着丝丝惬意。最后一小节，“秋天梦寐在牧羊女的眼里，”充满期待的眼神，对未来的憧憬，都应该读出来。

2. 让“意境”可意会更可言传

“意境”的营造在本首诗中是要讲解的重点，但正如司空图所言：“神而不知，知而难状。”亦如唐人所言：“蓝田日暖，良玉生烟，可望而不可置于眉睫之前也。”读之有感，了然于心，但如何能让不同的孩子说出他（她）所体味到的独特的“意境”，着实困难。所以我在朗读开启的基础上，采用“嚼出文字的神韵”的方法，带领孩子们体味诗歌“字字珠玑”的妙语，通过“删字、添字、改字”的方法，以及“句子颠倒法”、“小节呼应法”等，一步步解析诗歌所包含的意境美。

（执教者：李欣）

【附录原诗】

秋　天

何其芳

震落了清晨满披着的露珠，
伐木声丁丁地飘出幽谷。
放下饱食过稻香的镰刀，
用背篓来装竹篱间肥硕的瓜果。
秋天栖息在农家里。
向江面的冷雾撒下圆圆的网，
收起青鳊鱼似的乌桕叶的影子。
芦篷上满载着白霜，
轻轻摇着归泊的小桨。
秋天游戏在渔船上。
草野在蟋蟀声中更寥阔了。

溪水因枯涸见石更清洌了。

牛背上的笛声何处去了，

那满流着夏夜的香与热的笛孔？

秋天梦寐在牧羊女的眼里。

（四）

行走于“文”“言”之中

文言文的特点，体现在“文”“言”上。而学习文言文的实质，是体认它们所言志、所载道。

文言文教学一直以来困扰着中学语文教师：如何解决文言文词句讲解耗时过长的问题？如何恰当处理“文”与“言”的问题？如何能让学生既扎实地掌握文言实虚词，又能在文意的理解和文理结构上有所参悟？

从文言文与现代文教学的异同比较入手，审视文言教学内容的确立，探讨文言文教学的有效策略，激活文言文教学，教出文言文的味儿。文言文的教学要经历一个从言到意，由意到文，再由文到言的螺旋式上升过程。言是教学的起点，也是终点，要引导学生在文与言的层面上走几个来回，得意不忘言，更加懂得文的价值，令学生爱文言，会学文言，受益于文言。

课例一

《记承天寺夜游》：质而实绮，癯而实腴

教学主张

《记承天寺夜游》只有85个字，作者以闲人之身，握诗人之笔，怀达人之心，发

哲人之思，其复杂的情感和深沉的哲思借助行云流水般的文字表现出来。“行于所当行”“止于所不可不止”“文理自然，姿态横生”（苏轼《答谢民师书》）。

文言文教学有时候不在于教给学生多少文言知识，而在于增加学生对文本的感受力和理解力，让他们重新变得敏锐起来，而不能仅仅局限于“读读背背，了解大意”。教师首先要做好文本细读的功课，不放过一字一句，深入品味，读出心得，尽量还原文本的丰富性和现场感；其次是要采用灵活的教学方法，激发学生兴趣，增加学生体验，提高其感受力。当然，最关键的还是让学生熟读背诵。

文言文教学一定要从文到言、从言到文走上几个来回。光理解言不行，要从各个角度，查阅相关资料，彻底了解文本的背景，理解文章的字词语言等，要引导学生把读不懂的地方读懂，把读得浅的地方读深刻，把模糊的地方读清晰。这就不仅要引导学生在反复诵读中披文入境、披文入情，多角度、深层次品读，还要尊重学生的质疑，引导学生在主动学习中积累语言，在思维碰撞中升华认识。

课堂实录

教学导入

师：同学们好，我来自山东，虽然是第一次来到湖北讲课，但老师早就知道荆楚大地，鱼米之乡，人杰地灵。来到这里后，我被那淼淼江水、茂林修竹和亭台楼阁深深感染。有一位文学家，他生在四川，但是名成湖北。在距离我们这里 300 千米的黄州，他留下了生平最瑰丽的篇章。他就是宋代的文学家苏轼。今天我们一起来学习他写于黄州的小品文《记承天寺夜游》。

（教师板书题目和作者。）

朗读入文

师：我们学习古文，应该反复朗读，以至成诵。古人说“书读百遍，其义自见”，不诵读就不能领会文章的意蕴。

师：请同学们挺直腰板，捧起课本，自由地大声朗读文章，注意读准字音和停顿。

（学生自读课文。）

师：同学们读得很投入，有的还很动情。哪位同学愿意读一读这篇文章？

（一位学生朗读。）

师：谁来评价一下，他读得怎么样？

生：他读得挺流畅的，有的句子读得很有感情。

师：哪一句读得有感情？他读出了怎样的感情？

生：“何夜无月？何处无竹柏？”这一句他读出的语气挺强烈，仿佛有点清高的感觉。

师：他读得这一句确实有味道，你的点评也很到位。

师：请同学们带着刚才听读的启发，齐读文章。

（全体学生齐读文章。）

师：要想真正读出文章的情味，就必须走进文字，理解和揣摩作者笔下的情感。请同学们结合课下注释和古汉语词典，试着读懂文义，并用笔标画出读不懂的词句。

（学生自主通译文章。）

师：请同学们在小组内讨论交流，解决自学过程中遇到的疑难问题。

（学生分组讨论，教师参与其中。）

师：刚才各小组的讨论很有效，老师参与其中，也有收获。哪位同学还有不懂的词句，提出来，我们一起解决。

生：“月色入户”的“户”的意思是“门”还是“窗户”？

师：哪位同学能解决这个问题？

生：我查古汉语词典了，“户”应该是“门”的意思。

师：古汉语词典对学习文言文很有益处，希望同学们都要养成借助工具书学习的习惯。

［屏幕显示］

“户”字的演变

师：这是“户”字的发展演变历程，请同学们结合“门”的古字，判断“户”字的意思。

［屏幕显示］

“门”的古字

生：“户”字应该是门的一半。

师：你的观察能力很强。户的古义，是指带转轴的半扇门，现在泛指门。

［屏幕显示］

户，护也。半门曰户。

师：《说文解字》中讲道：“户，护也。半门曰户。”请同学们联系所学，说出初一学过的含有“户”字的文言语句。

生：木兰当户织。

师：学习文言文，要注重积累和迁移，这样我们才能温故而知新。谁能说出含有“户”字且含义是“门”的成语？

生1：夜不闭户。

生2：足不出户。

生3：家喻户晓。

师：家喻户晓的“户”的意思不是“门”，而是“住户”“人家”。现代汉语中有些成语中的字，还依然保留古字的含义，平时加强成语积累对丰富同学们的语言非常有好处。

师：理解了文意，就能更好地读出文章的情味。请同学们齐读这篇小品文。

披文入情

（学生齐读。）

师：我们常说：“言为心声。”朗读就是要读出文字背后作者的“心声”。文言四字句在古诗文中有独特的表现力，朗读时要读出鲜明的节奏和音律的美感。

作者苏轼在文章第一句话中连用了三个文言四字句，请同学们试着读一读，看每句话应该读出什么感觉。

［屏幕显示］

元丰六年十月十二日夜，解衣欲睡，月色入户，欣然起行。

（学生自读。）

师：第一句是交代时间，全文共84个字，却用10个字交代时间，可见作者的郑重其事。第二至第四句要读出怎样的感觉？

生1：第二句要读出闲散无聊的感觉，因为作者脱下衣服，想要睡觉了。

生2：第三句要读出惊奇的感觉，当作者想睡觉时，月光就照进门了，令人惊奇。

生3：文中作者写道“欣然起行”，“欣然”就是高兴的样子，所以第四句要读出欣喜之情。

师：短短的12个字，让我们感受到作者微妙的心境变化。请同学们跟随老师的手势，和老师一起完成朗读。老师读第一句，同学们齐读后三句。

（老师用手势体现情感的起伏变化，师生共同完成朗读。）

师： 在月光的招引下，苏轼起行寻友，夜游承天寺。在静谧的承天寺里，他的心弦又被什么景色轻轻撩动？

生： 庭下如积水空明，水中藻、荇交横，盖竹柏影也。

［屏幕显示］

庭下如积水空明，水中藻、荇交横，盖竹柏影也。

师： 请同学们动情地读一读这个写景句。

（学生自读。）

师： 读着这么空灵的文字，你的脑海中浮现了怎样的画面？请发挥你的想象，试着描述出来。

生1： 庭院中的月光像积水一样空明澄澈，水中藻、荇交错纵横，原来是竹柏的影子。

生2： 月光铺满寺院的地面，像积水一样空明，仿佛什么都没有似的，那竹柏的影子随着微风轻轻拂动，像藻、荇一般交错纵横。

师： 两位同学都展示自己的想象力，第二位同学的描述更具有画面感。阅读文章，就要走进文字，才能获得身临其境的体验。请同学们闭上眼睛，静静地听老师朗读。

（老师配乐朗读。）

师： 调动你的生活体验，我们荆州和黄州同在湖北，十月十二日的深夜，月在中空，面对“如积水”的月光和如“藻、荇”的竹柏影，你感受到了怎样的意境？

生1： 我感受到了那如水的月光从空中轻轻洒落，盛满整个承天寺的庭院，一片银白，皎洁、空明、澄澈。

师： 是啊，有什么心境就有什么艺术境界。可以说，这清朗月光，空明庭院，恰是此时此刻作者心境的写照。

生2：我感受到了那竹柏的影子在随着清风舞动，就像油油的水草在飘摇。

师：真有文采，有点徐志摩的味道。

生3：我感受到了作者欣赏月光入了神，好像完全忘我了，当醒悟到水中的藻、荇原来是竹柏的影子后，内心充满了恍然大悟的喜悦。

师：你是从哪里读出了“恍然大悟的喜悦”？

生3：盖竹柏影也。

师：你试着读读这句话，读出这种喜悦的感觉。

（学生试着朗读。）

师：“盖”字后面停顿再稍长一些，喜悦的意味再浓一些。

（学生再读。）

师：这样一读，那种味道就出来了。想那承天寺里，未必只种植竹柏，为什么作者单单写竹柏的影子呢？

生1：寺院里都种竹子和柏树，显得寺院更加肃穆和宁静吧。

生2：我认为，竹子和柏树的叶子形状和藻、荇更加相似。

生2：我想是苏轼更喜欢竹子和柏树的高洁气质和精神，因为苏轼的为人就像竹柏一样。

师：说得真好。竹子是苏轼所爱，他在诗中曾写道：“宁使食无肉，不能使居无竹；无肉使人瘦，无竹使人俗。”柏树是苏轼所敬，敬其坚贞高洁，岁寒而后凋。

师：“月光如水”的比喻已经不新鲜了，作者却能自出新意，不着一字，尽得风流，形神兼备，堪称妙笔。

（教师板书：空明之景。）

师：我们再来齐读这写月名句。

（师生齐读。）

师：苏轼看着如此空明澄澈、疏影摇曳的美丽月景，他的内心又涌动了怎样的波澜呢？

生：何夜无月？何处无竹柏？但少闲人如吾两人者耳。

师：这一句话中哪个词语最能表露作者的心声？

生：闲人。

师：你怎么理解“闲人”一词？

生：闲人，是指清闲的人。

师：你从哪里读出了作者的“清闲”？

生1：“解衣欲睡，月色入户，欣然起行”，这句话写苏轼没有事情可做，便早早地睡觉，一看到月光就起来散步，只有清闲的人才会这么做。

生2：“相与步于中庭”，作者和张怀民一起散步，感觉很清闲。

师：清闲之中还有悠闲啊。苏轼当时确实很清闲。

（屏幕显示，教师动情陈述。）

元丰二年，苏轼被诬陷以诗诽谤朝廷，被捕入狱。坐牢103天，几次濒临砍头之险，史称“乌台诗案”。出狱后，被贬谪到黄州任团练副使，但不得“签书公事”。这是一个闲职，实际上是以罪人的身份被闲置在黄州，近于流放。张怀民当时也被贬官黄州，住于城南承天寺。

师：在这样被“闲置”的处境中，作者自称“闲人”，言语之中包含了怎样的意味呢？

生1：我感觉其中包含着被贬谪的悲凉和无奈。

生2：还有一种作者的自我解嘲吧。

师：读书要“含英咀华”，不能只读出“一望可知”的东西，要读出文字背后的韵味。请同学们齐读最后三句话。

（学生齐读。）

师：“何夜无月？何处无竹柏？”这两个句子在句式上有什么特点？

生：这是两个反问句。

师：因此要读出诘问的语气，那么作者是在诘问谁呢？

生1：诘问自己。

生2：诘问张怀民。

生3：诘问全天下人。

师：更有深度了。他也是在问千百年来每一个读者啊，夜夜有月光，处处有竹柏，为什么他们都不能看到这样美好的景致呢？请你来替苏轼作出回答。

生1：因为他们都太忙碌了，忙碌于官场和名利之中。

生2：因为他们没有能够欣赏美景的眼光和雅致。

师：我们又读出了苏轼内心的解脱和满足。只有超越功利和世俗得失的人，才会有闲情雅致赏得如此美景。正如作者在《临皋闲题》中所写：“江山风月，本无常主，闲者便是主人。”

（教师板书：闲雅之情。）

师：让我们带着这种复杂的情愫，有感情地朗读最后三句话。

（师生齐读最后三句话。）

拓展积累

师：苏轼的一生，是饱经忧患和贬谪之苦的。“行到水穷处，坐看云起时。”苏轼却是一个掉在阴沟里也要仰望星辰的人、一个“无可救药”的乐天派。

［屏幕显示］

贬官黄州，他看兰溪溪水西流，写道：谁道人生无再少？门前流水尚能西！休将白发唱黄鸡。

贬官惠州，流放蛮荒之地，他自得其乐：日啖荔枝三百颗，不辞长作岭南人。

贬官儋州，他以这样的心态面对生活：芒鞋不踏名利场，一叶轻舟寄渺茫。

师：难怪他在总结自己的一生时，说："问汝平生功业，黄州惠州儋州。"他总能从生活的困境中突围，用他的成熟和旷达向我们诠释什么叫作"宠辱不惊，去留无意"。

师：这么美妙的作品，若是不背诵下来岂不是辜负了它。同学们平时怎么背诵文言文？

生1：先理解文章意思，再背诵文章。

生2：反复把文章读熟，再逐段背诵。

师：这两位同学的方法值得借鉴。老师这里有一种背诵法，可以帮助你们快速背诵。

［屏幕显示］

抓层次

抓关键字词

（叙述）元丰________，解________，月色________，欣然________。念________，遂________。怀民________，相与________。

（描写）庭下如________，水中________，盖________。

（抒情）何夜________？何处________？但________。

（学生自主背诵三分钟。）

师：同学们，让我们再次饱含感情，齐背这篇美文。（下课）

悟课

《记承天寺夜游》全文共85个字，言简意丰，一字一句，都深有意味。但教学这样一篇短文，似乎不好入手，因为其中没有多少难词难句，文意也不难理解。其实，文言文教学有时候不在于教给学生多少文言知识，而是在"言"和"文"之间的循环往复中，积累文言词汇，感受文气，承继文化。

1. 抓住“言”之根

教学文言文，“言”的落实必不可少，但是落实并不等于串讲和死记硬背，更应该重视落实的过程，传授方法，归纳规律，变识记为理解，变死板为灵活。

在教学这一课时，我设计通译文章的环节，并不只是为了走形式，而是先让学生通过查阅工具书和课下注释进行自学。学生自主学习的过程意义大于结果，毕竟学以致用才是学习的目的，需要不断培养学生自主阅读文言文的能力。

学习“月色入户”中的“户”字时，不少学生受现代汉语“窗户”一词的干扰，容易理解成“窗户”。如果只是让学生记住“户”的意思是“门”，这只是简单的传授，不是有意义的学习。我为学生展示了“户”的字源和发展演变过程，并且结合“门”的古字让学生推断，这样一来，学生对“户”字的印象就非常深刻了。我又引导学生梳理含有“户”字的文言语句和成语，这是对“言”的学习的提升，既丰富了对“户”的理解，更培养了学生梳理区分的文言能力。《周振甫讲怎样学习古文》一书中讲道：“读了一课书，知道一个单独的字句的意思，这叫点线的懂；记住了这课生字和句子，这叫平面的懂；能够迁移到其他古文，能够适应语境的变化，掌握语言的规律，这叫立体的懂。”只有通过这样有层次的“言”的落实，学生才会“立体的懂”。

我在教学文章第一句“元丰六年十月十二日夜，解衣欲睡，月色入户，欣然起行”的朗读时，既没有让学生泛泛而读，也没有进行机械的朗读技法指导，而是引导学生牢牢地抓住了文句的“言”，既理解了文意，又感受了文势，一层层地进入文本，揣摩其中的情感和意味，学生自然能够得“言”而生“情”，这句话的朗读就情真意达了。语感是文言文的“言”的最高层面，学生在老师的指导下对文言四字句反复涵泳，真切地体会到苏轼微妙的心境变化，进而动情地朗读出来。

2. 传承“文”之脉

但凡教学《记承天寺夜游》一课，无不在“庭下如积水空明，水中藻、荇交横，盖竹柏影也”一句上下功夫的。我之所以摒弃常用的删字法和调序法，是因为阅读最重要的是进入文本，获得身临其境的感受，而不是割裂文字，化成简单的分析。以月光喻水，并不是多么独到的用笔，苏轼的这一句就妙在它的意境上。作者写“空明”和“竹柏”，其实是以他自我的心境来观照现实中的景物。因此，在指导学生品味这一句时，我用了看似最笨拙的方法，用一遍一遍的朗读，带着学生一层一层地深入，从画面到意境再到精神气质，学生真正走到了文本的深处。

朱自清说：“经典训练的价值不在实用，而在文化。阅读经典的用处，就在于见识经典一番。”教学文言文，如果不能让学生浸润于文化之中，教学的格局就窄了。

“质而实绮，癯而实腴”是苏轼对陶渊明诗歌的评价，真正有价值的教学何尝不是如此。教学这样的经典作品，就要舍弃花哨的设计与过场，慢慢地，静静地，带着学生在文本当中穿梭，品咂出朴素中的光华、平淡里的滋味，语文的课堂才会变得丰厚而纯粹。

（执教人：赵学东）

课例二

《愚公移山》：移山还是搬家

教学主张

1. 紧扣寓言文体特点，凸显愚公精神，给学生以情感、态度和价值观上的影响，是这堂课的教学重点。

2. 不回避学生所认为的愚公完全可以搬家的想法，深究这篇寓言故事所产生的文化背景和时代背景，是本课的教学难点。只有突破了这一难点，才不会削弱学生对愚公精神的肯定。

3. 本课由故事主人公——愚公为切入点，顺次解决了本课的重、难点后，自然过渡到与愚公有关联的其他人物的学习环节上。

课堂实录

师：今天我们要一起学一篇寓言。（板书：寓言）请大家说说什么是寓言？

生：通过一个故事告诉我们一个道理。

师：看来寓言由两部分组成：故事和道理。（板书：故事　道理）哪一部分是最重要的？

生：道理。

师：对。“寓言”中的“寓”就是“寄托”的意思。这故事一定是真的吗？

生：不一定。

师：列举一下我们知道的寓言故事。

生：狐假虎威。

生：画蛇添足。

生：蚊子和狮子。

师：这些寓言故事都是以动物为原型的，还有以人为原型的吗？

生：塞翁失马。

生：女娲补天。

师：“女娲补天”是寓言故事吗？

生：不是。是神话故事。

师：对。那神话和寓言有什么区别？

生：神话是古代人为了征服自然想象出来的故事。

师：对。今天我们再来学一篇以人为原型的寓言：愚公移山（板书：愚公移山）。请大家将书本翻到这篇课文，自由地读一读，遇到不会读的字词标画出来。

（学生自由读课文并提出不会读的字词，师生结合课下注释共同解决。）

师：请一位同学准确、流利地读一读这篇寓言故事。

（一学生读课文，师生共同纠正他的读音，然后所有学生齐读这篇寓言故事。）

师：再请大家对照课下注释，试着翻译这篇寓言故事，有问题就提出来，我们共同解决。

（师生共同解决学生翻译过程中出现的问题后，再请一位或两位学生通译这篇寓言故事。期间，教师适时强调本课的通假字和“曾不”“如……何”所引导的句子的翻译。）

师：读完、译完这篇寓言故事后，请大家用最简短的文字概括这篇寓言故事的内容。

生：愚公移山。

师：故事的主人公是——

生：愚公。

师：（板书：愚公）他年龄多大？

生：九十。

师：九十了吗？

生：将近九十。

师：你从哪个字看出来的？

生：且。

师：对。“且将九十”中的“且”是“将近”的意思。下面我们就围绕故事主人公——愚公展开学习，请大家用文章原话回答我几个问题。第1个问题：愚公所移山的特点是什么？（板书：对象）

生：方七百里，高万仞。

师：（板书：方七百里，高万仞）请翻译一下。

生：方圆七百里，高七八万丈。

师：好，通过这个面积和高度看出山有什么特点？

生：高大。

师：愚公要移的是几座山？

生：两座：太行、王屋。

师：（板书：太行、王屋）根据课下注释看看这两座山大致在中国的什么方向？

生：西北方。

师：第2个问题：愚公要移山的原因是什么？（板书：原因）

生：惩山北之塞，出入之迂也。

师：（板书：惩山北之塞，出入之迂也）请翻译一下。

生：苦于山北的阻塞，出来进去都要绕远。

师：由此看出愚公一家是“面山而居”的。估计一下绕的路有多远？

生：很远。这山太高大了。

师：第3个问题：愚公移山的目的是什么？（板书：目的）

生：指通豫南，达于汉阴。

师：（板书：指通豫南，达于汉阴）翻译一下。

生：一直通向豫州的南部，到达汉水的南岸。

师：注意“水之阴”是水的南岸。第4个问题：愚公移山的方式是什么？（板书：方式）

生：叩石垦壤，箕畚运于渤海之尾。

师：（板书：叩石垦壤，箕畚运于渤海之尾）意思是——

生：凿石挖土，用箕畚装土石运到渤海边上。

师：渤海在中国的哪个方向？

生：东边。

师：将如此高大的太行、王屋两座山上的土石用箕畚从中国的西北方运到中国的东边，路程遥远，以至于“寒暑易节，始易反焉”，这话是什么意思？

生：一年的时间才能往返一次。

师：第5个问题：参与移山的有哪些人？

生：子孙荷担者三夫、遗男、愚公。

师：（板书：子孙荷担者三夫、遗男、愚公）一共几人？

生：5人。

师：第6个问题：愚公成功的信念是什么？（板书：信念）

生：子子孙孙无穷匮也，而山不加增。

师：（板书：子子孙孙无穷匮也，而山不加增）子孙无穷匮代表什么没有穷尽？

生：劳动力。

师：没错，或者叫“人力”。（板书：人力无穷）那与之相对的不加增的山代表的是什么？

生：物质。

师：或者叫“自然”。（板书：自然）也就是说愚公的信念是：以无穷的人力可以去征服自然。（在“自然”后板书“被征服”）第7个问题：移山的结果是什么？

生：帝感其诚，命夸娥氏二子负二山，一厝朔东，一厝雍南。自此，冀之南，汉之阴，无垄断焉。

师：（板书：冀之南，汉之阴，无垄断焉）翻译这句。

生：冀州的南边，汉水的南边，没有山冈阻隔。

师：请大家看黑板，作者通过写山的特点，愚公移山的原因、目的、方式、人数、成功的信念和结果，赋予了愚公怎样的特点？

生：坚持不懈。

生：吃苦耐劳。

生：信念坚定。

生：还是有点愚，他完全可以搬家的！

师：关于这一点我们待会再讨论。我现在想问的是：作者赋予了愚公怎样的特点？（板书：信念坚定、吃苦耐劳）既然作者是要赞美他，那为什么给他取个“愚公”的名字？

生：世人眼里觉得他愚。

师：也就是“大智若愚”了。再看看愚公身上的这些品质，任何人具备了也都会走向成功的。那愚公所移的这座山也就有了象征意义了，它象征了——

生：困难。

师：对。毛主席就曾在第七次全国人民代表大会上引用了这个寓言故事。他把封建主义和帝国主义比作两座大山，把共产党比作愚公，你们猜他把什么比作天帝？

生：人民。

师：对。但刚才也有同学提出比愚公更聪明的办法，就是让他搬家。对此，大家怎么看呢？讨论一下。

（众生热烈讨论。）

生：我还是认为愚公太傻了，搬家要轻松得多。再说把山移走了对自然造成多大的破坏呀！

生：我觉得这篇课文只是寓言，作者是想借助这个故事告诉我们要发扬愚公精神。

师：你们支持哪位同学的观点呢？

（众生纷纷表决，莫衷一是。）

师：我们来分析一下这两位同学的观点。第一位同学是就故事来发表观点的，第二位同学是从文体特点的角度发表观点的。哪个角度更全面、准确些呢？

生：文体角度。

师：为什么？

生：这篇课文的文体是寓言，寓言是通过故事来讲道理的。

师：对。寓言故事的目的是要讲道理。我们没法追究“狐假虎威”中的狐狸和老虎怎么会说话的。但毕竟连我们都能想到“搬家”的主意，怎么编故事的作者没想到，以至于使这个故事出现这么大的漏洞呢？请大家再讨论讨论。

（众生热烈讨论。）

生：愚公家的房子是祖上传下来的，他不能因搬家得罪了老祖宗。

（众生哄笑一片。）

师：大家为什么笑？是不是觉得他讲得没道理？

生：有一点道理。

师：这么说，你家房子也是祖上传下的？也没搬过家？

生：（笑着说）不是。中国古代人才这样。

师：对。这篇寓言故事具有中国古人的文化观念：安土重迁。（板书：安土重迁）就是安于生他养他的水土，不轻易搬迁。看来这是一篇具有中国古代文化特色的寓言故事。刚才也有同学说愚公移山的行为破坏了大自然，不符合现在人们保护自然的观念。对此你们又怎么看呢？

（众生沉思。）

师：你们知道这篇寓言故事产生在人类发展的什么时期吗？

生：战国时期。

师：你怎么知道的？

生：这篇寓言故事选自《列子》。列子不就是战国时期的吗？

师：有道理。再看看文章的结尾有什么特点？

生：想象。

师：这不是一般的想象，是生产力落后的古代人类通过想象征服自然的一种方式。这种想象我们称之为——

生：神话。

师：文章的结尾具有神话色彩，可见这篇寓言故事还蕴含了生产力落后的古代人类想要征服自然的愿望。由此可知，这篇寓言故事的作者之所以没想到搬家的主意是有文化和时代两方面的原因的。那我们再来看看与本文主人公形成对比的一个人物——

生：智叟。

师：“智叟”的意思是——

生：拥有智慧的老头。

师：作者是赞扬他有智慧吗?

生：不是，是讽刺。

师：也就是自作聪明了。那我们一起读读他对愚公说的这番话，体会一下他说这话时的语气和态度。

（众生齐读。）

生：讽刺。

生：挖苦。

师：他说的哪些词句特别能体现出这一特点?

生：“甚矣，汝之不惠!”将“甚矣”提前，强调愚公太不聪明了，讽刺、挖苦意味很强。

生：他说愚公“曾不能毁山之一毛”，连山上的一根草都不能拔掉，太夸张了，非常瞧不起愚公。

生：智叟说话时在“如土石何”的前面还加上一个增强反问的语气词“其”，也能体现出这一点。

师：还有“汝”这个人称代词也能体现出智叟的态度。一般而言，只有在长辈对小辈，地位高的人对地位低的人说话时才用“汝”，平辈之间用“汝”就有些不尊重的意思。智叟说话前的“笑而止之”中的“笑”也就很清楚了，是——

生：讥笑。

师：现在请一位同学模仿智叟的语气态度再来读一读他所说的话。

（生读。）

师：这则寓言故事中还有个人物对愚公说话的内容与智叟差不多，她是——

生：愚公的妻子。

师：读读她说的话，看看是不是与智叟说话的语气和态度一样。

（生自由读。）

生：不一样。愚公的妻子是关心的态度。

师：你怎么体会出来的？

生：她称愚公是“君”，很尊重愚公。

生：她说得不夸张，问的是“曾不能损魁父之丘，如太行、王屋何？”实事求是地为愚公担心。

生：“且焉置土石？”况且把土石放到哪里呢？她说的这番话是为了“献疑”，提出疑问。

师：好，再请一位同学读一读，要读出愚公的妻子关心、担心的语气和态度。

（生读。）

师：文中还有一个人物也很鲜活——

生：小孩。

师：你看出他有什么特点了吗？

生：年龄小，“始龀”，刚换牙，七八岁的样子。但他也帮助愚公移山，精神可嘉。

师：有一个字很生动地刻画出这个小孩帮助愚公移山时的精神面貌，你知道是哪个字吗？

生：跳。

师：为什么？

生：蹦蹦跳跳的样子，很天真、活泼，还很高兴。

师：对！那作者为什么安排这么个小孩来帮助愚公移山？

生：将他与智叟作对比。

师：对，另外，这个小孩来帮助愚公一定是得到他父母的同意的。

生：他是孤儿，“遗男”。

师：对，他一定得到了那个“孀妻”的同意。连“遗男”和“孀妻”都来帮助愚公，说明愚公移山这件事还是得到了民众的拥护的。看来这篇寓言故事不仅在道理上给人以启示，而且在人物刻画上也很成功。让我们再齐读一遍。

（众生齐读。）

悟　课

选入初中语文课本九年级下册的中国古代寓言故事《愚公移山》是学生们所熟悉的。但学生们对文中愚公移山的做法及愚公这个核心人物形象的看法是与作者创设这篇寓言的本意大相径庭的。作者在这则寓言故事中竭力记述了愚公移山的原因（惩山北之塞，出入之迂也）、目的（指通豫南，达于汉阴）、方式（叩石垦壤，箕畚运于渤海之尾）、信念（子子孙孙无穷匮也，而山不加增）及结果（帝感其诚，命夸娥氏二子负二山，一厝朔东，一厝雍南。自此，冀之南，汉之阴，无垄断焉）等，肯定并赞扬了愚公移山的伟大举动，并赋予了他坚持不懈、吃苦耐劳、信念坚定等美好的精神品质。正所谓愚公不愚。文章为塑造这一人物形象还在叙事过程中创设了一些人物作反衬（如智叟）和正衬（如遗孀）。而很多学生以他们自认为比愚公移山更聪明的办法——搬家，来否定愚公移山的做法，并赋予愚公以愚蠢的形象特点。有的还认为愚公移山的行为不仅不值得被称颂，还应被指责，因为这是破坏大自然的举动。

不难看出，学生的这一认识与文本创作的本意是完全相反的。教师在教学这篇寓言时，不可忽视学生们的这种认识，如何破解学生的这一认识，让他们正确理解愚公移山的意义乃至这篇寓言的价值呢?

教学本课时，我首先从本课的文体入手。这是一篇寓言，寓言这种文体是作者通过一个故事告诉人们一个道理。“寓言”中的“寓”是寄托之意。可见作者所要说的故事是手段，目的是要告诉人们道理。寓言故事是作者为了告诉人们道理而创设的，它不一定是真实的，就像我们不能根据“狐假虎威”这则寓言故事认为现实中的狐狸和老虎是会说话的一样。因而我们不能苛求愚公移山这则寓言故事的真实性。据此，我在本堂课开始之时就有意识地让学生明确寓言这种文体的特点并点明与之相关的神话的文体特点，为接下来关于文本和学生相反观点的讨论做铺垫。

但仅靠文体特征的解读，对破解学生上述与文本相背离的认识是不具有完全的说服力的。学生会认为，一个连大多数人都能想到的搬家的好主意，怎么编故事的作者却没想到呢?作者怎么编了这么一个拙劣的故事呢?为此，我在引导学生通过对愚公移山的原因、目的、方式、信念及结果等的梳理了解文本中作者所赋予愚公的形象特点后，让学生对愚公为什么不选择搬家、是否太愚的问题进行思考、讨论。支持的有，反对的也有。反对的依据是寓言这种文体特征意在通过故事说道理，故事是作者创设的，是手段，不是目的。我不满足地追问道：“但毕竟连我们都能想到‘搬家’的主意，怎么编故事的作者没想到，以至于使这个故事出现这么大的漏洞呢?请大家再讨论讨论。”问题很尖锐，也很有挑战性，学生们进入积极的思考讨论中。没想到一位学生说：“愚公家的房子是祖上传下来的，他不能因搬家得罪了老祖宗。”我也就水到渠成地引出中国古人“安土重迁”的思想观念并加以介绍，即中国古人安于生他养他的水土，不轻易搬迁，与学生达成这是一篇具有中国古代文化特点的寓言故事的共识。

最后是要破解学生的愚公移山有破坏自然之嫌的说法。我先让学生自己思考讨论，但毫无所得。于是我就一步步引导。首先问道：你们知道这篇寓言故事产生在人类发展的什么时期吗？“战国时期。”一学生很快答道。“你怎么知道的？”我追问道。“这篇寓言故事选自《列子》。列子不就是战国时期的吗？”我给予肯定地问道：“有道理。再看看文章的结尾有什么特点？”“想象。”我便进一步补充：“这不是一般的想象，是生产力落后的古代人类通过想象征服自然的一种方式。这种想象我们称之为——”“神话。”学生接得又快又准。该是我归纳提升的时候了：“文章的结尾具有神话色彩，可见这篇寓言故事还蕴含了生产力落后的古代人类想要征服自然的愿望。由此可知，这篇寓言故事的作者之所以没想到搬家的主意是有文化和时代两方面的原因的。”

以上是我在本课教学中引导学生以文中愚公形象为切入点，通过探究文章的文体特征、文章产生的时代背景和文化背景，破解学生与文本相背离的理解，让学生回归并建构文本本身所应有的意义和价值的做法。这是我本课教学的重、难点，也是第一大环节。需要说明的是在进行这一教学环节时，我始终引导学生紧扣文本中的文言词句来进行，并让学生翻译这些文言词句。这样做的目的是既让学生紧扣文本来探究文章的意义和价值，又让学生在探究文章意义和价值的动态过程中加强对文言词句的掌握。那么在接下来的第二大教学环节——探究本文其他人物特点及其对塑造核心人物愚公的作用时，我也是让学生紧扣文中相关词句来进行的。例如：学生都能体会到文中智叟说话时对愚公的讽刺、挖苦之意，我就让学生从文中找出能表现他说话时讽刺、挖苦之意的语句。有学生很快找到并回答：“‘甚矣，汝之不惠！’将‘甚矣’提前，强调愚公太不聪明了，讽刺、挖苦意味很强。”接着又有学生抢答道：“他说愚公‘曾不能毁山之一毛’，连山上的一根草都不能拔掉，太夸张了，非常瞧不起愚公。”还有学生答道：“智叟说话时在‘如土石何’的前面还加上一个增强反问的语气词‘其’，也能体现出这一点。”当然，智叟说话时对愚公所用的人称代词“汝”也能表现他的讽刺、挖苦之意，这就需要我作进一步的补充了。一般而言，只有在长辈对小辈，地位高的人对地位低的人说话时才用“汝”，平辈之间用“汝”就有些不尊重的意思。总之，引导学生对文中词句的理解始终贯穿教学的各个环节中。

本堂课的不足之处是由于时间的关系，我没有让学生把愚公精神和现实社会、自身体验再作进一步的结合，以促使学生在情感、态度和价值观上有更多的收获。我也没有让学生在下课前有一个自由质疑或发现的机会，让课堂能迸发更多的火花。这是我今后在教学本课时需要提高的。

（执教人：夏悦红）

课例三

《湖心亭看雪》：言与文

教学主张

文言文的教学，笼统地讲，涵盖两方面——言和文。“言”指向字，字的调用（包括音和义）、字和字的组合法则（即语法）。“文”即字与字依照一定的句法规则组织而成的篇章。文言文的学习，“言”的层面，简单地说，就是解词、翻译；“文”则指向赏析、理解、体悟。

如何解决文言文的“言”？我的观点是以学生自学为主。学生借助课下注释和工具书基本能做到解释词义和疏通文义。对于不好辨析意思的字、疏通别扭的句，则师生一起探讨。探讨字，我倾向于在必要时借助古汉字字形及《说文解字》的释义辅助学习。汉字是表意文字，大多古汉字具有“形以示义”的特质。文言文的教学，在解词方面，借助古汉字字形，不仅可以形象地帮助学生识记字义，还可以帮助学生记忆字形。在《湖心亭看雪》一文中，“凇”的释义，我便采用了这一方法。在语法方面，重点当落在文意疏通不自然的句子上，我比较倾向从“义”的层面切入

“法”。引导学生一点点把文意理顺了，文法自然也就呼之而出了。由文意而及的文法，无疑让文法的习得有了趣味。在《湖心亭看雪》一课中，针对学生的疑难“有两人铺毡对坐”一句，我便采用了这种梳理方法。

怎样面对文言文的“文”？文言文的“文”里，概括地说，有人、事、景。有人则有思想。在《湖心亭看雪》一文中，人、事、景兼具。“事”“景”指向“人”。对“人”的解读，循着学生的问题，由浅及深，在文字的读、品中，“人”就慢慢地站起来了。《湖心亭看雪》，我以“痴”沟通“看雪”和“忆雪”。当“忆雪”中的故国之思再次充盈“痴”的内涵时，张岱也就在历史的时空中站起来了。

课堂实录

导入新课

师：《世说新语》中记载了这样一个故事：

［屏幕显示］

王子猷居山阴，夜大雪，眠觉，开室，命酌酒，四望皎然。因起仿徨，咏左思《招隐诗》，忽忆戴安道。时戴在剡（shàn），夜乘小船就之。经宿方至，造门不前而返。人问其故，王曰：“吾本乘兴而行，兴尽而返，何必见戴？”

师：哪位同学来读一下？

（生读。）

师：读得很好。字音正确、节奏明确。哪位同学说一下小文的大意？

生：一个叫王子猷的人住在山阴，晚上下起了大雪，他醒后，打开房门，让仆人准备好酒，看到四面洁白。于是他站起徘徊，吟咏起左思的《招隐诗》，吟着吟着，忽然想起了戴安道。当时戴安道在剡地，于是就大半夜划着小船前往剡地。划船一夜才到，结果，他到了戴安道家的门前，却没有进去，而是原路返回了。有人问缘故，王子猷说："我本来就是乘着兴致前行的，兴致没了就返回去，又何必见戴安道呢？"

师：这就是著名的"王子猷雪夜访戴"的故事。注意，"剡"指的是剡溪山。无独有偶，1000多年后，明朝生于山阴、最终归隐于剡溪山的张岱也曾雪夜出访，他去的是西湖的湖心亭。今天，咱们就一起学习一下张岱的《湖心亭看雪》。

整体感知

师：请大家翻开课本，自由大声诵读一遍《湖心亭看雪》。注意：将字音读准确，将句内节奏读明朗。

（生自由读。）

师：现在请一位同学试读一遍。

（学生朗读。）

师：有一个多音字读得不合文中的语境。

生："余强饮三大白而别"的"强"应读作三声。因为这里是"勉强"的意思。

师：判断准确，说得有理有据。好，现在大家一起读一遍。

（生齐读。）

师：下面，请同学们跟老师一起尝试一种新的读古文方法——歌诀乐读法。

（师一句生一句读全文、师生一起复读数遍。）

师：热火朝天读课文，把自己读热了吧！接下来大家借助课下注释及手中的工具书，小组合作，疏通文意。5分钟。

（学生组内合作，疏通文意。）

师：在5分钟的合作学习时间里，大多数小组讨论、解决问题较为充分。大家有没有小组内无法解决的问题？

生：我们小组想知道该如何翻译"有两人铺毡对坐"。

师：哪个小组可以回答？

生：我们小组认为，应该翻译为“有两个人铺开毡子，互相对坐”。

师：大家注意一下这个句子的语序，看看能不能从中受到启发？

生1：哦，知道啦。这个句子的语序应该是“有两人对坐铺毡”。

师：省略了一个——

生1：于。

师：那怎样翻译更自然呢？

生1：有两个人对坐在铺开的毡子上。

生2：对。这样理解更合适。因为后文说了——一童子烧酒炉正沸。炉上的酒都煮沸了，可见亭上的人应该来了一段时间了，毡子早已铺好。张岱到亭上，看到的就是两个在毡子上对坐的人。

师：你不仅读书细致，还注意揣摩上下句，从中提炼帮助理解的信息。你很会读书，我要向你学习。

生：我们小组的问题是：“舟子喃喃曰”的“喃喃”该怎样解释？

师：大家有无“喃喃”过？

生：有。

师：请大家回想一下，你们是在什么情境下“喃喃”的？

生：自言自语。

师：对。在这里，“喃喃”可解释为“自言自语”。

（没有学生继续发问。）

师：检查一下大家的解词、辨词能力。在刚才的朗读、文意疏通中，大家已注意到，这篇文章中有很多同形词。所谓“同形词”，指的是字形相同、字义不同的词。在初中文言文话语体系中，这种用词现象被称作“一词多义”。在这一课中，老师整理出了六组一词多义词。请大家看幻灯片：

A. 是日更定矣　问其姓氏，是金陵人

B. 是日更定矣　更有痴似相公者

C. 余拏一小舟　上下一白

D. 见余，大喜曰　余强饮三大白而别

E. 上下一白　余强饮三大白而别

F. 湖中焉得更有此人　是金陵人，客此

师：从你开始，依次往后，一人说一组。

生1：A组“是日更定矣”的“是”是指示代词，意思是“这”；“问其姓氏，是金陵人”的“是”是判断词。

生2：B组“是日更定矣”的“更”指的是“古代夜间的计时单位”；“更有痴似相公者”的“更”意思是“还”。

生3：C组“余拏一小舟”的“一”是数词“一”；“上下一白”的“一”是副词“全”的意思。

生4：D组“见余，大喜曰”的“大”用作副词，“非常”的意思；“余强饮三大白而别”的“大”就是“大小”的“大”。

生5：E组“上下一白”的“白”是“白色”的意思；“余强饮三大白而别”的“白”是“酒杯”的意思。

生6：F组“湖中焉得更有此人”的“此”是指示代词“这”的意思；“是金陵人，客此”的“此”是“这里”的意思。

师：完全正确。从这六组一词多义的词语语义辨析中，老师知道大家的字词已通关。

生：老师，我可以问个问题吗？

师：请问。

生：我怀疑这篇文章的真实性。

师：你说说。

生：西湖在秦岭淮河以南，怎么会有“大雪三日”？

师：看来大家的地理知识没学透。西湖确凿下雪，著名的“西湖十景”里有一景便是断桥残雪。至于西湖为什么下雪，请向地理老师请教。现在，真伪辨，文章不假。那咱们就一起去欣赏一下那夜的雪吧！

文本细读

师：谁能口头描述一下崇祯五年更定后的西湖雪景？

生：雾凇沆砀，天与云与山与水，上下一白。湖上影子，惟长堤一痕、湖心亭一点，与余舟一芥、舟中人两三粒而已。

师：接下来，请大家在课堂笔记本上用现代的语言描绘一下那夜的雪景。

（生在课堂笔记本上写。）

师：请同位两人读一下用文字描绘的西湖夜雪景。请大家看PPT上没有标点的文字。同位两人先讨论一下分工，怎样分工更有艺术性？

雾凇沆砀天与云与山与水上下一白湖上影子唯长堤一痕湖心亭一点与余舟一芥舟中人两三粒而已

生1：冰花一片弥漫，天、云、山、水全是白色的。

生2：湖上的影子，只有长堤在雪中隐隐露出一道痕迹，湖心亭的一点轮廓，我的一叶小舟和小舟中的两三粒人影。

师：你俩这样分的思考是？

生1：“雾凇沆砀，天与云与山与水，上下一白”感觉像大背景。而“湖上影子，唯长堤一痕、湖心亭一点，与余舟一芥、舟中人两三粒而已”相对而言是较为具体的描写。

师：那夜雪景，是一幅画啊。看来你俩很会欣赏画作。其他同学有无不同意见？

（学生无异议。）

师：现在，请大家闭上眼睛，设想你正置身于那夜的雪景中。

（学生闭眼想象。）

师：好。请大家睁开眼睛。置身这样的雪景，张岱一开始会有何感受呢？请大家在老师给出的句式中填写上最能表达彼时张岱心境的一个词语。

啊！这是一个________的世界。

生1：啊！这是一个__梦幻__的世界。

生2：啊！这是一个__曼妙__的世界。

生3：啊！这是一个__浩渺__的世界。

生4：啊！这是一个__苍茫__的世界。

生5：啊！这是一个__美__的世界。

生6：啊！这是一个__清美__的世界。

生7：啊！这是一个__妙不可言__的世界。

生8：啊！这是一个__神奇__的世界。

师：梦幻、曼妙、浩渺、苍茫、美、清美、妙不可言、神奇，张岱的心境，咱们是通过他的文字感受到的。大家品一品：张岱对那夜雪景的描写有何特点，让我们能通过“无情无义”的符号产生跨越数百年的共情？

生1：“天与云与山与水”中的三个“与”及“上下一白”的“一”描绘出浑然一体、茫茫一片的场景。

师：嗯。你对词语很敏感。一个小句七个字，三个复现字。这种有违常规的用字现象，大家在阅读时一定要格外留心。

生2：“雾凇沆砀”四个字写出了一个童话般的世界。

师：这个小句共四个字，其中有三个字在字形上给大家以识记的挑战。大家在课堂笔记本上写一个这四个字。请一位同学在黑板上写。

（学生写。）

师：请大家抬头看黑板。“凇”的偏旁是？

生：两点水。

师：大家仔细看看你写的“凇”，有无写对呀？

师：“凇”的意思是？

生：冰花。

师：两点水，本是个字，就是咱们今天用的“冰”字。给大家看一下这个字的字形：仌

师：大家看看，像不像冰的纹理啊。把这个字记准确了，形义相合，问题解决。

师：“沆”是三点水，记清楚。“沆”的本义是“大水”。《说文解字》将其解释为：

［屏幕显示］

沆：莽沆，大水也。

师：“砀”是“石”部哦。现在，请大家再写一遍这四个字。

师：除了已提到的这两点，谁还能说说其他的？

生3：数词用得很奇妙。“唯长堤一痕、湖心亭一点，与余舟一芥、舟中人两三粒而已”中的三个“一”给人一种冷清的感觉。

生4：我认为，不仅数词用得好，量词也用得很有特色。“痕”“点”“芥”“粒”都含“微小”义。

师：那它们“微小”得一样不一样啊？

生4：不一样。有形上的区别。

师：你很有灵气，不简单。现在，大家就在你们的课堂笔记本上尝试着画出四个量词来。请一位同学来黑板上画。

（学生“画”量词。）

师：大家有没有发现，你们对张岱心境的体悟和这几个量词有关系啊？如果没有

这几个量词，湖心亭的雪夜就很像白纸了。而有了几个量词，立马就立体了。

生：老师，张岱是不是个画家呀？

师：你真聪明。张岱出生在仕宦家庭，自小受书画熏陶。

师：大家再闭上眼睛回到崇祯五年的西湖雪夜，想一想：置身于这样的世界，张岱还会有怎样的更深的感受？

生：感觉到自己很渺小。

师：这种感觉呀，我国的大文豪苏东坡也曾体验过。他在《赤壁赋》中将这种感觉描绘为“寄蜉蝣于天地，渺沧海之一粟”。当天地无限大时，人容易产生无限小的感觉。

师：大家默读文章，看一看：咱们刚刚欣赏的雪景，是文中哪个二字短语的具体内容？

（学生默读文章。）

生：看雪。

师：原句是怎么说的？一起读出来。

生：独往湖心亭看雪。

师：大家感觉这句话说得对吗？

生：好像有点儿问题。明明是有舟子的，文章最后说：“及下船，舟子喃喃曰：‘莫说相公痴，更有痴似相公者！’”为什么说“独”呢？

师：是啊。舟子都说话了呀。

生：这说明张岱很“痴”。

师：“痴”是什么意思？

生1：傻。

生2：愚。

生3：笨。

师：张岱在文末引用了舟子的话，难道是为了告诉大家——他傻、愚、笨？

（生大笑。）

生1：不是吧。

生2：肯定不是。

生3：我觉着舟子的确认为张岱傻，但张岱并不认为自己傻。

师：你怎么知道“舟子认为张岱傻”？

生：从“舟子喃喃曰”的“喃喃”中可以读出来。前面说过，“喃喃”是自言自语的意思。从“喃喃”中可以读出舟子对张岱行为的不解。

师：舟子不懂张岱的行为，对吧？

生：嗯。

师：大家能理解舟子对张岱行为的不理解吗？

生：“大雪三日，湖中人鸟声俱绝。是日更定矣。”大雪封城的夜晚，谁会去看雪啊？舟子不理解是正常的。

师：你读书真细致。说得有理。

师：那你怎么理解张岱的“痴”啊？

生1：痴迷。

生2：痴迷于山水之乐。

师：好一个“痴迷于山水之乐”。

生3：痴迷于物我合一。

师：好一个“痴迷于物我合一”。

生4：痴迷于闲情逸致。

师：好一个“痴迷于闲情逸致”。

师：请大家再回过头来看这个小句，大家现在还觉得有问题吗？

生：舟子不是去看雪的。

师：“独”指向“看雪”。因为有“看雪”两个字，所以，这句话是没有问题的。

师：大家如何理解“独”？

生：一个人。可能是心中不高兴，看雪是去排解内心的忧愁的。

师：是吗？

生：我查过资料。张岱是前朝遗老，所以，他心中是有忧愁的。

师：请大家回答我一个问题：张岱是哪一年去湖心亭看雪的？

生：崇祯五年。

师：也就是？

生：1632 年。

师：请问：明朝是在哪一年亡国的？

生：1644 年。

师：看来，“独往湖心亭看雪”的行为不是“亡国之苦”触发的。

师：《湖心亭看雪》一文中的确流露出故国之思。请大家默读一遍，看看能不能读出来。

师：给大家一点儿小提示，大家可以留心一下注释①。

生：从文章所在书的书名《陶庵梦忆》中可以看出，《湖心亭看雪》不是当即完成的，而是一篇回忆作品。

师：在《陶庵梦忆》中，张岱写过一篇自序。《自序》中说：

[屏幕显示]

陶庵国破家亡，无所归止。披发入山，駴駴为野人。故旧见之，如毒药猛兽，愕望不敢与接。作《自挽诗》，每欲引决，因《石匮书》未成，尚视息人世。

师：可见，书中的文章写在明亡后。大家细读文章，看看张岱在回忆湖心亭看雪这一前朝往事时，有无故国之思？

（学生默读文章。）

生1：我从“崇祯五年十二月”中读出了故国之思，“崇祯”是明朝的年号。

师：本来就是明朝年间发生的事儿呀，这没有问题啊。

生：古人纪年，除了皇帝年号，还有常用的干支纪年。如《赤壁赋》的“壬戌之秋”。

师：厉害。“崇祯”里有故国之思。

生2：我从“金陵”这个地点称谓中读出了“故国之思”。“金陵”是南京，明朝最初建都南京。

师：老师再帮你补充一点。明朝在清兵铁蹄的践踏下，存亡之秋里，也曾在南京建立了一个极其短暂的小王朝。“金陵”里有故国之思。

师：年号里有故国之思，地名里有故国之思。哪里还有故国之思？

生3：“客”里。

师：如何理解？

生3：“客”里有对自己身世的悲叹。湖心亭上的金陵人当时客居西湖。而张岱忆湖心亭看雪时，也是客居。只是，湖心亭上的人是空间上的客居，而张岱是时间上的客居。明朝人客居清朝。

师：说得实在太棒了。空间启发了你对时间的思考。“客”里有故国之思。

师：说到这里，大家对文中的哪个字又有了新的理解？

生：痴。

师：怎么说？

生：张岱除了痴于山水之乐、痴于“天人合一”、痴于闲情逸致外，还痴于故国。

师：好。现在我们已经读出了“痴”的丰富内涵。

师：请大家大声、自由诵读《湖心亭看雪》。尽量当堂成诵。

师：今天的作业：文中第2段对张岱着墨较少。请从文中找理据，展开合情合理的想象，将镜头对准张岱，写一下湖心亭上的张岱（注意写出张岱的言、行、神）。

悟课

《湖心亭看雪》一文暗流“故国之思”，此系确凿。如何解读此文中的“故国之思”呢？

《教师教学用书》的“整体把握”部分有这样一段解说：

> 最后，作者以舟子的话收束全文：“莫说相公痴，更有痴似相公者！”舟子说作者“痴”，体现了俗人之见，但“痴”字又何尝不是对张岱最确切的评价呢？他痴迷于天人合一的山水之乐，痴迷于世俗之外的雅情雅致，作者引用舟子的话包含了对“痴”字的赞赏，同时以天涯遇知音的愉悦化解了心中的淡淡愁绪。

依此，张岱似乎是心念故国、忧思难眠，故而寒夜寻排解，独往湖心亭看雪。

其实不然。文章开篇的“崇祯五年十二月”已明确告诉我们：张岱“湖心亭看雪”发生在明朝，当时，明并未亡国。“湖心亭看雪”在前，明亡国在后，因此，“看雪”之夜必然无关“故国情”。

事实上，张岱“故国之思”不在“看雪”，在乎“梦忆看雪”也。

和学生品读《湖心亭看雪》，我分成了“湖心亭看雪”和“梦忆湖心亭看雪”两部分。“湖心亭看雪”部分，重在品“雪”、品“独”、品“痴”；而“梦忆湖心亭看雪”部分，则重在感“故国之思”。

从注释切入“梦忆”，引导学生从用词中体味故国之思，这个思路看起来是相对较为清晰的。随着“崇祯”“金陵”“客”三个词语的逐一浮出，张岱的“痴”水到渠成，再增新内涵。这样的张岱，就不仅仅是崇祯五年一个雪夜的张岱了，而是动态时空中形象丰满、情感深沉的张岱了。

（执教人：赵付美）

（五）
守正与创新

语文课不等于文学课，人文精神不等于文人精神，语文课不能以培养文人、培养作家为目标。学语文，主要是要学会表达，学会熟练、准确、得体地使用汉语。而语文就是母语学习的课程。语文课要解决读写能力，是一门实践性很强的课程。

眼下语文教坛很活跃：教学流派不断涌现，浙派、苏派、粤派、湘派各说其是；教学旗号名目繁多，生本、生态、生活、生命，各圆其说；教学主张如雨后春笋，雅正、趣味、溯源、简洁，各显其志。教学需要不断优化和创新，但学科内在的规定性仍需遵循和坚守。面对日新月异的课改现实和语文学科的众说纷纭，语文教师还是应稳稳地走好自己的路，在吸纳中坚定，在守正中创新。

著名作家梁衡在《匠人和大师》一文中指出：匠人与大师的区别首先就表现在"匠人在重复，大师在创造"，大师高出匠人之处就在于"他纵横捭阖，运筹帷幄，触类旁通，举一反三。因为凡创新、创造，都是在引进、吸收、对比、杂交、重构等大综合之后才出现的"。语文课的实验与探索要彰显语文教学的前卫姿态，充分挖掘教材、学生、环境和自身的潜在因素，悉心打磨，极力将语文课的真与美的极致充分地展现出来。

课例一

《苏州园林》：说明文序列化教学探究

教学设想

《苏州园林》是八年级上第三单元的一篇文章，本单元以说明文为主，本文就是一篇介绍园林建筑特点和风格的说明文。从题材上看，是有关中国文化的文章。在单元教材的编选上虽兼顾文体，但更注重题材内容的相关性。基于这样的认识，对此单元课文的教学，重点应放在对文本内容及内容所反映的文化的理解上，文本内容解读过程中应处理好文体知识，讲解清晰，巩固强化。尽量避免单纯以文体为中心来解读文本，把本来蕴含着丰富文化的课文，变为了枯燥的说明文范本。《苏州园林》一文先总括了苏州园林在整体上所呈现出的特点，继而从各个方面分别加以说明，条理清晰地介绍了苏州园林所体现出的高超艺术水平。

叶圣陶先生的《苏州园林》是叶老75岁高龄时为香港一家出版社介绍苏州园林的摄影集撰写的一篇序文。后来摄影集没有出版，这篇序文被《百科全书》杂志社发表在刊物上。题目为《拙政诸园寄深眷——谈苏州园林》，发表的时候删去了文章最后的几句话。后来在编入语文课本时又删去了文章的第一段，题目也改成了《苏州园林》。从“寄深眷”的标题来看，文中饱含着作者对故乡浓浓的眷恋，单纯按说明文的思路去理解显然是不足的，在阅读中不要忽视作者蕴含在字里行间的对家乡美景的赞美之情。既然是谈“苏州园林”，那么就要涉及园林鉴赏问题，我认为引领学生赏析苏州园林的艺术美，让他们懂得一点鉴赏园林的方法，也应该是本文的一个学习重点。

课堂实录

教学导入：创设情境，活跃气氛

师：上课。

班长：起立！

全体生：老师好！

师：同学们好，请坐！

［屏幕显示］

江南园林甲天下

师：看一下我在幻灯片上展示的这一句话，谁知道下一句？

生齐答：苏州园林甲江南。

师：很好啊，“江南园林甲天下，苏州园林甲江南”。咱班同学有没有谁去过苏州园林？有去过的吗？

生：我去江南游学时曾去过苏州园林，我去的是拙政园，拙政园是我国四大园林之一。拙政园里主要以假山假水为主，整个园子其实不是很大。但是因为那些别出心裁的匠师们制造了很多假山假水和别致的小亭子、回廊之类的，使整个园林特别有层次感。其中还有一些地方种植荷叶、芭蕉专门用来听雨，非常有意境。里面房间的布置也很有书香气息。给人一种很别致、雅致的感觉。

师：好，非常棒，这位同学是一个非常有心的游者，去一个地方参观不仅可以了解到与之相关的知识，而且可以用心来感受美丽的景色给自己带来的独特享受。我们很多同学没有去过，那就先通过几幅图片来简单地感受一下苏州园林的景致吧！

（幻灯片播放苏州园林景色。）

走进文本：整体感知，梳理结构

师：今天我们就学习一篇关于苏州园林的文章。大家看一下在叶圣陶先生笔下，苏州园林呈现的景观是什么样子的。大家打开课本，翻到第 13 课。

结合你们昨天的预习，我们一起看一下：叶圣陶先生对苏州园林总的印象是什么呢？

［屏幕显示］

对苏州园林，叶圣陶先生总的印象是什么呢？

生：叶老对苏州园林的总印象是“苏州园林是我国各地园林的标本。”

［屏幕显示］

我觉得苏州园林是我国各地园林的标本。

师：哦，他说“我觉得苏州园林是我国各地园林的标本”，你从哪里找到这一信息的？

生：从第一段的第三句话：“倘若让我说说苏州园林总的印象，我觉得苏州园林是我国各地园林的标本。”

师：好，请坐。我们先把第一段整齐地来读一遍。

（生齐读。）

师：这里提到他认为苏州园林是我国各地园林的标本，那什么是“标本”？

生：我觉得“标本”应该是一种范本、模范。

师：“范本、模范”，好，请坐。大家认同她这个观点吗？其实“标本”就是同一类事物当中可以作为代表的。

［屏幕显示］

是同一类事物当中可以作为范本和代表的

师：作者认为苏州园林是同一类事物当中可以作为代表的，认为它是标本，有没有依据？

生：有。

师：哪里？

生：“各地园林都或多或少受到苏州园林的影响”一句。

师：好，我们一起看一下。“各地园林都或多或少受到苏州园林的影响”，作者怎么知道的？道听途说还是自己想象出来的？

生：“其他地方的园林我也到过一些”，从这一句看出，作者是亲身体会出来的。

师：“其他地方的园林我也到过一些”，那苏州园林呢，苏州园林作者去过吗？

生：“苏州园林我也到过十多处。”

师： 他去参观了苏州园林的十几处，其他地方的园林他也去过一些，所以他说出这一句话是有一定的依据的。

为了让大家更好地把握，我也给大家举一个例子。大家把课本翻到第 115 页，看一下第二行写的是什么？

生读： 来到这里，仿佛走进了苏州园林。

师： “来到这里，仿佛走进了苏州园林。”他的这篇文章写的什么内容？

生： 写的故宫。

师： 对，写的故宫，皇家园林。皇家园林也受到苏州园林的影响，是不是可以看出苏州园林地位之高啊？

作者说苏州园林能够作为标本，肯定是它们有一个共同特征，使它能够取得这样的地位。是什么样的特征使它有这样的地位呢？

[屏幕显示]

苏州园林这一园林群体有什么样的共同特征使得它能够取得这样的地位？

生： 第 2 段：“似乎设计者和匠师们一致追求的是：务必使游览者无论站在哪个点上，眼前总是一幅完美的图画。”所以说，设计者和匠师们在造苏州园林的时候是追求完美的，这样一种完美使它能在中国园林中占有非常突出的位置。

师： 是不是这一句啊？

[屏幕显示]

游览者无论站在哪个点上，眼前总是一幅完美的图画。

苏州园林有这个共同特征，才使它取得这样一个地位。如果让你再仔细看这句话，如果需要重读的话，你会重读在哪里？

生： “无论”“总是”。

师： 为什么这两个词重读？

生： 因为这两个关联词更能体现出苏州园林的代表性。

师：这两个词肯定能够凸显苏州园林的这一特征。我们现在已经把苏州园林的特征找出来了，本文肯定是围绕这一特征展开的。我们来看一下，围绕这一特征，文章是如何展开的？

［屏幕显示］

围绕这一特征，文章是如何展开的？

结合昨天晚上的预习，小组合作，看能不能把本文的框架结构快速梳理出来。

（小组合作，幻灯片呈现要求小组交流 3 分钟。其间，让一个学生进行黑板板书。）

师：我们来梳理一下文章的框架结构。如果按照说明对象进行分类的话，按照“事物”“事理”进行分类，本文属于哪一种文章？

生：（齐答）事物说明文。

师：把握好它的分类之后，我们再看一下它的结构。你们认为它属于什么文章结构？

生：（总分、总分总不一。）

师：好，有认为“总分”的，有认为“总分总”的。认为“总分总”的同学可以说一下你的观点吗？

生：第 1、2 自然段是总说，这一点想必大家没有异议。第 3 ~ 9 段是分说，也没有异议。可能有异议的地方是第 10 自然段：“可以说的当然不止以上这些，这里不再多写了。”我感觉这里就是对文章的一种总结，说明了苏州园林可以写的还很多，中间是具体写的苏州园林的某个方面，这里是用一段话来总结苏州园林的优美还有很多，用文字难以一一表述出来。

师：你是说这句话是对文章整体意义的一种总结，你们赞同吗？

（赞同、不赞同之声皆有。）

生：如果单看对苏州园林的描写的话，最后一段应该是没有意义的，因为这段话并不能很好地表现出苏州园林的完美，所以我们在进行文章划分时应该把最后一段去除，单看1~9自然段。这样就是“总分”的结构。

师：1~9自然段是“总分”结构，而到第10段，大家感觉将它作为总结也不是，不作为总结也不是，那我们先把它放一放，先解读一下文章，看看作者为什么要写最后一段话。

（转身看学生的板书。）

师：我们来看一下刚才同学梳理的板书，她写了“总分”这样一个结构，然后将第10段单列了出来，这和刚才那位同学的表述巧妙地达成了一致。好，这是文章的结构。那文章的顺序大家能看明白吗？同学板书的是“由主到次”的逻辑顺序，你们找到的顺序是这样的吗？

生：是由主到次。

师：板书同学来说一下，为什么是由主到次？

生：因为作者先是写苏州园林具有它的代表性以及它的显著特点“如在画中”，然后写了园林比较重要的方面，比如亭子、回廊、对称性的建筑等，最后写比较小的方面，比如漆的颜色、装饰用的竹子和芭蕉。由此可见，它的行文逻辑是由主到次。

师：好，大家听明白了吗？她说前面讲的都是比较重要的方面：“亭台轩榭”“假山池沼”，而后面讲的是相比较而言次要的方面，它的角落美、门窗、色彩等，所以本文是一个由主到次的逻辑顺序。

（幻灯片呈现文章的结构框架。）

品析文段：深入文本

师：作者总说了苏州园林的地位和特征之后，又通过四个大的方面和三个小的方面进行分说。我们来看一下作者所说的几个方面能不能体现他所讲的总体特征“无论站在哪个点上，眼前总是一幅完美的图画”？

［屏幕显示］

具体介绍的几个方面是否能体现苏州园林的特点呢?

生：可以。

师：从哪里判断的？怎样体现出来？

（生沉默。）

师：我先给大家做个示范，第3段大家先一起读一下。

（生齐读第3段。）

师：我感觉这一段是能够说明它的总体特征的。文章中提到，我国古代的宫殿和住房都是讲究对称的，而园林是不讲究对称的。这里将园林和一般建筑进行了比较，作者为什么作这个比较呢？因为他要突出园林的布局要达到一个美术化的效果。此处作者运用了打比方和作比较的说明方法，将一般的建筑比作了图案画，将苏州园林比作了美术画，这样能让我们对这种不讲究对称有而追求自然之趣的构建方式有更加具体的感受。此处大家注意“决不”一词，该词增加了说明文的说明准确性，如果我稍微改动一下或去掉的话，就不会有这样的效果。我通过分析第3段所运用的说明方法和说明语言，让大家感受到了他的表述效果，大家以此为例进行一下文本解读，看看其他部分是不是也可以达到进行总体特征解说的效果？好，给大家几分钟的时间，小组合作进行。

（小组合作交流。）

师：我们来看一下，其他方面是否也能体现出苏州园林总的特点呢？

生：从第5段来看，“没有修剪得像宝塔那样的松柏，没有阅兵式似的道旁树：因为依据中国画的审美观点看，这是不足取的”。从这里看出，苏州园林的植物都是没有经过修剪而是任其自然生长的，这也印证了第3段所说，苏州园林是美术画，是不讲究对称的。

生：从第5段“盘曲嶙峋的枝干就是一幅好画”也可以看出来。

生：第 4 段中“池沼里养着金鱼或各色鲤鱼，夏秋季节荷花或睡莲开放，游览者看‘鱼戏莲叶间’，又是入画的一景”也可以看出来。

生：第 7 段也能很好地说明苏州园林总体的特征，“如果开窗正对着白色墙壁，太单调了，给补上几竿竹子或几棵芭蕉”。

生：第 4 段“假如安排两座以上的桥梁，那就一座一个样，决不雷同”。

（在学生进行总结后，幻灯片呈现图片，让学生形象感受苏州园林。）

拓展延伸：品文入情

（视频播放：《苏州园林景观》。）

师：通过视频我们发现，苏州园林确实可以达到这种效果，历来有很多文人都对苏州园林进行了赞美。

闲步网师园

刘国正

寒花瘦竹岸边生，小阁回廊叠画屏。

我欲踱桥还却步，一池倒影怕人惊。

狮子林即景

（元）维则

鸟啼花落屋西东，柏子烟青芋火红；

人道我居城市里，我疑身在万山中。

师：大家一起看一看，这两首诗里面写的情况是不是和我们刚才所看到的苏州园林的情况吻合呢？

师：如此美景，作者的赞美之情是否在文字中体现出来了呢？

生：“开花的时候满眼的珠光宝气，使游览者感到无限的繁华和欢悦，可是没法说出来。”这里说对于苏州园林的喜爱之情，虽万千词语依然无法详尽地表达。

生：其实从第1段中就可以看到作者对于苏州园林的赞美，“倘若要我说说总的印象，我觉得苏州园林是我国各地园林的标本”。这种定位和评价就可以看出作者对苏州园林的赞美和喜爱。

师：我感觉有一处可以体现出作者对苏州园林的赞美：“给补上几竿竹子或几棵芭蕉”，你们赞同吗？

（生沉默。）

师：如果我改动一下，换成“给‘种上’几竿竹子或几棵芭蕉”，效果有什么不同呢？

生：如果用“种上”的话，感觉是可有可无，而用“补上”则说明作者对苏州园林本来就有很好的印象，如果再“补上”的话就会更加完美。

生：读这一句话，感觉是一个画家在对待自己的一幅作品，看看作品还有哪些缺陷，突然发现这个地方可以更加完美一些，于是经过静心思考之后就决定在某个地方补上一些东西，让它变得更加完美。

师：大家可以看出来作者本身就是把苏州园林当作一幅画来看待的，喜爱之情渗透其中。就如最后一段文“可以说的当然不止以上这些，这里不再多写了”也是对苏州园林的一种赞美。

我们通过学习这篇文章，不仅能够从文字中领略到苏州园林的精美景观，而且由文字间还能感受到其传递出的作者对说明对象的无比热爱。

悟　课

单纯从一节课来讲，这节课课堂容量很大，能在一节课全部呈现出来就难以想象，更不要说课堂效果了。然而这节课最终变成现实并取得不错的效果，得益于自己在说明文教学上的序列化尝试。

这堂课的设计想法起源于暑期的培训作业，在征求课例研究内容时我提出了一个建议，就是尝试探究说明文在教学形式与内容上的改进。个人感觉在讲解说明类文章时，应注意领会作品中所体现的科学精神和科学的思想方法，理解性把握说明文的知识方法。但现实教学中因说明文的文体特征，学生对此类文体兴趣不高，很多教师教学说明文时只是以简单的知识点讲解为主，学生也只能生硬记忆，造成有辨识能力而无确切的理解感受，使说明文学习上愈行愈远。所以教学过程中应做到不以学生初始兴趣来定位文本的教学，而是以科学正确的文本教学来调动学生兴趣。这一想法提出后，组内老师鼓励我可以进行尝试，并确定我担任课题的实验教师。是以自己沉浸在这个想法之中，力图呈现较好的效果。

序列化的说明文教学尝试，一是有外在的环境支持，二是自己对于说明文教学现状的思考。我坚持在如下几个方面进行了摸索：（1）打破常规，专题整理；（2）将知识讲授转化为学生生成的教学；（3）坚持趣味性；（4）说明范文的拓展；（5）自始至终的写作体验。

在一周的教学时间内，我把5个课时划分为“4+1”的形式，4个课时是固定统一的讲授内容，1个课时是针对不同班级情况所作的弹性调整。4个课时分别设计为“慢慢走近说明文”“以文为例，学习说明对象特征”“以文为例，感受说明方法”“说明语言赏析。”将有关说明文知识掺杂在《中国石拱桥》一文中，授之以渔，通过典型说明文的讲解让学生感受理解说明文这一文体。拓展四篇阅读材料，进行跟踪训练，从开始到结束不断修改的说明文练笔，多方面的铺开，确保学生在一周时间里能够认识说明文这一文体，并牢记辨析说明方法，进行说明文语言的赏析，利用说明文知识进行简单的说明文写作。

（执教人：樊晓宇）

课例二

情动而辞发　披文以入情：如何解决作文素材贫瘠的现状？

教学主张

1. 作文难教，教什么？

教技法？凤头、猪肚和豹尾，这三个词就把作文简明扼要地概括了，漂亮的开头，丰富的内容，有力的结尾。同样，各种修辞、各种写景、各种引用等等，这些关于写作的“大法”从网上一搜，绝对让你大饱眼福，倘若你能仔细读进去，且能头头是道地说出来，那种感觉就好像你短时间修得“降龙十八掌”，这种豪情壮志非得来场华山论剑，吼一吼这些年的辛酸苦楚。可是，想和做不是一回事，结果可能就尴尬了，不会用！

为什么？笔者认为这就是典型的“知其然不知其所以然”，浮于表面的学习短时间内会见到成效，但长此以往，学生的写作热情也就丧失殆尽了，写作本身的乐趣更是无从谈起。

没有技法不行，只有技法也行不通，怎么办？

“巧妇难为无米之炊。”写作好比建屋，任你把这个屋子想象得多么完美，堪称世界、宇宙第一的创意和水准，少一桶水泥就能把你难住。

缺材料、没材料，即便有材料也不知道能不能用，这确实是目前作文教学中学生普遍存在的一个问题。

2. 作文难学，学什么？

《语文课程标准》（2011 版）对七～九年级学生的写作要求是这样的：写作要有真情实感，力求表达自己对自然、社会、人生的感受、体验和思考；多角度地观察生活，发现生活的丰富多彩，能抓住事物的特征，有自己的感受和认识，表达力求有创意；注重写作过程中搜集素材、构思立意、列纲起草、修改加工等环节，提高独立写作的能力。

但丁有一句话这样说："语言作为工具，对于我们之重要，正如骏马对骑士的重要。最好的骏马适合于最好的骑士，最好的语言适合于最好的思想。"

由此，笔者认为写作教学的目的不仅仅是让学生学会写作文，更重要的是透过文字让学生感受到学习语文对于他们生命质量的影响，教会他们如何看待这个世界。

这就需要老师注重对学生感知力的培养，这种感知能力的培养笼统来说可以通过两个途径：其一，阅读别人的文章，体味文字里的悲欢离合、喜怒哀乐；其二，经历即成长，引导学生倾听自己生命拔节的声音。

总之，教学的起点该是学生的学情，作文教学更是这样。教师要在充分掌握学情的基础上，努力构建一个作文场域，在这里面，生生、师生、学生和文字、自己和自己进行碰撞，进而产生声音的共鸣。

这节课立足于学生的童年生活，旨在唤醒学生对童年的记忆并细致地挖掘童年这片沃土给予生命的滋养和浸润，通过听、说、看、谈、写、悟，让学生意识到生命中的每一个阶段都是写作的沃土，在后半部分旨在引发学生对素材取舍的进一步思考。

课堂实录

课前：播放《多啦A梦》，生都在轻声哼唱。（上课。）

教师：刚才我听到了一些声音，你们听到什么声音了呢？

冀政：我听到了音乐里一些很童真的声音。

教师：很童真的声音，好，请坐。

海川：我听到了多啦A梦的声音，小时候经常看。

教师：你喜欢看吗？

海川：喜欢。

教师：好，后边呢？

德阳：我听到了特别欢快的音乐。

教师：让我们身心特别轻松，是吗？嗯。

欣玥：我听到了……

教师：没听到不要紧，接下来我们一起看一组图片，边看边听，你们听到了什么声音呢？

［屏幕显示］配乐播放一组有关童年记忆的图片。

（游戏图片播完后。）

教师插播：这是那些年我们曾经追过的明星。

（继续播放。）

教师：你听到了什么声音呢？谁来说一下？

晓晴：当我们看到儿时看过的一些动漫时，我们会发出“哦”“我知道”这些声音。

教师：为什么会说“哦”“我知道”啊，你能从中感受到什么样的味道呢？

晓晴：就是很熟悉、很怀念的味道。

教师：好，请坐。所以你特别沉浸于哪一种、哪一个？

欣怡：我记得小时候特别喜欢捉迷藏，我刚才听到我周围的同学一直在傻乐，我觉得挺开心的，这些东西都是我们小时候最纯真的回忆。

教师：小时候最纯真的回忆，就是我们童年最美好的记忆。

若芃：我上幼儿园的时候喜欢看《天线宝宝》，看完之后就和旁边的小朋友一块演。

教师：你演谁？

若芃：我演那个紫色的。

（同学说叫“丁丁”。）

教师：其余的叫什么？

生七嘴八舌说：迪西、拉拉、小波。

教师：童年的趣味就是来得这么简单，虽然仅仅是去模仿。

祝昊：上小学的时候我们院里很多孩子都是和我一个年龄段的，每到晚上放学之后，在院里嚎上一声就能下来十几个和我一样爱玩滑板的孩子，我们就在并不大的院子里追逐嬉戏，有的甚至在泥土里都能滑上一阵。

教师：那技术够高的了，滑板上的记忆。好！

叙睿：我小时候在老家并没有什么地方特别好玩，那时候我还小，我就特别喜欢看《奥特曼》。晚上九十点的时候泰安有一个电视台专门演，我看累了就趴在我妈腿上睡着了。

教师：多么温馨的场景啊！来，奥特曼的经典动作。

（教师示意，学生不约而同齐做。）

教师：这个动作在此时此刻又有了不同的意义了，对不对啊？看到这些图片，我们听到了来自童年的呼唤，在这个过程当中我想我们都找到了童年这块最温馨的地儿了。很多人在告别童年后又时常去回忆童年，咀嚼童年的味道，那么，我们也读过很多这样的文章或者作品，有没有让你记忆特别深刻的啊？

思莹：我印象比较深刻的就是《城南旧事》，现在再去回读，能够从文章中读出时间缓缓过去，感受到童年的那份纯真与快乐。

教师：童年的记忆总是那么美好，让我们去深深地怀念。

圆融：我读过一本书叫《窗边的小豆豆》，特别好玩，讲述了主人公小时候一些特别的经历。

教师：我觉得凭你的才情，你也可以写出那样的文字来。

张溱：我记得老师给我们看过一个电影《草房子》，讲述了主人公小时候的事情，他的同学，他的家长以及在草房子里的故事，特别感人，特别温馨。

教师：特别感人，特别温馨。小时候不仅有玩伴，还有我们难以割舍的记忆，可能有人，有物，有情，那么我们在学过的文章里面看没看到过鲁迅的童年啊？

生：看到过。

教师：老师给大家摘出来了，我们重新用童年的眼光来看那时的鲁迅是什么样子的呢？找同学读第1段。

［屏幕显示］

冬天的百草园比较的无味；雪一下，可就两样了。拍雪人（将自己的全形印在雪上）和塑雪罗汉需要人们鉴赏，这是荒园，人迹罕至，所以不相宜，只好来捕鸟。薄薄的雪，是不行的；总须积雪盖了地面一两天，鸟雀们久已无处觅食的时候才好。扫开一块雪，露出地面，用一支短棒支起一面大的竹筛来，下面撒些秕谷，棒上系一条长绳，人远远地牵着，看鸟雀下来啄食，走到竹筛底下的时候，将绳子一拉，便罩住了。

教师：没有什么有趣的事情，鲁迅就自己去找，这里面有没有你的影子呢？好，找同学读第2段。

［屏幕显示］

三味书屋后面也有一个园，虽然小，但在那里也可以爬上花坛去折蜡梅花，在地上或桂花树上寻蝉蜕。最好的工作是捉了苍蝇喂蚂蚁，静悄悄地没有声音。然而同窗们到园里的太多，太久，可就不行了，先生在书房里便大叫起来："人都到那里去了！"

教师：好，请坐，你看出了一个什么样的鲁迅啊？特别调皮、特别好玩的鲁迅。其实我们在回忆童年的时候，你有没有独创过可以让你陶醉其中的趣味小游戏，有没有调皮过，有没有不听妈妈、老师的话自己偷着出去玩过，有没有惦记过窗外的小鸟呢？是不是有我们些许的影子啊！其实童年的很多事情，我们现在回忆起来还会忍俊不禁。找同学读一下（一生一段）。

［屏幕显示］

①五六岁的时候，我有个奇怪的嗜好：喜欢闻汽油的气味。我认为世界上最好闻的味道就是汽油味，比那种绿颜色的明星牌花露水气味要美妙得多。而汽油味中，我最喜欢闻汽车排出的废气。于是跟大人走在马路上，我总是拼命用鼻子吸气，有汽车开过去，鼻子里那种感觉真是妙不可言。有一次跟哥哥出去，他发现我不停地用鼻子吸气，便问："你在做什么？"我回答："我在追汽车放出来的气。"哥哥大笑道："这是汽车在放屁呀，你追屁干吗？"哥哥和我一起在马路边前俯后仰地大笑了好一阵。

②笑归笑，可我的怪嗜好依旧未变，还是爱闻汽车排出来的气。因为做这件事很方便，走在马路上，你只要用鼻子使劲吸气便可以。后来我觉得空气中那汽油味太淡，而且稍纵即逝，闻起来总不过瘾，于是总想什么时候过瘾一下。终于想出办法来。一次，一辆摩托车停在我家弄堂口。摩托车尾部有一根粗粗的排气管，机器发动时会喷出又黑又浓的油气，我想，如果离那排气管近一点，一定可以闻得很过瘾。我很耐心地在弄堂口等着，过了一会儿，摩托车的主人来了，等他坐到摩托车上，准备发动时，我动作敏捷地趴到地上，将鼻子凑近排气管的出口处等着。摩托车的主人当然没有发现身后有个小孩在地上趴着，只见他的脚用力踩动了几下，摩托车呼啸着箭一般蹿出去。而我呢，趴在路边几乎昏倒。

教师：嗯，这个遭遇，读得很好，不过有一个读音需要注意，"弄（lòng）堂"，那结局怎么样呢？

［屏幕显示］

③那一瞬间的感觉，我永远不会忘记——随着那机器的发动声轰然而起，一团黑色的烟雾扑面而来，把我整个儿包裹起来。根本没有什么美妙的气味，只有一股刺鼻的、几乎使人窒息的怪味从我的眼睛、鼻孔、嘴巴里钻进来，钻进我的脑子，钻进我的五脏六腑。我又是流泪，又是咳嗽，只感到头晕眼花、天昏地

黑，恨不得把肚皮里的一切东西都呕出来……天哪，这难道就是我曾迷恋过的汽油味儿！等我趴在地上缓过一口气来时，只见好几个人围在我身边看着我发笑，好像在看一个逗人发乐的小丑。后来，猛烈喷出的油气把我的脸熏得一片乌黑，我的模样狼狈而又滑稽……

④从此以后，我开始讨厌汽油味，并且逐渐懂得，任何事情，做得过分以后，便会变得荒唐，变得令人难以忍受。

教师：这是节选自赵丽宏《童年笨事》的一部分文字。在文中，他回忆了小时候闻汽油味的事情，现在看来似乎很傻，但是当用文字记录下来回味的时候，却是略显无知的一种乐趣。

我们在小时候的鲁迅身上看到了一种顽皮，在小时候的赵丽宏身上又看到了痴傻的那股劲。小时候，我们总是能发现各种各样的乐趣，陶醉其中；小时候，我们总是会做很多自认为聪明的傻事，令人忍俊不禁；小时候，哪些记忆让你至今铭记，是童痴、童乐、童真，还是……？我们一起来分享一下。

张溱：小的时候我很贪玩，一下课不写作业就和小伙伴去玩，有一次干了一件特别傻的事情。我们发现空调下面长了一个特别大的石榴，我们几个就要去摘，但是前面有一堆灌草木什么的挡着，我们爬了过去，发现全是蜘蛛网，最后我们摘到了，打开一看全是蚂蚁。

教师：少年溱的冒险记。

紫璇：我小时候经常玩一些无聊的事情，记得那时院里长了一些狗尾巴草，我就和几个同伴拔了弄出籽来，我们挖了一个坑，把籽放进去，还倒了很多很多水，最后籽都飘起来了。我们就等啊等，等了好久还没发芽，我们就又把土挖开再浇水。长大了才知道根本不可能发芽。

教师：你刚才说这是一件无聊的事情，可是我刚才从你脸上读出了一种幸福的味道，为什么呢？

紫璇：因为我觉得这种事长大之后不可能再有第二次机会去做了。

教师：狗尾巴草旁的等待，等待的又何止是它的发芽呢！继续。

欣玥：小时候去爷爷家，爷爷家在农村，中午睡觉的时候爷爷习惯关上大门但是不上门槛，我就特别喜欢从门槛底下偷偷钻出去找小伙伴们玩。当时觉得特别好玩，也不觉得脏。有一次，不知道是我长胖了还是什么原因，卡在里面进，进不去，出，出不来了。我就使劲喊，最后爷爷把门打开了我才出来，从此我再也不钻门槛了。

教师：不走寻常路的遭遇。

庆一：我也是小时候去爷爷家，爷爷家有一个院，院都是用土铺的。因为我看电视上赛车挺好玩，我就用钩炉子的火钩子把院都给刨了，刨了之后就赛车，结果把车都给弄坏了。

教师：你把院都给刨了，你爷爷怎么看啊？结局怎么样？

庆一：我爷爷过来，我"嗖"的一下就跑了。

教师：谁说劳动是美的？此时劳动是悲摧的，是不是？一次别样的劳动。

冀政：小时候我自己在家看天气预报，我坐沙发上看主持人总是看着我，我就想他怎么老看着我呢。我就站起来左转右转，前转后转，他怎么还看着我呢？最后我也知道怎么那么大劲，把电视搬来搬去，还是感觉他总看着我，于是我把电视从电视柜上"哐当"一下弄下来了，电视就摔坏了。

教师：转我还是转电视。继续。

一凡：我说一个事，大家别说我坏啊。小时候和小伙伴特别喜欢和院里的猫玩，有一次看见野猫在舔它的毛，我们就想为什么它不去洗个澡呢。于是我们几个就从阳台上拿那种大的塑料桶，灌满水，有一个伙伴把猫抱进去，猫"哇"的一下就跑出来了，溅了我们一身水，我们又试了好几次，猫就是不进去。长大了之后，养猫人告诉我野猫是不用洗澡的，在地上打个滚就好了。到现在对那只猫都怀有一丝歉疚。

教师：你不坏，但是我想你可以写篇文章来纪念它。《猫，我还想为你洗次澡》。

石宸：我小时候做过一件事，现在想想挺危险的。就是过年的时候，我和伙伴们买了一大把滴滴筋，不知道怎么放，我们就从别人家找来了放过的礼花筒子，把里边的芯全拔出来，然后把滴滴筋全塞进去，往里扔了一根点着的火柴。等了半天没动静，我们就都围过去看，突然“轰”的一声炸开了，幸亏我闪得快，一点事没有，可是那几个小伙伴脸上的毛都被烧干净了。

教师：毛？

石宸：眉毛和前面的头发。

教师：那可怜的“毛”，你应该把它记下来，追忆自己的童年，也告诉自己安全第一。

晓晴：小时候我们的院子很大，有一个人在院里搭了一个棚子，养了一些鸽子。一天，我们想去看看那些鸽子，走过去发现有一只狗，那只狗看见我们突然叫起来了。我们就感觉跟偷鸡似的，吓得赶紧跑，结果跑到了一个死胡同，想了很多办法都出不去。这个时候狗还在叫，可是并没有追过来，我们偷偷过去一看，发现狗被拴在门上了。

教师：虚惊一场。

（还有很多同学举手想和大家一起分享。）

教师：在刚才大家说的过程当中，我觉得此时此刻我是一个特别幸福的人，因为我看到了虽然每个同学的童年是不一样的，但是那种快乐和幸福的味道是一样的。小时候我可能做了一件坏事，但现在回想起来，也不失为一件好事，如果我们把它变作文字的话，那一定是我们活灵活现的童年。

所以，我们的童年记忆是非常珍贵的。

[屏幕显示]

童年记忆中，有童真、童趣、童痴、童心，有漫无天际的幻想，有各种各样的好奇，有我们最爱的动漫，有我们最熟悉的人，事，物……它们被记忆打成一个一个包裹，也就有了我们五彩缤纷的童年……当我们学会用情，用爱，用文字去表达它的时候，它将是最温馨的、最永恒的！

教师：它被我们打成了一个一个的包裹，成就了我们色彩绚丽的童年。现在包裹就在你的手中，是否在打开的那一刻你童年的一切都浮现眼前了呢？所以，我们应该珍惜这一刻，轻轻地朗读屏幕上的文字，一二。（生齐读）

［屏幕显示］

轻轻地唤醒童年，才发现，它从未离去，留有这么多儿时的记忆，丰富、清晰，

静静地去聆听它的声音，

哪怕是一句话，

如果可以，

用笔记下，

自己与自己此刻最浪漫的对话。

教师：如果可以，用笔记下。把你想说的，把你已说的都用一句话记到你的本子上，给你两分钟时间，能写多长写多长。

（学生写，教师随机拿取学生写的内容读。）

教师：①我的童年是在那田野上永恒的回忆。

②小时候，自己和玩伴们在小院里、在花园里嬉笑打闹，园中有一处荒凉的草地，我们用小木棍挖走一棵小草，又把它移到别处。

③童年如梦，梦幻的外表下是我那洁白的心，等待后来的经历去填补，但无论如何都会空出一片纯净的、童真的又似傻傻的小区域，蓦然回首，往事如烟。

我希望你继续写下去。

④火钩挖地，土地跑车，砖头拦水，塑料袋捉鱼，石头搭洗手盆，人造瀑布，不动开车。

想到了这么多啊!

教师：看到刚才几位同学回忆的童年，我想在座的你的笔下肯定也有一种别样的童年味道。现在请允许老师和大家一起分享咱班的小才女的文章《那时》。

如果在我读的过程中你心里也有感触，我希望你举手和我一起读。

那　时

我的童年是在姥姥家度过的。每天清晨听着鸡鸣起床，一睁眼就能看见柔和的阳光射进窗户，射到我的床上来。吃过早饭后，我就嚷嚷着让姥姥带我出去玩。其实出去玩，无非就是散散步，看看有没有什么新鲜的东西。

姥姥轻声答应着，牵着我的手出了门。走在乡间的泥巴路上，总感觉脚下湿润的土地是软绵绵的。抬头仰望天空，湛蓝湛蓝的天幕上，几朵如雪似絮般的云悠悠地飘浮着，太阳透射出明朗的光芒，和熙而又轻扬，温暖地洒在我身上。我总是指着天上的云自言自语："那个像小羊，那个像咱家的小白狗，还有这个像冰糕……"小时候总觉得天空是那么神奇，可以变幻出不同的云；总觉得天上住着一个穿蓝袍子的老爷爷，掌控着这些云。路边的野花肆意开放，如点点繁星点缀在草地上。路上有时遇见熟人，姥姥便和他们闲谈起来，爽朗的笑声响彻云霄。

晚上吃过饭后，我们也会出去玩。夜晚的天空比白天的更加神秘。天空仿佛被谁泼了一层墨，变成了墨蓝色。星星多得数不完，仿佛被谁撒了一把盐，颗颗如钻石闪烁在天幕上。小时候总觉得星星们眨着眼睛在互相说话。有时我会想他们在说些什么，还会想他们能不能看见我。在群星中最闪耀的当然是月亮了。明晃晃的月亮在夜间充当了照明灯，为人们带来一丝光亮。有时，我会坐在姥姥的腿上，她一边摇着我，一边用粗拙的手摩挲着我，给我讲嫦娥月宫的故事。

教师：同学们听完这篇文章之后，我有一个问题，这篇文章出自我们在座的一位同学，你认为具有什么情怀的人才能写出这样的文字？

欣怡：我觉得是对生活抱有一种美好的热爱，一份美好的期望。对于生活中的小事，她从来没有觉得烦琐过，而是认为它们是生活中最浪漫的点缀，丰富了自己的生活，让生活更加多姿多彩。

教师：期望，请写到黑板上。

钧陶：心中有一份淡淡的思念。

教师：思念，写到黑板上。

庆一：是一个乐观的人，拥有一份快乐的回忆。

教师：回忆，写到黑板上。

芯蕊：我觉得是有一些感触和一些经历的人。

教师：感触，写到黑板上。

冀政：我觉得是一个懂得享受生活、回味生活的人。

教师：享受，写到黑板上。

一凡：我觉得要对生活抱有一颗感恩的心。

教师：感恩，多么善良的姑娘，写到黑板上。

若芃：童真。

教师：好，写到黑板上。

德阳：对生活有感触。

教师：感触，我们已经有了，尝试换一个词。

德阳：回味。

教师：好，写到黑板上。

金子心：内心比较淳朴。

教师：淳朴，写到黑板上。

思莹：有一颗细腻的心，能够在寻常中发现一些浪漫的东西。

教师：善于去回忆，有一颗细腻的心。好，细腻，写到黑板上。

教师：还有补充吗？好，这是大家对作者写这篇文章时所怀有的情怀的看法。请允许我采访一下这篇文章的作者王馨，你是出于什么想法写下了这篇文章呢？

王馨：这些都是我儿时最真切的事情，当夜深人静的时候，当感到疲惫的时候，这些人，这些事就像一颗一颗珠子一样浮现在脑海中，我就特别想把它们捡拾起来，串起只属于自己的记忆。就是特别想记录下来，不断地回味。

教师：童年是最美好的回忆，我们对它最大的尊重就是用文字去书写它。当午夜梦回时，萦绕心头的，定是甜甜的真，甜甜的笑。

（教师指着黑板上同学们写的词语。）

教师：这些都是我们所拥有的，我们需要做的就是梳理一下记忆的片段，莫要辜负了童年的馈赠。

童年虽然短暂，却是最快乐、最温馨的，它是生活不可或缺的一部分。平凡的生活，平凡的我们，然而在有爱的人、有情的人眼中，没有平凡，只有神奇。

（板书：童年　情爱）

我是幸福的，因为我看到了你们童年最快乐、最阳光的一面，也看到了这份快乐在你的成长过程中一直在延伸，从未间断，你听到这样的声音了吗？

［屏幕显示］来自同学间富有感染力却经常被忽视的照片

教师：这就是我们的生活，我们的文字，我们的“一米阳光”，我们的喜怒哀乐……

（板书：喜　怒　哀　乐）

教师：老师特别希望你们在之后的人生历程中能够幸福快乐，阳光能够照到你人生经历的每一个角落。但是，我们的人生历程中肯定有阳光照不到的地方，或者是对于我们个人，或者是对于我们的社会，或许是对于我们内心，会有一丝痛楚，那这样的痛我们可不可以写？这样的批判我们可不可以写？

圆融：我觉得可以，只要能够表达出我们的真情实感来就可以。

教师：只要是真实的表达就是好的，真实，好，请坐。

德阳：只有内心是美好的，才能写出美好的文字。

教师：如果我们的内心只有阴暗，只有诅咒呢？

德阳：这样的文字太阴暗，太压抑，应该阳光一些。

教师：再阳光一些，但是这是我的真话。你觉得可不可以写？

德阳：最好不要写。

教师：你有明确的判断。

王馨：我个人认为是可以写的，因为写文字也是一种倾诉，可以把内心的痛苦写进文字里，但是内心还是要阳光的。

教师：让阳光照到我们内心，有阳光就没有阴暗。

若芃：人都是有七情六欲的，既然你觉得自己内心不是很开心，那就没有必要强装笑颜，把自己的一切都倾诉出来，通过文字表达出来，我觉得就挺好了。

教师：阴暗的一面虽然是真实的，但是在考场上却是不行的。所以我们一直都提倡作文要追求真善美，不要假恶丑，下面我们一起来分享一首诗。其智，你来读一下。

我爱这土地

艾　青

假如我是一只鸟，

我也应该用嘶哑的喉咙歌唱：

这被暴风雨所打击着的土地，

这永远汹涌着我们的悲愤的河流，

这无止息地吹刮着的激怒的风，
和那来自林间的无比温柔的黎明……
——然后我死了，
连羽毛也腐烂在土地里面。
为什么我的眼里常含泪水？
因为我对这土地爱得深沉……

教师：最后一句话，大家一起来读“为什么……”

教师：不够，再读。

（生齐读。）

教师：这是在抗日战争时期，艾青面对破碎的国土写下的文字。龙应台也写下了这样的文字：（教师读）

我无可救药地爱着这片让我痛恨的土地……

——龙应台《中国人，你为什么不说话》

哀其不幸，怒其不争。

教师：这些批判背后是诅咒吗？当然不是。如果你写的是批判的文字，如果你的文字背后有一种理性的思考，那这样的文字老师是欢迎的。

（板书：理性）

教师：其实，不是应不应该写的问题，而是我们应该怀着怎样的情怀去写的问题。如果你抱着一份执着的爱和一种对这个社会的深沉的关注的话，我想这样的文字不管放到哪里，日记也好，考场作文也好，都是被允许的。

［屏幕显示］

用笔与美好结缘　用文与丑陋对抗

教师：我们有我们的周记……

［屏幕显示］

我们的周记

我们的日记

我们的“一米阳光”

我们的随笔

我们的读书笔记

我们的喜怒哀乐

我们的善于积累、善于聆听的心灵……

教师：这些都是我们的生活。

最后分享一段话：

写小说，不然对不起沸腾过随即凝聚在身边的历史，

写散文，不然对不起流淌在胸间的万般感受，

写童话，不然对不起眼前光怪陆离的幻象，

写短诗，不然对不起耳畔琤琮（chēng cóng）变化的音符，

我写，因为我有！

我写，因为我爱！

教师：童年有谁不爱，生活又有谁不爱呢？生活有谁没有，童年又有谁没有呢？由此，静下心来，去听听花开的声音也不错。

教师：订正一个错别字“腻”，应该怎么写呢？遇到不会的字大家可以用什么方法解决？

生：查字典。

教师：好，下课。

悟　课

“少年听雨歌楼上，红烛昏罗帐。壮年听雨客舟中，江阔云低，断雁叫西风。而今

听雨僧庐下，鬓已星星也。悲欢离合总无情，一任阶前点滴到天明。”蒋捷的这首词以“听雨”为媒介，将几十年大跨度的时间和空间相融合。少年只知追欢逐笑，享受陶醉；壮年飘泊孤苦，触景伤怀；老年寂寞孤独，一生悲欢离合，尽在雨声中体现。

如诗所言，生活平淡却有味，这种味道是在不同的人生阶段或主动或被动地体味生活、感受生活的所得所获，这是源于生活的恩赐。我们的学生正值十三四岁，他们已经告别了童年，迈向了少年，童年的味道在点滴回忆中或欣喜，或悲伤，或留恋，或温情……这节课正是从学生的童年生活着手，去分享他们丰富多彩的童年生活，去品析作品中的童年滋味，去感受同伴笔下难忘的美好时光，动静结合，笔尖流淌的是学生独一无二的生活印记。借此启发、引导学生发掘童年的素材，形成一种审视作文素材的意识：留意生活、反思生活、感恩生活。

这节课后半部分通过老师的过渡，引发学生对作文中该不该写痛楚、丑陋与批判的讨论和思考，让学生进一步理解“我写，因为我有；我写，因为我爱”。只要心怀对这个世界的感恩和热爱，我们就可以用笔与美好结缘，用文与丑陋对抗。

（执教人：王金峰）

课例三

这样教《丑小鸭》

教学主张

《丑小鸭》是人教版七年级下第一单元的一篇文章。这个单元的教材设计主题是“成长”。所以，在对教材进行解读的过程中，要紧密结合这一点实施。

《丑小鸭》是安徒生的名篇。故事讲述了一只丑小鸭如何历经重重困难最后成长为白天鹅的故事。传统的理解有“是金子总会发光”“不屈从苦难顽强抗争，就会走过严寒迎来春天”，丑小鸭变白天鹅也成为一个励志故事。也有从安徒生自己的经历与故事进行对照阅读的，这样更能够理解安徒生创造这个故事背后的有关他自己崎岖的成长之路。不同的理解形成不同的教学设计，但童话带给人的美好总是不变的。

再读这个童话，我发现这个故事讲述的实际上是一个被世俗社会判定为“异类”的个体，如何艰难地穿越重重羞辱、排挤、打击、嘲讽，如何努力地保护自己的棱角不被磨平，珍藏着他自己的名字，不改初心，不断地离开，不断地寻找，最后实现超越，成长为最美的自己的故事。这一理解来自童话中对两个场景的刻画：养鸡场和农家小屋。丑小鸭之所以被贬抑，一是他长得不合乎“规范”，这就是“丑”的来源；二是他没用，不能生蛋，不能拱起背“咪咪”叫，不能迸出火花，而在农家小屋里，只有这样做才有用处，才能生存下去，其他的想法都被视为“异端”。由此可以看出这个故事背后深层的意蕴：严苛单一的社会律法对个体是一种多么大的屠杀。如果个体想要在此环境中生活，就得减掉翅膀，就得低下头，而渐渐沦为庸人。反过来讲，如果不甘平庸，就得保守好自己的初心或者梦想，并且在不违背社会律法的前提下，寻找属于自己的一片天空，一方水塘。

基于这样的理解，我把教学设计的中心放在了“天鹅蛋不管在哪里都会成为白天鹅吗”这一问题上，通过深入阅读领悟以及合理推测、讨论比较，达到教学目标。

课堂实录

由“丑”入题，自然导入

师：你认为什么是“丑”？

（学生简答后小结：不好看，不协调，凌乱，崎岖。）

师：大家都喜欢“美”，喜欢被人称为“帅哥”“美女”，没人喜欢丑，可今天我们要走近的却是一只“丑小鸭”。

理“不幸”路，感“悲苦”情

师：丑小鸭的故事在我们很小的时候就听妈妈讲过或者自己读过，他本来是一只天鹅蛋，只不过命运跟他开了一个天大的玩笑，让他降生在一群鸭子中间，成了众鸭眼中的“丑小鸭”。这只可怜的丑小鸭都经历了哪些不幸？读给伙伴们听，让我们走进丑小鸭蜿蜒生命的溪流中去，倾听他一路颠簸的足音。

预设：（若简练不超过5个，若啰嗦不超过3个。给予鼓励和肯定。）

1. 在养鸡场：被啄、挨打、被排挤、被讥笑，不仅来自鸭群，而且来自鸡群，甚至他的兄弟姐妹、他的妈妈，都不能容忍他的“丑”，小小的他只好逃走了。

2. 在沼泽地：野鸭也嘲讽他，说他丑得厉害，拒绝丑小鸭破坏他们家族血统的纯正，是一种不加掩饰的看不起。沼泽地里猎人的枪口，扑通扑通跑来的、舌头伸得很长、眼睛发出丑恶和可怕的光的猎狗，唯一接纳他的两只公雁死在了猎人的枪口下，血腥染红了丑小鸭的眼睛，恐惧攫住了他的心，生命中唯一的一抹暖色消失了。

3. 他要一个人面对泥泞的沼泽地、空旷的原野、寂寥的牧场，一个人奔跑在咆哮的狂风中。

农家小屋里，他因为不能生蛋，不能把背拱得很高，不能发出咪咪的叫声，更不能迸出火花，而受到猫和母鸡的打压，他的不同的想法更遭到嘲讽。他在这里不被理解，倍感孤独。

4. 他一个人领受秋天的冷风、沉重的云块、冰雹和雪花。他一个人领受冬天的严寒，不得不拼命地游来游去，但最终跟冰块结在一起。

善良的农夫救了他，小孩子们想跟他玩，但因为他长期被迫害而产生的自卑恐惧心理，错把这一家人的好意当成了伤害，又一次狼狈出逃。

总之，丑小鸭承受着身体和精神上的双重苦难，恶劣的、充满不可知的自然威胁着他，异类族群的嘲讽排斥击打着他脆弱的心灵，使他变得极度自卑，小心翼翼。

据实推测，探“蜕变”源

师：丑小鸭悲惨的命运一定会触动我们内心最柔软的地方，只要你是一个有同情心的人。可是，当我们还在为他痛心流泪时，读到文章最后，我们又笑了，因为丑小鸭终于越过了丑陋的沼泽，越过了冷漠的严冬，越过了不幸的阴霾，他的生命，春暖花开。

按常理来说，丑小鸭怎么会变成天鹅呢？其实，丑小鸭本来就是一只天鹅蛋，所以，即使留在养鸡场，或者老太婆的农家小屋，或者任何地方，他都会变成一只白天鹅。你同意吗？

设计说明：

1. 此环节为阅读讨论深入探究，要求学生依据课文，做合理的推测。探究思路为：先读懂养鸡场和农家小屋是怎样的一个世界，这要通过阅读相关语段实现；然后据此推测丑小鸭如果要在这里生存下去，得做怎样的改变才能被接纳；最后再看看做出改变的丑小鸭是否能够变成白天鹅。

2. 根据两部分的不同特点，“养鸡场”部分只需要引导学生朗读，而“农家小屋”部分因为内容丰富、对话有趣，所以安排“分角色朗读”，生动地再现原文情境。

预设：

1. 如果他待在养鸡场……

养鸡场是怎样的一个世界？

充满了偏见、不宽容甚至暴力。那么可以推想，丑小鸭要在这里生存下去，就得适应这个环境，忍辱负重，在遍体鳞伤中生活；甚至他可能活不过这个秋天，就被啄死、踢死，就不可能变成天鹅；也许我们还可以大胆地猜想一下，他学会了还击，变成了一只庸俗不堪的“暴力鸭”……

总之，在养鸡场这样一个环境里生存下来的丑小鸭，我们无法设想他能成为一只洁白优雅的天鹅。

2. 如果他待在农家小屋……

农家小屋是怎样的一个世界？

残破即将倒塌的屋子、自以为是的母鸡、献媚邀宠的猫、功利的老太婆，他们以为这就是整个世界。

如果丑小鸭待在这里，听从母鸡的教诲，那他有可能拼命学习各种技能，以赢得老太婆的欢心，比如：学习歌唱，愉悦老太婆的耳朵；学习蹭痒痒，愉悦老太婆的脚踝；或者用他嘎嘎的叫声，警示闯入小屋的可疑人等……最终他成为了把摇摇欲坠的残破小屋当作辉煌宫殿的“我和我们的世界”中的忠实的子民。

总结拓展：

在重读课文之后，我们发现丑小鸭变成天鹅，不仅仅因为他天生是一只天鹅蛋，还因为他没有屈从于嘲讽和偏见，面对傲慢与无知，他选择了聆听自己内心的声音，选择了离开。

出示《千与千寻》与《牧羊少年奇幻之旅》里面的话，进一步加深学生对“不丢失自己内心的渴望，做最好的自己”的理解。

配乐朗读，悟“天鹅”美

师：正是因为离开，正是因为他没有放弃自己内心的渴望，他才走过萧瑟的秋、严寒的冬，走进了他生命中的春天。女生齐读相关语段。丑小鸭变成了一只美丽的天鹅。她的美不仅仅在于姿态的优雅，她还美在哪里？

预设：在外界的偏见和打击中，只要不违背善，听从自己内心的声音，就能做最好的自己。

走出童话，思考人生

师：你的身边有“丑小鸭”吗？

预设：丑小鸭的路几乎是每个人的路，再聪明的脑袋也有智慧的光亮照不到的地方。所谓“金无足赤，人无完人”，也许曾经，也许此刻，也许未来的某一个时刻，你就是一只丑小鸭。我们每个人都是被上帝咬过的一只苹果，我们每个人都要接受这种残缺，通过自己的努力，不断地去认识自己、发现自己、成全自己。有的人受上帝偏爱，狠狠地咬了一大口，她的世界没有光亮，也没有声音，她生活在无底的深渊里，但她成为作家、社会活动家、演讲家，她的作品鼓舞了无数人，她的名字叫：海伦·凯勒；他被禁锢在轮椅上，只有三根指头能够活动，医生预言他只能活两年，但他的目光穿越生命和宇宙中不可知的黑洞，成为伟大的物理学家，最大限度地成全了自己，他的名字叫“霍金”。

致敬作者，阅读延伸

师：为我们带来如此动人的童话世界的作者、蜚声世界的安徒生也曾经是一只丑小鸭，可是他却以爱和真理去回馈灰色的世界，想离他更近一些吗？去读他的传记《安徒生自传》吧！

（执教人：张萍）

课例四

《信客》教学实录

教学主张

这堂课是“电影剧本写作”学习项目的一个展示环节。其基本目标是学生能通过在情境中的观摩、讨论、评价和反思，提升对《信客》文本的认识，同时提升思维能力，培养核心素养。

既然是成果展示课，就必须介绍该活动的整体情况。活动的形式是基于项目式的学习（Project－Based Learning），学生通过在真实情境中完成一个具体的任务而获得发展。这个活动的项目就是完成一部电影剧本的写作。整个活动分为以下几个环节：

1. 项目起始课

在起始课上，教师向学生公布需要完成的任务，并引导学生展开讨论——如何才能写好一个电影剧本。学生在讨论过程中会产生各种疑问，教师适时地加以点拨，并辅以相关的资料，让学生认识到电影剧本的特征。在这个项目中，教师在起始课上提供了电影《国王的演讲》5 分钟片段及相应的电影剧本文本，让学生初步感知电影剧本的形式。

2. 电影剧本的改编

学生自主阅读《信客》一文，任选一个部分将其改编成电影剧本。

3. 课堂展示与研讨

第三个部分就是本节课的主要内容。在这个环节中，学生通过展示作品，研讨细节，在交流中达成对文本的深度理解，同时体会语文学科的基本思想方法。

4. 反思与提升

最后一个环节是在课堂展示之后进行，每个学生针对自己的作品进行反思，并改进自己的作品。

课堂实录

情 境 导 入

《信客》一文将被拍摄成电影。全国许多著名“编剧”纷纷投稿，希望自己改编的剧本呈现在荧幕上。为此，“山东大学附属中学 2015 级 10 班电影公司”召开了一次内部会议，专门讨论该用哪一个剧本。

师：同学们好，请坐！我们今天进行一场特别的活动，大家看一下屏幕，上面是我们同学为这次活动绘制的两幅海报，绘制得很精彩，但是有一点不太准确，10 月 18 日我们这个电影还没有上映呢。我们班级的影视公司准备拍摄《信客》这个电影，消息放出来以后，全国各地的著名“编剧”给我们投来了很多稿件，到现在为止一共收到了 7 个剧本，但我们只能用一个剧本拍这部电影，怎么办呢？于是我们今天专门召开一个内部会议来讨论一下我们用哪一个剧本。各位“导演”现在已经准备就绪了，我们昨天已经把相关的材料发给大家，也让大家回去进行阅览。接下来请各位“导演”分组进行讨论，选出你认为优秀的剧本，并且就里面的细节说明一下理由，时间 3 分钟，现在开始吧。

［屏幕显示］

请各位“导演”分组讨论，选出自己认为优秀的剧本，并说明理由。

评审小组讨论

（学生热烈讨论。）

师：好，时间到，各位讨论得非常激烈，请发表你的观点，你支持哪一个剧本？

生：我支持第 4 篇剧本，因为它有其他 6 篇都没有的东西，就是这个马。其他同学要么写信客独自去送信，要么是骑着自行车，只有他写的是马，马是一个有生命力的动物。而且他也没有直接写信客怎样累、怎样难受，而是写马儿瘦得皮包骨头已经没了力气，所以说马儿已经瘦成这样，人会怎么样呢？给我们一个想象，会想象信客会怎么样，比直接写要生动。最后一段的特写非常精彩，演出来的话非常有视觉冲击感。

师：好。总结两点：第一点是详细地描写了马，有合理的想象；第二点是最后的细节非常到位。他的理由还是比较充分的。还有没有不同的意见？

生：我觉得第6篇非常好，因为该篇运用了与其他作品不一样的描写。这个剧本的作者是从课文的结尾开始写的，不像其他的剧本是从头写到尾，他自己运用了更加生活化、更加真实的场景，从回忆开始写起，直至写到他辞去工作的那部分，我感觉他这一部分顺序处理得非常巧妙，有自己的思考。另外，他在表现人物感情方面做得非常好，可以再增强一下感情表达的力度。但是他对课文顺序的调整以及对于剧本的思考是值得肯定的。

师：这位"导演"的眼光非常犀利，找到了它一个很大的亮点，就是能调整顺序，采用倒叙的方式，在叙述的过程中能更好地抓住读者，吸引读者的注意力。好，还有没有不同的想法？

生：我比较喜欢华敏的剧本，因为他的作品读起来镜头感很强，经常有一些镜头特写、镜头转向以及镜头拉远拉近的描写；另外，他还着重描写了非常多的细节，比如拆看的过程，还有同乡打信客耳光的一段，读起来感觉非常精彩。我觉得唯一一个缺点是画外音有些多，可以减少一些，用一些细节、动作、信客的心理描写来代替。

师：这位同学评价得非常全面。一方面，我们的剧本应该有画面感，怎么才能有画面感呢？你的头脑中首先应该有一个画面的想象，然后用你的镜头语言表现出来。另一方面，这位同学还给了一个改进的建议，画外音比较多，我们可以思考一下，用更形象的语言描述出来。

（学生踊跃举手。）

生：我也觉得华敏写得比较好，他的环境描写很细腻，因为一切景语皆情语，环境描写更能触动人们的心理。1、4、6、7篇都有共同的特点，语言比较朴实，比较符合农村人说话的方式，在语言方面非常贴近真实的生活。

师：说得太好了！一切景语皆情语，人们看到的风景即是他内心的情感。而且大家在创作剧本的时候，应该注意人物的身份。非常好！除了我们刚才提到的这些，还有没有其他的剧本你觉得也很好？

生：我觉得许同学的剧本非常好，他对奶妈还有村民等人物刻画得非常好，对于表现老信客失信于人以及表现村民对他的讥讽很有效果，尤其看村民A、村民B、村民C之间的对话，就有非常明显的讽刺意味。但是这里面也有一个问题，剧本中出现了“北平”这一说法，作者写这篇文章的时候是1994年，我查了一下资料，1949年9月27日北平就正式改名为北京了，所以这儿是有误的。

师：好，你读得太细了，很好。我们要尊重事实，要考证，我们的“编剧”其实读得很细，但我们的“导演”读得更细，非常棒！还有没有我们没提到的？

生：我认为徐嘉彤同学的好。她的剧本非常有画面感，当我们读这些文字的时候，头脑中自然而然地就会出现这些画面，同时他补充了非常多的情节，比如说信客私自把一小段红绸剪了下来，这个剧情非常有真实感，也很符合逻辑。

师：我们曾经说过，记叙文的生命就在于细节，只有有细节才有感染力，而我们的“编剧”在写剧本的时候注意到了这一点。我们说了6个了，还有没有？

生：我觉得颜嘉骏同学的剧本好。通过我的阅读，我发现在每一段的开头或者结尾他都会加一些环境方面的描写，细节描写十分重要，他将自己的感受写进了环境描写中，这是他的一大特色。我觉得这个特色有两个作用：第一个作用是可以突出严同学写这个剧本时的一种感受和心情，第二个作用是突出了信客的世界里时间的变迁，时间流逝得非常快，信客也逐渐地变老。

师：你分析得非常到位！说实在的，剧本的最后一部分是最难写的，颜嘉骏同学也给自己一个挑战。好，请坐！现在的情况是每一段剧本都有人支持，不相上下，怎么办呢？我们还是要选出来一个。为了确定方案，我们决定把“编剧”叫到现场，我们来和他们一对一地交流交流。我们请7位“编剧”谈一谈自己创作的理念和感受，其他同学如果有问题可以现场提问。我们按照这个顺序来，从生1开始吧。

与“编剧”面对面

生1：首先，我为什么要写第一部分？因为这里面最让我感动的就是那位老信

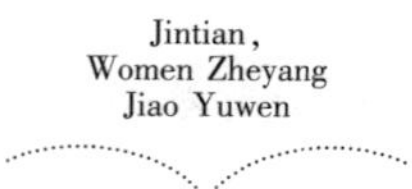

客，他说了一句让我感动的话，也是我写的时候感触最深的一句：“我名誉糟蹋了，可这乡间不能没有信客。”其他人的误会、误解让大半辈子都在外奔波的他失去了活计，但是他第一刻想到的不是他自己，而是这乡间。所以我才选择第一部分，而且我越写越能感觉到老信客的人物形象开始在我面前活灵活现起来，我也是着重挑选了一些细节、语言和动作，我觉得我写的语言还是比较生活化、比较朴实的，我觉得这也是我文章的一大特点。我觉得唯一不足的是结尾还是太过仓促，最后老信客目送年轻人走并且嘱咐年轻人小心的部分我还没有表现出来，这也是我需要改进的地方。

师：分析得非常精彩，我的个人意见是她对于人物语言的把握还是很好的，有没有想提问的？有没有想针对里面某个细节提出疑问的？如果没有的话，我们进行下一个，由第二位“编剧”继续。

生2：在之前的讨论中很多同学都提到了要注意描写细节，我在写的时候就在想怎么能把细节写好，主要是通过很多细节去塑造人物形象。后来我又重新读了几遍文本，发现可以在脑海中想象自己所读到的画面，我结合自己的想象，在脑海中形成了一部电影，再把脑海中的电影写下来，就成为一个剧本。其实在平时的写作中也是这样，我把自己看到的、听到的、经历的在脑海中形成一部电影，结合自己的感受写下来，就是一部不错的作品。

师：刚才这位同学谈到了，当你没有思路的时候应该重新回到文本，去反复解读文本，这个时候你会有更多的灵感。有请第三位“编剧”。

生3：我这次写的是课文的第二段，因为它的内容令我特别感动。当信客流了几身汗，赔了许多罪，受了许多委屈走出死者的家之后，还记着“我”一定要干这件事，因为乡亲们需要“我”。这种忠于职守以及无私奉献的精神让我特别感动。在我写的时候我感觉信客就在我的面前，我目送着他赶路，又看见了他所有的动作，所以就写下来了。

师：抓住一个细节来写，这是我们可以借鉴的方法。老师在读到这个地方的时候心里也是非常感动，我就感叹，有的时候有些事情我们不愿意去做，但还是要去做。人生就是一场艰难的平衡，你必须要协调各种各样的外在限制或者压力，对于这个剧本，同学们有问题吗？

生：我觉得他写的死者家属的这段话不是很合理，因为我觉得家人应该侧重对死者的伤感，但是这里明显是对信客有不满，直接是冲着信客来的，所以我觉得不太合逻辑。

师：他认为这段内容存在这个问题，那么“编剧”同学同意吗？来回应一下。

生3：这个我是同意的，因为写的过程我一直没休息，所以写到后面我可能……（学生们笑）

师：“编剧”同学非常谦虚，我们不可能非常完美，出现问题我们可以再修改，这种态度是值得肯定的。好，还有没有？

生：我觉得有一个地方不太符合逻辑，既然是一个中国人，是一个村子的人，那她一定知道城市的存在，但结尾处这个农妇又问上海在哪个村。我认为即使是一个农妇，也应该知道上海是一个城市。

师：这是陈庆安同学的观点，有不同意见吗？

生：我觉得这样写更能体现出农妇女的没有文化和信客的不易。还有一点，剧本中提到“公墓”，我觉得这点不太对，因为农村都是自己办丧葬，不会放在公墓里。

师：好，我们还有一些细节需要详尽地考证一下。对于农妇不知道上海在什么地方，应该也是有这种可能的。还有吗？

生：还有就是剧本中提到一个谋生者奄奄一息，他的朋友在四周痛哭，信客悲伤地说是因为心脏病发作，我查了一下心脏病发作时间是很快的，不会有时间说这些话。

（学生们笑。）

师：你是一个业余医学爱好者。这也告诉我们当我们不清楚一些细节的时候不要写得太细。我看过咱们的一个剧本，说上海的那个人用手机报警，这显然不符合时代背景，既然有手机了还要信客干什么？所以一定要注意时代背景和周围的环境。好，还有问题吗？

（仍有学生举手。）

师：“编剧”受到了极大的挑战。

（学生们笑。）

生：他的最后一句是对远景的描写，我想知道他如何用镜头表现两人说的话立即被飘散？

师：这是原文中的一句话，如果我们想要用镜头语言描述出来，却不是那么容易的，大家想一下应该怎么描述？应该怎么把这句话变成可见的形象？

生：内景是破草屋，可以在屋里布置一些树叶、破草之类的，这样风就会把这些杂物吹起来。从一个高度看下去，就可以看到树叶不断被卷起来，这样就可以做到刚刚说的飘散的这个情节。

师：就是说当我们写一个看不见摸不到的东西时，一定要借助一个外物，比如说树叶等，我们可以通过借助外在的东西来表达自己。同样，我们刚才说过“一切景语皆情语”，你要表达自己的心情，这个是看不见摸不着的，也可以借助外在的景物。这些是相通的。咱们继续往下走，请第四位“编剧”。

生4：我认为我写第二章是因为它很能体现信客内心的活动，我在写之前就在想象信客的形象，他应该是一个沉默且甘于奉献的人，于是有了一些对他神态和肖像的刻画。然后再想象信客内心的活动是怎样的，比如说信客是两地联系的一个纽带，如果人们不能相见的话，就把自己内心的情感宣泄到了信客的身上，所以他承受了很多不应该他承受的东西，他的心态就有一个比较复杂的表现，他对于别人对他的议论表示很委屈，但是对于同乡人的渴求又表示很同情。对于这个剧本我想把镜头演绎得更细致，所以加了很多侧面描写、环境描写和神态描写，把语句写得自然化。

师：你有一点说得特别好，信客是乡村的纽带，他承受了很多不应该他承受的东西，所以他的感情是复杂的，行为也是复杂的。当我们评判一个人的时候，以前喜欢非黑即白，不是好人就是坏人，昨天也有很多同学提出来信客有很多事情既然不愿去做那就不要做了嘛！他是不是应该承担责任，或者有的人就问信客这样做是不是太傻了？人性是复杂的，因为我们总是承担各种各样的外在压力和要求，而信客他伟大也就伟大在这里，他承担了很多本来可以推却的责任。好，还有没有问题？

生：我觉得这篇剧本的特点是细节特别多，好几个人物是原文没有的。但有个细节不是很好，信客帮同乡带回去50块钱，这个应该相当于现在好几百块钱了吧？

师：是的，我们设计细节时要考虑当时的时代背景。

生：他的这篇文章最大的亮点是这匹马，我想问一下怎么想到写这匹马的？

生：我觉得马跟自行车不同，它是一个很鲜活的东西，我觉得可以用它来体现信客身上的东西。如果直接写信客很累的话比较突兀，而用马的累来体现信客的累会更有剧本的感觉。

（学生自发鼓掌。）

生：我想再问一个问题，我们知道信客很贫穷，对吗？那他应该用骡子或者驴，而不是马。

（学生们笑。）

师：真正的高手在这儿。由于时间关系我们继续往下进行，还有更精彩的内容，请下一位“编剧”。

生5：对于这一篇文章我选的是第三段，这里面有一个事例，信客给一个发了财的同乡送信，最让我有感触的是直到最后信客也没有说出任何真相，他不想让颠沛在外的同乡蒙受任何阴影。这一事例体现出了同乡的善良和宽容以及信客对这件事的隐忍，也突出了他的情感和作者想表达的意思。对于刚才有同学提到的画外音很多的问题，我想做一个解释，这是故意为之，我想把这部电影做成第三人称叙述的样子，由第三者来讲述这个故事，是这样一个形式。

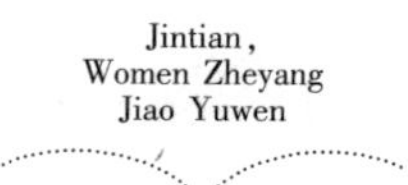

师：故意为之，也是对刚才的疑问提出了自己的看法，有一个人叙述，一个黑屏透出了一行白字，有叙述的感觉，找到感觉了也非常重要。还有没有问题？

生：根据文本内容推断这个信客的故事应该发生在民国初年或者民国中期，当时写信的时候一般还是用毛笔而不是钢笔，而剧本中写的是乡间的一个信客用当时很贵的钢笔，这个不太合适。

师：你的文本细读能力很强。这个细节我觉得大家可以忽略，稍作改动就行了，这些不是关键的问题，我们看看有没有更核心的问题。

生：他想把这个故事写成第三人称叙述的形式，这样的话可以在开头加上从早上的一幕转到一本日记，这样显得更自然一些，因为即便写成第三人称还是没有必要加如此多的画外音。

师：中肯的建议，可以用一个引子来开头。好了，我们请下一名“编剧”。

生6：我写的是课文的第三段，我最独特的地方是用了倒叙的手法。第三段写了很多信客的经历，能体现出他的心酸。有同学说时间不太对，写城市的时候楼层应该还没有那么高，这一部分可以改一下，我的细节没怎么写好。

师：她能够抓住最重要的细节并把它放大。好，最后一名“编剧”。

生7：我写的是最后一段，作者描写比较少，而且时间跨度比较大，从信客当上地理老师开始，直到信客去世，所以我用了很多镜头描写来表现时间的推移。比较让我感动的一点是结尾处描写了老信客的坟，作者通过这一描写把故事圆了起来，这也说明了老信客的品质。我最后的镜头转向了旁边的松林，白雪飘飘，表现了信客的品质像松树一样，非常坚毅。中间我揭示了一些教育意义，而不是一味地刻板说教，信客因为游历过四方，所以他才能获得同学们的好感。

师：平凡之处见功力，最后一段在原文中不是可有可无的，作者通过最后一段把故事圆了起来，呼应了开头的老信客，这位“编剧”有这个意识，让剧本结构更完整。我们就不再进行质疑和交流了，好像讨论来讨论去，依然没有办法评出最好的剧本。怎么办呢？打个分吧！在写剧本之前，我们请大家制定了一个评价标准，你认为一个好的剧本要具备哪些条件？下面给大家一两分钟的时间，请给这七篇剧本打分，并说一下打分依据，任选一篇就可以。

评价打分

生：我看的是严同学的这个剧本，满分是 40 分，我给他打 39 分。

师：说一下你的评分标准。

生：首先，内容要详细精彩，10 分；其次，要有人物的特写镜头，10 分；再次，环境描写 5 分，动作及神态描写 5 分，奇妙的构思 5 分，情节合理 5 分。

师：那 1 分是扣在哪儿呢？

生：扣在情节合理上。因为我觉得即使现在城市的教学楼也只有 5 层，何况是那时的农村，可以改成教学楼面积比较大。

师：虽然有些瑕疵，但是还是给了一个几乎满分的成绩，还是非常不错的。还有没有同学评完了？

生：我评的是任同学的，我从三个方面来评一下。首先是情节、舞台说明及人物的细节描写。他所编的情节还是比较丰富的，我的满分是 20 分，我给他打了 15 分，因为他的转折不是特别明显，没有通过转折写出人物的情感。第二个是舞台说明，我给了满分，因为镜头和补充说明写得都非常仔细。第三个是人物描写，他的人物描写的特点是语言描写居多，神态描写稍微欠缺，希望他在这方面能够改进。

师：说了自己的评分标准，并且扣分理由也比较充分，还有没有？

生：我评的徐同学这一篇，我的总分是 10 分，分为四个部分：生动性 3 分，吸引力 1 分，可观性 4 分，忠于原文 2 分。他的这篇文章我打了 8 分，生动性打了 3 分，吸引力还是不错的，所以我给他打了 1 分的满分，可观性我打了 3 分，因为他在后面有比较多的语言描写，而前面应该穿插一些环境描写，这样读起来感觉更加舒畅一些，忠于原文我给他打了 1 分，他在老信客找接班人这儿处理得和原文有差异，所以总共是 8 分。

作　业

师：同学们评价得非常全面，好。我之所以让同学们制定这样一个标准，一方面是可以评一评别人，另一方面可以对照着这个标准看看自己是否达到了这样的要求。时间关系，我们没有办法与所有的“编剧”进行交流，只好请你给他们写一封回信，在信中阐述一下自己的理解，可以给他们提一些合理的建议。这个任务我们留到课下来完成，我们今天的研讨会就到这里，下课!

生：谢谢老师! 老师再见!

师：谢谢同学们!

悟　课

“电影剧本写作”项目的实施过程中，每个学生的创造力都得到了极大的发挥。生动活泼的形式、具体现实的情境，让每个孩子都能兴趣盎然地投入其中。同时，学生又紧紧地围绕语言文字开展活动，避免了过去过于宽泛的课堂活动造成的问题。

需要明确的是，“电影剧本写作”项目的最终目的，并不是让学生完成一个剧本的改编，更重要的是在整个学习活动的过程中，对自己的学习行为、学习内容进行反思，在这个过程中，渗透语文学科的知识、思想方法以及育人价值。因此，学生的作品精彩与否固然重要，更不能忽略的是学生在欣赏到他人精彩作品的同时，能否反观自身，进一步提升自我。

【附录】学生作品

《信客》电影剧本

（一）

山东大学附属中学2015级10班　赛林卓

【外景　小村子　傍晚】

远景：小村子里，老信客终于回来了，正值夕阳西下，家家炊烟。

近景：一位老人倚在门框上，看见老信客，立马笑开了花。

老人：回来啦？怎么样，我那在上海的儿子还好不？

老信客（拖出疲惫的一笑）：好着呢。做了个大生意！

老人（更是开心）：那可好啊，好啊。

远景：听闻老信客回来，村里人都放下了手头的活计。妇女们擦着手迎出来，孩子们围着他好奇地看着那些从大城市捎回来的东西，老人也都冲他笑着。

妇人：老信客，我家那口子在城里可还老实？

小孩子（满脸高兴，跑着过来）：老爷爷，我爸爸什么时候可以回来啊？

近景：风尘仆仆的信客一一答着人们的话，迎着微笑，尽管自己已经万分疲惫了。

【内景　老信客家　夜晚】

告别最后一个人，终于回到了家里，老信客长长地舒了口气，刚刚想坐下，突然想起来什么。

老信客：对了，要给那边的亲戚寄份礼。（拿出个包裹，打量一番，皱了皱眉头。）这可怎么送得出去？（正发着愁，刚好瞟见包袱里的红绸。）裁下一点来，没事的。（一边喃喃自语着，一边拿把剪刀，小心地裁下了窄窄一条，小心翼翼地捆扎上礼品。）这样，就好多喽。（放下剪刀，倒在床上沉沉睡去。）

【内景　老信客家　白天】

第二天，村里人都聚到老信客家来，取东西的、看热闹的都有。简陋的房子，一时间门庭若市。

奶妈（好不容易挤进来，一边嫌弃着擦汗，一边喊着）：我家小姐要出嫁，老爷是不是托来了红绸？

老信客（笑着）：是，有两匹。（翻找了一下，递过去）拿好喽。

奶妈接过后却仍站在那儿不走，翻来覆去找着什么东西。

村民 A：还领不领东西啊？不领赶紧走，别挡道。

奶妈：喊什么喊，等等。（走到老信客跟前，捏着红绸的一角）你看看，看看，是不是你动了什么手脚？

老信客（被问得一愣，摸不着头脑）：什么意思？

奶妈：我们家老爷托人说了，这红绸两边可都有圆圈。我刚才可找遍了，也没看见圆圈。不是你裁过了，是怎么回事？

老信客（一下子慌了，忙乱地说）：我……我可没有……

奶妈（“哼”了一声）：你没有？（拽着红绸的两边，转向众人）大家来评评理，来看看，看看。

看热闹的人们一个个好奇地看去，一个个伸长了脖子。

村民 B：真的，（指着）你看，那边有个小圈儿，这边没有。

村民 C：不会吧，老信客干了这么多年了，也没听过他拿什么东西啊。

村民 A：那可不一定，说不定他是只拿了一点儿看不出来呢？

老信客：我，我可只裁下来一点……

奶妈：哼，我们怎么知道你裁下多少来。这次的路费，你别想要了。（气哼哼地走了。）

人群议论着，也哄地散了。

特写：老信客久久地站在门口，神色暗淡，摸了摸裁下红绸的那只手。他握住剪刀，一下一下地刺向自己的手，血流如注。

【内景　年轻人家　夜晚】

近景：年轻人面朝着墙壁，暗自发呆。

老信客（“吱呀”一声把门推开，待年轻人诧异地回头）：我名誉糟蹋了，可这乡间不能没有信客。

年轻人（惊异之中看见老信客伤痕累累的手，瞪大了眼睛）：这，这……

老信客（不管年轻人说什么，进屋和年轻人并排坐下）：听我跟你说啊，东边那个村里的张三在上海，西边的李四去了北平，还有那个王二……

（画面切换，一幕幕滑过，表示时间的推移。）

老信客（沉默许久，扬了扬自己满是伤痕的手）：信客就在一个“信”字，千万别学我。（站起身来，想要出门。）

年轻人：老人家，我接班后赚了钱，供着您。

老信客（摇了摇头，没有回头）：不，我去看坟场，能糊口。我臭了，你挨着我也会把你惹臭。

年轻人：（什么也没说，默默看着老信客走远……）

（二）

山东大学附属中学2015级10班　徐嘉彤

【外景　村庄　中午】

镜头从村子上空往下拍摄，逐渐拉近。一个送信的人在胡同间穿梭，十分热情地给家家户户送信。

白光闪过，转为回忆。

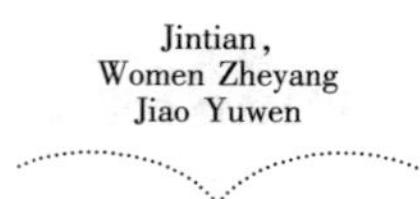

【内景　私塾　白天】

黑白镜头拍摄信客儿时在私塾里的众多孩子中读书的样子。

【外景　城市繁忙的街道　白天】

拍摄成年后信客在城里自己做生意谋生的场景。

镜头转为现实。

【内景　老信客家　白天】

一个年龄很大的男人递给信客两匹红绸。

男人（微笑）：我女儿要出嫁了。我在上海实在没法回去，就托你帮我把这两匹红绸带给她。

老信客：好，你放心吧。（转身离开。）

【外景　村口　白天】

老信客：裁个红绸的边，用来捆扎给远亲的礼挺合适。人家应该不会不高兴吧。

信客打开斜挎包，使劲掏了一会，拿出一把生锈的剪子。蹲下，小心翼翼地剪下红绸的一个边。之后把红绸整齐地叠好，收进送信的袋子，骑着车子渐渐远去。（拍摄老信客离开时的背影，然后镜头渐渐模糊。）

右下角字幕“两天后”。

【外景　村子小巷　白天】

老信客骑车在一户人家门前停下，从包里取出那两匹红绸。迎面来了另一辆自行车，是另一位信客。

特写：老信客看了他一眼，托着红绸去敲一家的门。一个姑娘开门。

老信客：您好。这是您的快件。（双手递给她。转身离开。）

（镜头转向老信客身后）另一位信客也来到这户人家。

另一位信客（微笑）：您好。上海有位老先生托我告诉您，收到红绸后麻烦看看两头有没有画着小圆圈，以防送东西的给红绸做手脚。

老信客听到另一位信客的话，停住脚步。

特写：那户人家的姑娘展开红绸，发现一头的圆圈不见了。赶忙叫住老信客。老信客很无奈。（之后对话省略，留悬念。）

【外景　街道　白天】

（镜头切换不同人的议论）街道上人们议论纷纷，议论关于信客谋私利的事。

【外景　破房子　傍晚】

（镜头逐渐拉近）一间孤零零的破房子。

【内景　破屋内　傍晚】

特写：屋子里十分昏暗。老信客满脸凄伤地坐在窗前回忆自己的丑闻，然后拿起剪子不停地扎自己的手。手上的划痕处向外流血。他又抬起头望向窗外。

【外景　街道　夜晚】

老信客敲开一家的门。一个年轻人开了门。

年轻人（惊奇）：信客？

老信客（微笑）：我来找你，是跟你说点事。我的名誉糟蹋了，但你应该知道，这乡间可不能没有信客啊。我是想让你来接我的班。

年轻人表现出不知所措的样子。

【内景　年轻人家　夜晚】

老信客：村里的路多，各家不好找，还有很多在外面的。你可得认真听我给你讲。

年轻人听着。

老信客：首先是东边的村子……（镜头逐渐模糊。）

【外景　街道　上午】

年轻人穿上信客的衣服，骑上自行车。

老信客：开始工作吧！记住，信客，信客，就在一个“信”字，千万别学我。

年轻人： 嗯，您放心吧。我赚了钱接济您。

老信客： 不。我去看坟场，能糊口。我臭了，也会把你惹臭。

年轻人： 那您保重。（挥着手骑车离开。）

【外景　街道　白天】

年轻人奔波在街上。常听有人议论起老信客。

【内景　老信客家　夜晚】

（刮风下雨）老信客在黑暗中睁着眼。回想着一个个码头、一条条船只……他起身扶着门框站着。

老信客（小声嘟囔）：年轻人啊，一路小心……

（镜头逐渐拉远。）

（三）

山东大学附属中学2015级10班　张传钰

【外景　街道　白天】

远景： 城市和乡村经历了翻天覆地的变化，老房子已无影无踪，盖上了一幢幢高楼大厦。一个信客，已经在城乡间奔波了二三十年。街道上十分冷清，风声凄厉，只有他一个人在赶路。

特写： 信客在一天天变老，原来活泼红润的脸色已经变得憔悴衰老，步子已越来越迟缓。他患有胃病，走一会儿就要休息一阵，他正向荒凉的坟场走去。

远景： 风很大，好像要将坟场里的破草屋拔起来。这荒凉的坟场远近只有几个坟堆和一间漏雨的草房。

远景： 信客走到破草屋门口，敲了敲门，一个枯槁的老人迎了出来。老人有八十上下年纪，白发长须，面色憔悴。他将信客引到屋里，屋里十分简陋，家具很少，且很破旧。

【内景　破草屋内　白天】

老人（满怀期待地）：最近城里有什么新闻吗？又建了多少高楼？

信客（惋惜地）：火车站又被拆了，建了一幢居民楼，太可惜了，那可是德国人建的啊！

老人（惋惜地）：居民楼是应该建的，但火车站也不该拆，多好的建筑啊！

信客（不甘地）：可惜我们说了也没有人听见。

特写：信客和老人都叹了口气。

远景：茅屋外吹过劲力的山风，两人的话说完就立即飘散了。

【内景　信客家　白天】

信客辞别老人，带着城里的东西回到了村子。信客家人头济济，都在看他拿来的东西。

农民甲（拿着一块点心，羡慕地）：这是什么东西？亏得他们能做出来，比村里的高粱红薯好多了！

农民乙（拿着一匹布，轻蔑地）：城里人总要把东西弄得这么花哨，比我们的东西差远了，早知道就不应该让他去城里谋生。

特写：信客办完了所有的差事，又开始收拾行装。这时响起了敲门声，信客去开了门。

妇女甲（关心地）：你去城里关照他一下，往后带东西几次并一次，不要鸡零狗碎的。

妇女乙（担心地）：你给他说说，那些货色不能在上海存存？我一个女人家，来强盗来贼怎么办？

特写：信客沉稳地点了点头，并认真地记了下来。

特写：信客背起行囊，孑然一身地在大街上走着，为城里带去消息。

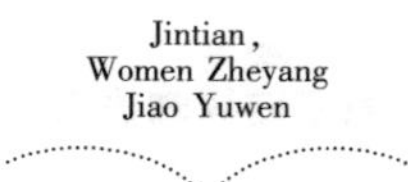

【外景　城市　白天】

远景：天空上乌云密布，却始终没有下雨。

【内景　屋内　白天】

近景：病榻上，一个谋生者奄奄一息，他的朋友在四周痛哭。

谋生者（有气无力地，对信客）：你回到乡下，帮我料理一下后事，把我的遗物也带过去。

近景：说罢，谋生者安详地闭上了眼睛，再也没有睁开。

【外景　村子　白天】

特写：信客回到乡间，夹着一把黑伞，伞柄朝前，朝死者家里走去，敲了敲门。

【内景　死者家　白天】

信客（悲伤地）：是这样，张三先生在工作时突然心脏病发作，就……

特写：听到了消息的家属号啕大哭，信客在一旁连声安慰。

农妇（咬牙切齿地）：我从前就告诉他不要去城市，他偏不听，这下可好！我就不明白城市有什么好的，把命都赔在那里！你，快点滚出去！

特写：信客连连道歉，低眉顺眼地走了出去。

特写：信客提着一包东西，又到了死者家里。

信客：这些是张三先生的遗物，他托我捎过来的。

农妇（眼睛红肿，气愤地）：他的遗物怎么这么少！你是不是偷拿了一些？说！

信客：这就是他的全部遗物，不信的话可以问他的朋友和同事，他会葬在上海的公墓。

农妇（疑惑地）：上海又在附近哪个村？公墓是什么？一个人吗？

特写：信客无法回答，用语言搪塞过去，他流了几身汗，赔了许多罪，才从屋子里走了出来。

信客（自言自语）：我能不干这事吗？不能啊，我也是同乡，该尽些乡情乡谊啊。

特写：信客叹了口气，背上了行囊。

（四）

山东大学附属中学2015级10班　任健鹏

【外景　乡间小路　雨天】

乡野小道上飘着渺渺雨丝，背后是穿梭于丘陵之间的长江水，面前，大城市高楼的影子若隐若现。信客独自骑在一匹马上，披着粗布斗篷，一顶草帽掩盖住深邃的目光。马儿走了约莫十步，信客见路旁有一客栈，缓缓勒马。马儿如释重负地停下，信客下马后把马背上的包裹卸下。马儿瘦得皮包骨，已经没了力气，瘫坐在了草地上。信客眼神中有些心疼，柔柔地抚摸马背上的鬃毛，悄悄叹气。他捡起地上的包裹背起来，朝着城市的方向又一次开始步行。

【外景　城市　雨天】

小雨依旧下，信客看看天边，乌云背后的夕阳留下了一个淡淡的光影。他的包裹渐渐空瘪，此刻手中正拿着一封信，走向一栋五层小楼，“咚咚咚”地敲着木门，却久久没有回应。路旁一老人见了，悄悄上前。

老人（和蔼而疑惑地）：大兄弟，你这是找谁啊？

信客：大伯，这楼里可是有一位姓穆的老爷？从乡下来的。

老人（眉头一锁）：他……前两三天是不是去世了？孤身一人在外挺不易的，这走得没想到那么突然。他在这儿也没啥熟人，唯一的佣人啊，竟然带走所有东西偷偷回老家了，还不知道卷走了多少钱呢。（他的语调低了一些，嘬了嘬嘴，又摇摇头叹息。）

信客：啊？死了？（眼睛瞬间睁大，感到不可思议，拿信的手颤抖了一下。）

老人：可不是吗，你是他什么人啊？跟他亲近不？

信客（恳切地）：不是什么不是什么，大伯那您知道那佣人家住哪里吗？

老人（语气缓缓地）：倒是不远，出城往南走个四十里，到那儿你再打听打听应该是差不离儿了。

信客：那十分感谢啊，大伯保重。

老人：路上顺风。（回过头去，拄着拐杖慢慢走了。）

信客看看手里满带着关切的信封，又叹了气。他加快脚步，他要赶回客栈带上马儿要回穆老爷的遗物。突然一阵风把帽子吹飞，信客在其落地之前接住它又戴回了头上，顺便抹了抹脸上的雨水。一群孩子湿着头发嘴里含着棉花糖吵嚷着从他身边跑过。

【外景　村口　夜晚】

这个夜晚，天上只有一颗星星孤独地闪烁，信客疲惫地牵马走到了村口。他把马儿拴在了一棵老树旁，马儿俯下头开始吃草。信客继续向前走，他手持一把黑伞，伞柄朝前，另一只手里提着一个大木箱，脚步有些犹豫，目光有些飘忽。迎面三三两两地来了几个中年妇人，见了他窃窃私语地绕开走了。

走到穆家门口，信客敲了敲门，一个四十多岁的女人怯怯地开了门。

女人（支支吾吾，恐惧）：兄弟，你……这是去谁家啊？

信客（看着地下，犹豫几次才开口）：穆嫂啊，那个，穆老爷他……在城里……大前天……归，归西了。我……是给您带来他的……遗物。（这句话越说声音越低，最后已经快听不见，信客眼神黯淡下去，等待着女人的崩溃。）

女人瞬间红了眼眶，短时间内没再说什么，转过身去嘤嘤地哭。信客举起一只手想安慰她，却又放下了。女人开始边哭边念叨什么。信客呆若木鸡，不知所措。

特写：屋里的油灯远远地亮着，被风一下子吹灭，门口除了路灯微亮，其他模糊一片。

女人（回过头来，有些怨恨地对着信客叫）：我从窗户看你来……就预感不对，没想到真的是我们家老穆。你为什么要来？是你……克死了他！他死了……我怎么活……你说你是哪个门下的鬼，滚回你的阎王府。告诉他我恨他！（那拳头狠狠捶信客胸膛，信客晃了晃又站稳了。）

信客（默默地）：夫人请节哀……

女人（擦擦眼泪，瘫坐在楼梯上）：滚，快滚……

信客把遗物的箱子放下。

信客（吸了口气，悠悠地）：夫人，老爷的遗体我已想办法火化了，下次能把骨灰盒带回来，你们……安排一下葬礼吧。这里 50 块钱，算是……我对客死他乡孤独的人的悼念。

信客把一张皱皱的钞票放在箱子上。

信客（缓缓）：那……夫人……我走了，您要节哀。老爷在天上会保佑您。

女人（稍微平复）：走吧，你也不容易……和老穆一样……

信客回头戴上草帽在泥泞路上独自行走，路边房子的灯没有熄，窗子里两个人影交谈着。

男：隔壁老穆在城里死了呢，那个信客刚刚回来报信，听他们家女的哭得多惨！

女：哼哼，别看那信客沉默寡言，这一趟肯定从老穆遗物里抽了不少，换谁不会那么干！

男：可不是！他心里估计乐着呢，可怜了老穆了……

信客苦笑一声，在泥泞里一个趔趄，回头望望穆宅，里头隐约传来孩子的哭声。信客摇摇头，在星光下找到马儿，牵着它继续默默行走。

（镜头停在原地。）

一人一马在简陋房屋之间的泥泞路上走得疲惫。信客估计开始犯风湿了，背似乎又驼了一节，走路开始摇摆。一个辛酸的背影。

特写：突然，唯一的路灯像是要烧掉，挣扎着闪了两下永远地黑暗了下去，镜头几乎一片漆黑，只有人不均匀的脚步声夹杂着马蹄声，越来越轻。

（五）

山东大学附属中学2015级10班　华敏洁

【内景　屋内　夜晚】

信客坐在桌前奋笔疾书。（画外音：“信客识文断字，还要经常代写书信。没有要紧事带个口信就是了，要写信总是有了不祥的事。”）

信客眉头紧锁，手指摩挲着下巴，拿着钢笔的手停顿一下，然后继续书写。（画外音：“妇女们一把眼泪、一把鼻涕在信客家里诉说。”）

展现回忆画面：一个妇女边哭边说着什么，信客低着头，表情凝重地在一个厚厚的本子上书写。（画外音：“信客铺纸磨墨，琢磨着句子。”）

镜头拉回现在：信客拿过桌边的茶缸子，喝了一口水。（画外音：“他总是把无穷的幽怨和紧迫的告急整理成文绉绉的语句，郑重地装进信封，然后，把一颗颗破碎和焦灼的心亲自带向远方。”）

【内景　屋内　白天】

画外音：“一次，他带着一封满纸幽怨的信走进都市的一间房子。”

镜头位于目的楼层，从楼梯口拍摄信客走上来直到拐出楼梯间。

信客敲了敲一家住户的门，（镜头拉远，直到能看清住户和信客两个人），收信人（男）来开门，收信人一脸惊愕，往后退了一步。

（镜头拉远，直到能看到一个模糊的女人的身影）信客不知所措，往后退了一步。收信人立马吼道（镜头转到收信人的脸部）：“你是什么人？”

（镜头转向信客）信客满脸愤怒，扬起手中的信大叫：“这是你老婆的信！”（画外音：“信是那位时髦女郎拆开来看的，看罢便大哭大嚷。”）

（镜头拉向屋内，拍摄时髦女郎跑到门边的过程。）

（无声）时髦女郎抢过信客手中的信，直接撕开信封拿出信纸来看，看完后大哭大嚷，捶打着收信人。

（镜头拉远，拍摄三个人的交涉）收信人把时髦女郎抱在怀里，解释道：“他是私闯民宅的小偷，只是拿一封假信妄图脱身，我根本不认识他。你别信信里的东西。”说完狠狠地打了信客两个耳光。（镜头位于远处拍摄信客被警察带走，画外音：“信客向警察证明了自己的身份，还拿出其他许多同乡的地址作为证明。传唤来的同乡集资把他保了出来，问他事由，他只说自己一时糊涂，走错了人家。”）

【内景　警察局　白天】

（镜头变换，拍摄同乡和信客的交涉。）

（无声）同乡陪着信客走出警局，警察给他松了拷。同乡问信客一些问题，信客只是低着头，缓缓地摇头。

画外音：“他没有说出任何事情的真相，他不想让颠沛在外的同乡蒙受阴影。”

【外景　坟地　夜晚】

（镜头用黑色过渡到夜景：坟地）信客跪下来，在老信客的坟前跪下来，烧了香。

（镜头拉近，特写信客的脸）信客哽咽着说：“这条路越来越凶险，我已经撑持不了了。”

（六）

山东大学附属中学2015级10班　刘芳铭

【外景　乡间小路　白天】

夕阳发出的余晖，渲染了湛蓝的天空。乡间小路上，依稀听到“叮叮”的自行车铃响。

远景：拍摄夕阳下自行车在乡间小路前行，直到自行车即将行驶出镜头。

自行车上的那个男人头戴老式而古板的蓝帽，身穿旧式的蓝色衣服和裤子，活像一位兢兢业业、辛劳工作的工人（男人侧面特写）。车前筐里，放着一封洁白而朴素的信封（由男人特写缓缓转至信封），信随着男人，渐行渐远了……

【外景　街巷　白天】

自行车急促刹车，尖锐的响声划破了宁静。男人跳下车，推着车子走向一家院门前。院子门口站着一个妇女，倚着门框，正在焦急等待什么（特写妇女神情）。妇女看到了男人，立即正过身子，盯着男人（妇女、男人侧面特写）。

妇女：信呢？

男人一句话也不说，从车筐里拿出洁白的信封，递给了妇女（特写男人动作，在递给妇女时特写手部动作以及信封），妇女拿过信封（特写递信的过程），注视了信封一会儿（特写妇女神情），转头看向男人。

妇女：你真的不再做信客了？

男人（点了点头）：不做了。

妇女（低下头，又抬起了头看着信客：为什么？

男人没有回答，只是跳上车，走了（特写男人跳上车并前行的背景）。妇女看着男人，叹了口气，进院子里了（特写，直到妇女进入院门消失在镜头中）。

【外景　墓地　白天】

男人骑到一个山丘上，停下了车。（特写男人驶入镜头并停车。）男人缓缓走向一座坟前，注视着坟。（男人右后方特写。）

突然，男人跪在坟前，磕头三下。（男人侧面特写。）

男人（正面特写）：对不起……这条路越来越凶险，我支撑不住了……

说罢，男人哭了起来（侧面特写男人哭泣和坟墓），泪水打湿了一片地。

【内景　屋内　白天】

（镜头切换至男人的回忆）阳光明媚，男人的家中人头济济，男人坐在桌前整理着信件、物件（特写信件和物件）。农民的眼神是说不出的滋味，有羡慕，有嫉妒，也有不解（特写农民的神态）。一位妇女东看西看（特写），抄着手走向信客。

妇女（悄悄地，特写妇女和男人）：关照他，往后带东西几次并一次，不要鸡零狗碎的。你给他说说，那些货色不能在上海存存？我一个女人家，来强盗来贼咋办？……

男人沉稳地点点头（特写男人），带着妇女给的东西，骑上车走了。

【外景　城市　白天】

城市就是不一样，车水马龙，楼比村里的平房和茅房都美丽，一个比一个高，抬头望都数不得层数（特写城市景色）。男人到处看，到处找（特写男人在城中寻找）。他进了一栋楼，敲响门，房子里的那个男人开了门，房中还有一个穿得十分俗气的"时髦"女郎。男人见是他，这个奔波的信客，自己的老乡，立刻慌了神（特写男人神态），房子里的男人装作不认识他。

房中的男人（厉声问道，正面特写）：你谁啊？

这下可把男人惹火了，（正面特写男人）他大骂道："你再装一个！我手里是你老婆的信！你再说不知道！有脸就说！你在城里就干这个了是吧！"

时髦女郎跺着脚走向信客男人，抓过信，撕开信封读内容，看罢便又哭又闹（特写），那位男人下不了台，指着信客。

男人：别理他！他是私闯民宅的小偷！才不是什么信客！拿着一封假的信哄骗我们！

说罢，房子里的男人狠狠地打了信客两个大耳光（从信客背后特写此镜），把他扭送到了警察局。

【内景　警察局　白天】

老乡们被传唤，过来后集资把信客保了出来，他们问信客怎么了，信客只是摇摇头，说走错了人家……

男人回到家里，抚了抚脸，决定再也不会去送信了……

【外景　墓地　白天】

（镜头转向现实）男人站起身，拍拍身上的灰，注视一会坟墓，转身缓缓地走开了（从坟墓后面特写男人背景）。

（七）

山东大学附属中学2015级10班　颜嘉骏

【内景　屋内　白天】

信客戴一副黑框眼镜坐在窗前。窗上阳光斑驳成一个个小圆点，窗外是一个小花坛，翠翠葱葱。信客桌上有几个小小的黑白照片，木质的小茶杯，还有一个小收音机。

收音机：我县某某几个自然村的私塾近日在几位私塾老师的努力下，合成了一所民办小学，将采用新式教材，由国家统一制定……

特写：信客满是皱纹的脸浮现出笑容。

收音机：教师名单现已公布：校长兼语文老师——杨成，数学老师——李纹，地理老师——某村最有威望的信客……

特写：信客轻轻点点头。

【外景　小学校园　白天】

小学校园，雪白的墙壁、明亮的窗户映衬着这座虽然只有两层的小教学楼。上课铃打响，学校骤然安静，镜头切换到一间教室中。

信客缓步走上讲台，双手整了整衣服，扶了扶眼镜。

孩子甲（平头，机灵极了）：老师您教地理不需要书本吗？（全班哄笑。）

信客（沉稳一笑）：当然！为何要用书本，现实生活中的东西可比书本精彩得多。来，给你们讲一个与地理相关的事，也与生活息息相关。你们看，那次我去无锡送信，走时经过秦岭、淮河。那里……

（镜头缓缓移出教室。走廊上校长路过。）

校长：哎！奇怪奇怪真奇怪，平时这么乱的一帮毛小子，今天咋这么安静?!（镜头继续外移，照到小学操场，操场上一片绿树葱葱茏茏，镜头中开始出现这所小学校园的四季，春、夏、秋、冬，一年年不同的风景，体现了校园的变化。）

【外景　小学校园　白天】

镜头定格在一个冬天。小学教学楼已有五层，但处处都是白花。一个白纸黑字的大条幅挂着，上写：为曾经最有威望的信客、最使人怀念的校长默哀。送葬的队伍中不停有人用手帕抹泪，还不时传来哭声。人们头上的黑帽与胸前的白花映衬着雪地，格外肃穆。

学生甲：校长这么好的一个人，怎么会突然……他在在的几年里，我在“中华地理大赛”上拿了第三名，还被中国地质大学录取……

家长甲：唉，孩子特别喜欢校长，真是……

教师甲：对，他很懂得关心人，体察人情，让人动容啊！

【外景　墓地　白天】

学生乙：为什么校长坟旁有这么个破坟，不行推了吧！

教师甲与教师乙：不行，校长指名与这个坟葬在一起。

教师丙：那太碍眼了，我们找人把它修一修吧，图个好看！

（镜头转向旁边的松林，白雪飘飘……）

二、课堂之外，向青草更青处漫溯

（一）

我们这样领孩子们读书——读书类课程的建构与实施

第一章　课程概要

初中语文阅览课是指发生在九年义务教育初中学段（一般指六～九年级）中，在校内或校外相宜学习场所内，由教育者指导被教育者进行自主课外阅读活动的语文拓展性课型。这里的教育者主要指从事九年义务教育初中学段语文教学的专职教师，被教育者主要指处于九年义务教育初中学段的在校学生，课外阅读主要指对教材之外的纸质作品的阅读。

初中语文阅览课在国家课程的具体实施中产生，因学情不同、学校理念各异而呈现出不同的特色，是国家课程校本化的集中体现。

一、课程依据

（一）依据课标

1. 课标确立了阅览课在语文课程中的地位

《义务教育语文课程标准》（2011 年版）提出，语文课程要“致力于培养学生语言文字运用能力，提升学生的综合素养，为学好其他课程打下基础；为学生形成正确的世界观、人生观、价值观，形成良好个性和健全人格打下基础；为学生的全面发展和终身发展打下基础。语文课程对继承和弘扬中华民族优秀文化传统和革命传统，增强民族文化认同感，增强民族凝聚力和创造力，具有不可替代的优势”。

这就要求初中学段语文课不能把学生局限在教室内、课本中，而是引导学生从古今中外的文化巨著中汲取语言文字的知识和精神的营养，为学生的一生打下精神底色。教师应把学生引入对课外文学名著的阅览中，给予学生充分自由的阅读空间和时间，为学生呈现出广阔的阅读视野，并能够对学生的阅读进行适时地指导，让学生有机会与文字相遇，并能够从其中获得对自我有益的情感体验。

2. 课标对语文阅览课资源的开发和利用提出建议

《义务教育语文课程标准》（2011 年版）指出：“语文的课程资源包括课堂教学资源和课外学习资源，例如：教科书、相关配套阅读材料、其他图书、报刊、工具书、教学挂图，电影、电视、广播、网络，报告会、演讲会、辩论会、研讨会、戏剧表演，生产劳动与社会实践场所，图书馆、博物馆、纪念馆、展览馆，布告栏、报廊、各种标牌广告等等。”语文教师要高度重视“课程资源的开发与利用，创造性地开展各类活动，增强学生在各种场合学语文、用语文的意识，通过多种途径提高学生的语文素养”。这就为语文阅览课提供了可供开发利用的资源，教师可利用各种适宜场合，引导学生通过阅读文字材料，展开阅读，积累语言。教师应打破原有的课本局限，从生活中学习语文，培养学生学语文、用语文的意识，注重学生的语文实践能力，让学生在阅览中把握语文学习的特点，积累祖国的汉语言文化知识，全面提高学生自身的语文素养。

3. 课标提出了明确的阅览目标

《义务教育语文课程标准》（2011 年版）提出了语文课程的性质，即“语文课程是一门学习语言文字运用的综合性、实践性课程。义务教育阶段的语文课程，应使学生初步学会运用祖国语言文字进行交流沟通，吸收古今中外优秀文化，提高思想文化修养，促进自身精神成长”。基于语文课程的性质，《课标》在语文课程总目标中提出“九年课外阅读总量在400万字以上”，并对九年义务教育初中学段（六～九年级）学生提出具体的要求，即学生要“学会制订自己的阅读计划，广泛阅读各种类型的读物，课外阅读总量不少于260万字，每学年阅读两三部名著。背诵优秀诗文80篇（段）”。

这就要求广大的一线教师在语文教育教学中要重视培养学生的阅读兴趣，提高学生的阅读能力，让学生能在广泛的阅读中丰富自己的精神世界。语文教师还要加强对学生课外阅读的指导，开展各种类型的读书活动，建构多彩的阅览课型，丰富学生的阅读生活，营造良好的阅读氛围，让学生热爱阅读，并从阅读中受益终生。

（二）顺应时代

1. 信息时代对人的阅读能力提出要求

21世纪人类进入信息时代，它象征着时代跨越。随着信息技术的发展，互联网发挥着重要的作用，以前所未有的速度影响和改变着人们的学习方式和工作方式。对信息的搜集、整合、应用能力成为当前时代对人才的重要要求。

随着时代的发展，社会走向开放性、多元性和信息化时代，阅读的作用已不再仅仅局限于语文成绩的提高和语文能力的变化，而是一个人在社会上竞争能力的集中体现。一个有着较强阅读能力的人，将更能适应新时代的学习要求，表现为他对信息的搜集、整合、应用与创新的能力。而这种能力的形成，应该得益于学生时代养成的阅读习惯。

这就要求教师在学生的义务教育阶段，就应该担负起培养学生阅读能力的重任。因此，对阅览课的研究，是着眼于学生未来发展的需要和时代对人才的要求而言的。

2. 国家对人才培养提出新要求

《国家中长期教育改革和发展规划纲要（2010～2020年）》提出，要“更新人才培养观念。树立全面发展观念，努力造就德智体美全面发展的高素质人才。树立人人成才观念，面向全体学生，促进学生成长成才。树立多样化人才观念，尊重个人选择，鼓励个性发展，不拘一格培养人才。树立终身学习观念，为持续发展奠定基础”。语文课程作为义务教育阶段重要课程之一，应该担负起人才培养的重任，在促进学生成长成才，为学生树立终身学习观念方面发挥重要的作用。这就要求广大一线教师以阅览课作为平台，引导学生在课外阅读中提高自身的科学文化素质，陶冶自我的思想道德情操，学会终身阅读，为自我的持续发展奠定基础。

3. 课程改革对课外阅读日益重视

“语文，作为一门具体的课程，它自身的目标是什么？简言之，就是对学生进行本民族的教育；具体些说，就是通过听、说、读、写的训练，培养学生正确理解和运用祖国语言文字的能力。”随着语文课程改革的推进，语文教学越来越重视对学生听、说、读、写能力的培养，读，作为语文能力之一，也日益显示出它在语文学习过程中的重要作用。

课外阅读是学生学习本民族语言的必由之路，在课外阅读中，“学生通过对范文语言的诵读、品味、赏析，生成语感，积累语料，学习民族语丰富的表现力；在此同时，必然也受到范文语言所蕴含的思想、情感、情操的熏陶感染，因为学生学习的文本，不是抽象的语言符号堆积，而是典范的、具有丰富的思想感情和人文内涵的言语成品”。因此，正是在课外阅读中，才能充分体现语文课程所具有的熏陶感染、潜移默化、润物无声的教育功能。

本课题就是在一线教学实践中，从学生的课外阅读研究出发，构建出适合义务教育初中阶段学生进行有效课外阅读的阅览课型，推进语文课程改革进程，而进行的研究和探索。

（三）研究综述

阅读是人类获取外界信息的最重要途径，良好的阅读习惯是从学生时代就形成并培养起来的。阅览课是以学生的阅读为主要活动而构建的一种课型，各个国家和地区都有对本民族阅览课的探索和研究，为我们研究初中语文阅览课的有效实施策略提供了有益的参考。

1. 国外母语阅览课研究

21 世纪以来，随着国际竞争日益激烈，国家与国家之间的比较主要集中在综合国力的高低上，文化的竞争也日益激烈起来，各个国家对阅读愈发重视。在许多国家，阅读成为一种“准生产力”，各个国家也纷纷着手关于扩大阅读的教育教学改革，因此，关于阅读的研究成为国际教育研究的一个热点问题。其中，影响阅读评价的国际阅读素养进步研究（Progress in International Reading Literacy Study，PIRLS）、国际学生评估项目（Programme for International Student Assessment，PISA）两大研究系统也被国际上 55 个国家和 67 个地区所参与运用。许多国家和地区不仅依靠学校教学，更是发动全社会力量，创设一切可利用资源，培养学生良好的阅读习惯。其中对我国语文阅览课研究有借鉴意义和价值的有如下几个国家的研究。

（1）苏联阅览课具体操作模式

苏联教育家凯洛夫认为，教育要“用构成将来能担任任何职业之准备基础的知识、技能、熟练技巧来武装儿童；建立科学的世界观，使学生操行具有共产主义的道德精神”。在苏联的教育中，儿童智力的全面发展，观点和信念的养成，是教育首要解决的问题，同时要使学生成为有教养的人，并在这个基础上发展学生的认识能力，形成他们科学的世界观，养成他们在自己的行动中为共产主义社会福利而贡献其知识的崇高情感和志向。

因此，苏联非常重视学生的阅读。他们设有独立于教室的阅览室，并“严格挑选供学生阅读的书籍”，定期设置阅读开放日，开放日那天学生可进入阅览室挑选自己喜欢的书。教师可自行安排阅览任务，既可让学生自由来读，也可集体阅读并探讨。学校设置专门课外阅读课，教师按照计划向学生推荐一些书籍，这些书籍的内容一般和教材保持着密切的联系。学生可带回家自行阅读，有了自己的思考后再回归课堂进行交流和研讨。

（2）日本的国语教育

日本国语教育学者认为："言语的获得，就是认识的获得。"获得了某一民族的言语能力，就认识了该民族的历史和文化，同时也就培养了该民族特有的心理和性格。日本政府把国语教育中培养学生对民族文化的认同看作国家现代化的教育基础，要求教师在制订学习指导计划时考虑到"奠定学生对古典的古文和汉文的理解基础，加深对祖国文化和传统的关心"；在处理教材时，必须注意"加深对国语的认识，为培养尊重国语的态度服务"。因此，日本在国语课程中设置了较集中的古典文学选修课，精选了许多日本古典名著供学生进行阅读，并对这些名著进行系统赏析。此外，日本还十分重视乡土文学作品阅读，不但在教科书里选编乡土文学作品，还开设专门的选修课来欣赏乡土作品，如日语传奇故事、民间歌谣、社区文学、乡里诗歌，甚至包括本地方言。值得一提的是，日本的国语阅读除了重视本民族古典和乡土的作品，也注意了"国际理解教育"和多元文化存在的现实。

（3）美国的母语阅览课

早在20世纪90年代，美国政府就制定了《美国阅读挑战行动报告》，并拨款2.5亿美元来保证这项计划的运行和实施。美国政府还召集一部分专家和学者，从事阅读理论方面的研究。在学校教育中，美国从低年级就开始培养学生的课外阅读习惯，并采取措施确保到了三年级的儿童就能达到独立阅读水平。对于进入基础教育的中学生，美国教育部在课外阅读习惯培养方面也有相应的举措，他们首先颁布基础教育阶段的中学生有21部必读书目，这些书目涉及政治、民主和文学经典名著。美国把课外阅读能力的高低看作衡量母语水平高低的一个重要指标，是母语教育成败的关键。学校会设置相应课程来保证学生课外阅读的质量，并有专门教师进行指导和推进，母语课上教师也会采取办法对学生进行阅读方法的指导，以保证学生阅读水平的提高。在美国，课外阅读并不仅仅局限于母语的学科教学中，而是成为涵盖政治、民主、文学、科学、历史、艺术等多学科在内的一门综合性课程。

综合上述典型国家在母语阅览课方面的做法，国外在母语阅览实施方面有如下特点：

①从目标设置上，母语阅览以继承和发扬本民族或本土文化为旨归，放眼国际，重视科学，着眼于学生的终身发展，培养学生的阅读能力，以提高全民素质为基础，提高学生的文学素养和社会竞争力，从而推动社会的全面进步。

②从内容安排上，扩大母语阅览的外延，母语阅览不再局限于母语学科的内容，而是以母语教材为基点，涉及除文学以外的政治、历史、科学、艺术等多种学科。并依据学情循序渐进地从国家层面上安排学生的课外阅读内容，保证课外阅读的有序实施。

③从具体实施中，将课外阅读纳入学校课程计划中，使之成为一门独立的综合性课程，并与母语教学保持着有机联系。注重在阅读中发挥学生的主体性，教师对学生的阅读进行阅读方法的指导，注重在阅读的实施中对学生阅读习惯和阅读能力的培养。

④在结果评价上，将阅读能力的高低与母语教学质量相联系，注重过程性评价，用评价推动阅览课实施。

2. 国内语文阅览课研究

作为文明古国的中华民族，自古就把读书作为立国安邦之本。“兴于《诗》，立于礼，成于乐（《论语》）”“立身以立学为先，立学以读书为本”“万般皆下品，唯有读书高”“书卷多情似故人，晨昏忧乐每相亲”，无一不是论述读书的重要性。我国古代的科举制度，更是把读书视为经世治国、立命安邦、选拔人才的要任。中华人民共和国成立以来，课外阅读作为读书的一种重要形式出现在历次编订的教材大纲中，学生的课外阅读成为国家课程的重要组成部分，日益彰显出其重要性。关于阅览课的理论研究和实践探索都有着丰富的经验。

（1）语文阅览课在教学大纲（课标）中的规定

早在1950年中华人民共和国成立之初，还未制定中学教学大纲时，试行出版的初中和高中两套语文课本中，就提出“听、说、读、写四项并重”的教学原则，就对读书有了明确的重视。

1956年，实行汉语文学分科教学，教育部颁布《初级中学汉语教学大纲（草案)》，提出中学教学中加设“课外阅读和课外文学活动指导”，同时列出各年级的阅读参考书目，明确要求学生每年的阅读量“不宜少于四本”。大纲还专门规定了课时，要求教师要对学生进行阅读指导。

1963年5月，教育部颁布《全日制中学语文教学大纲（草案)》，明确指出：“语文是学好各门知识和从事各种工作的基本工具。”并且规定：“中学语文教学的目的，是教学生能够正确地理解和运用祖国的语言文字，使他们具有现代语文的阅读能力和写作能力，具有初步阅读文言文的能力。”在教学方法上，主张回归传统，提倡多读多写多练，要加强课外阅读的指导和写作的指导。

1978年，教育部颁布《全日制十年制学校中学语文教学大纲（试行草案)》，草案明确提出，语文教学要抓住语文的特点，“必须在读写训练过程中进行”。1980年又对该草案进行修订，进一步强调了对学生课外阅读的指导。

1986年，国家教委颁布《全日制中学语文教学大纲》，大纲宗旨在于“降低难度，减轻负担，明确要求”，在教学目的中还增加了“开拓视野、发展智力、培养健康的审美观”的要求，并为“一纲多本”的实现创设了条件，为语文课外阅读的实施提供了时间保证。

1996年，新大纲提出“语文是最重要的交际工具，也是最重要的文化载体”。明确表示中学生在校期间要阅读课外文学名著和一般的政治、经济、科学类论著，并规定每年不少于50万字。

2000年，《九年义务教育全日制初级中学语文教学大纲（试用修订版）》和《全日制普通高级中学语文教学大纲（试验修订版）》颁布，和过去的大纲相比，新大纲的进步体现在提出“工具性”和“人文性”并重的精神，并对课外阅读教学要求提出具体化的目标，“要求学生识字量为3500字”“默读速度为每分钟500字左右”“课外自读每学年不少于80万字（其中文学名著2～3部）”。

随着语文教学改革的不断推进，对课外阅读的要求也不断提高。在教育部颁发的2011年版《义务教育语文课程标准》中，要求“学生9年课外阅读总量达到400万字以上，阅读材料包括适合学生阅读的各类图书报刊”“教师可根据需要，从中外各类优秀的文学作品中选择适合的读物，向学生补充推荐”。通过九年的学习，学生能够“利用图书馆、网络搜集自己需要的信息和资源，帮助阅读”。利用课外阅读，全面提高学生的语文素养。教学大纲和课程标准从国家层面上对课外阅读即阅览课教学进行了全面、细致、重点的规定，这也引起众多一线教师和教育教学专家学者的重视。虽然教育界对阅览课的叫法略有不同，但对阅览课这类自主性语文实践课型提出了系统化、理论化的认识，推动了课型的研究。

（2）语文阅览课的理论研究

20世纪80年代，魏书生提出“自学辅导式”教学模式，将教材外的阅读作为一项重要的教学资源，对语文课外阅读进行最早的探索。随后关于阅览课探索的文章层出不穷，体现出一线教师和教育教学专家学者的智慧。

浙江宁海中学尤昌镇老师在《初中开设阅览课的实践与探索》一文中针对学生知识视野狭窄的现状提出初中要开设阅览课，并对阅览课的开设提出自己的建议，即阅览课要培养阅读兴趣，养成阅览习惯；教师要指导阅览方法，培养学生阅读情趣；在阅览课教学中倡导读写结合的阅览策略，探索阅览新的交流形式。通过阅览课使学生能“为追求真理、探索人生而读书，为获取知识、掌握技能、认识世界、改造世界而读书，为改造自我、完善自我而读书”。上海市奉贤中学庄骏老师和上海市奉贤区教师进修学院孙赤婴专家的《语文阅览课序列化的构建与实施》一文中提出，要在教育行动研究中研究阅览课，并对阅览课在一线教学中的具体实施进行了序列化的建构，提出要提高阅览课单位时间的效率，应从教师和学生两方面抓落实；阅览课要重视过程，要注意依据学生的学情循序渐进；在阅览课实施过程中要重视评价对阅览课的导向作用。

过新艳老师的《阅览课：语文课型改革的美景》一文中提出，随着大语文观念的深入，生活中处处学语文的意识日益加强，阅览课是着眼于学生一生发展的有益课型。在阅览课的开设中，作者认为阅览课要成为“文化信息的自主扩充，语文美质的自然吸收，以读促写的良性循环”，让学生“在阅览中树立文理兼容优势互补的意识，从而获取丰富全面而又深刻独到的感悟”。重庆市电仪电教站的杨永双老师在《图书馆开设阅览课的探讨》一文中，提出了开设阅览课的新见解。文章指出，“阅览课要多教给学生阅览方法，使学生学会自主阅读。要图书馆紧密配合，做好阅读专题图书的准备”。阅览课开设在图书馆可以指导学生学会查找资料，帮助学生养成良好的阅读方法，做好图书的推荐工作，充分调动学生的阅读兴趣。将阅览课开设在图书馆，能更好地实现语文的实践性和开放性特点。

综上所述，关于初中阅览课的开设，广大一线教师和教育教学专家学者已基本达成共识：第一，初中阅览课要以学生为主体，着眼于学生的终身发展，以提高学生的语文素养为目标；第二，初中阅览课是语文课的拓展与补充，对语文学科的学习起到促进作用；第三，教师在阅览课中要发挥主导作用，重视对学生阅读方法和阅读习惯的培养。这些理论的不足之处在于，阅览课的定位依然不够清晰，缺乏具体的方法和内容，在阅读评价中依然没有完善的评价机制。

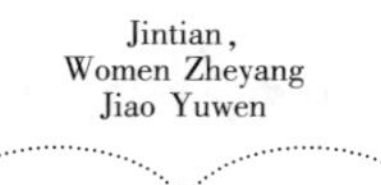

第二章　课程建构

一、目标系统建构

2011 年版《义务教育语文课程标准》在课程总目标中提出:“课程目标从知识与能力、过程与方法、情感态度与价值观三个方面设计。三者相互渗透,融为一体。目标的设计着眼于语文素养的整体提高。”因此,在建构初中语文阅览课课型目标系统中,着眼于学生语文素养的整体提高,注重语文工具性和人文性的统一,从知识技能、过程方法、情感态度价值观的角度进行整体设计。

(一)课型总目标

具有一定阅读量。课标提出,初中阶段学生要“学会制订自己的阅读计划,广泛阅读各种类型的读物,课外阅读总量不少于 260 万字,每学年阅读两三部名著。背诵优秀诗文 80 篇(段)。”初中语文阅览课要担负起引导学生进行有效课外阅读的重任,通过课型的建构,在阅览课实施中,注重对学生课外阅读的引导,保证在学生初中阶段达到课标对学生的课外阅读量要求。

具有良好的阅读习惯。初中阶段是学生养成阅读习惯的关键时期,这是由初中阶段学生特殊的心理结构决定的。初中阶段的学生处在自我同一感实现过程中,他们对自我在不同社会角色中的体验有很大的好奇心,而阅读正能满足学生对体验的心理需求。阅览课就要培养学生良好的阅读习惯,让学生养成自主阅读、探索阅读、体验阅读、读思结合的阅读习惯,并能保证自己的阅读时间,让学生的阅读生涯由学生时代延伸至他生命体发展的终生。

具有独立阅读的能力。独立阅读是一个生命体独立思考的标志,一个人的独立阅读能力决定了这个人对外界的信息的吸收能力以及对所吸收的信息进行有效处理产生自我思考的能力,这是一种自我意识的觉醒和建构。阅览课要培养学生独立阅读的能力,引导学生学会运用多种阅读方法,积累丰富的言语知识和语感,发展自我理解感受能力。从而丰富自我的精神世界，成为一个有独立思考意识的人。

具有完善的交际能力。此处，完善的交际能力是指在日常生活的口语交际中，能认真倾听、正确理解别人的语言，并能进行自我意识的准确表达，从而疏通交流渠道，进行有效交流。阅览课要培养学生完善的交流能力，让学生能文从字顺、逻辑清晰地表达自己的见闻、体验和想法，提高学生的生命质量。

具有丰富的精神世界。人的发展包括生理的发展和心理的发展，而心理的发展更多地体现在一个人的思维力的发展和内心情感的发展上，思维和情感是一个人精神世界的重要组成部分。学生通过阅览课的引领，在领略古今中外文字、文化和思想的基础上，能建构起自己系统的思维结构和情感网络，从而营造出一个丰富的精神世界。

具有一定的审美能力。审美能力包括美的欣赏、美的表达、美的创造，是一个人品位高低的重要组成部分。通过阅览课，让学生在对祖国的语言文字的解读中，发现美，表达美，从而创造美，培养学生对语言文字的鉴赏能力和对人类精神财富的欣赏能力。

具有正确的价值观引领。在课外阅读中，培养学生的爱国主义、集体主义和社会主义的思想道德和审美情趣，在发展个性的同时，具有独立的创新精神和合作共赢的团队精神，并逐步形成积极的人生态度和正确的世界观，从而形成正确的价值观。

具有利用现代科学技术搜索有效信息的能力。课标要求学生“能利用图书馆、网络搜集自己需要的信息和资料，帮助阅读”。在当代，信息量的日益膨胀对现代人的信息搜集能力提出重要的要求，一个人对信息的搜集和处理应用能力的高低，在一定程度上决定了其在社会竞争中的成败。因此，通过阅览课，要培养学生利用现代科学技术来搜索有效的信息，并对这些信息进行加工、利用的能力。

另外，在阅览课上强调学生主体性、教师主导性的同时，不要忽视教师在阅览课中也能实现自我的发展。通过对学生在课外阅读方面的指导，教师也能提高自我的人文修养，保证自己职业生涯处在不断学习和深造的状态中。

（二）分学段目标

1. 七年级阅览课目标

（1）对课外阅读材料的一些内容能用普通话进行正确、流利、有感情地朗读；对情节性、表演性较强的作品或者情节，能以表演的形式进行情节再现。

（2）养成默读的习惯，并能保证一定的阅读速度。按照课标要求，阅读白话文“每分钟不少于400字”，对于难度适宜的文言文，每分钟不少于300字。一学期阅读的累积字数不少于80万字，在完成课标要求的书目的基础上，能完成1～2本书的阅读数量。

（3）掌握一定的阅读方法，学会用圈点批注的形式阅读文章，并能对文章中的经典语句进行有效摘录和简单鉴赏；能试着用浏览和略读的方法来读一些文章，打开自己的阅读面。

（4）能够初步欣赏文学作品，能联系自己的生活，对作品有自己的情感体验；初步领悟作品的内涵，品味作品具有表现力的语言；能从作品中获得自己对自然、社会和成长的有益启示。

（5）丰富阅读视野，领略不同文体带来的不同艺术魅力；了解诗歌、散文、小说、戏剧不同的文学样式。

2. 八年级阅览课目标

（1）能用自己独特的情感表达方式来朗读文学作品，并对文学作品进行个性化的解读；能对作品进行再创造，改编或续写作品。

（2）养成默读的习惯，并能保证一定的阅读速度。按照课标要求，阅读白话文“每分钟不少于500字”，对于难度适宜的文言文，每分钟不少于350字。一学期阅读的累积字数不少于90万字，在完成课标要求的书目的基础上，能完成2～3本书的阅读数量。

（3）能熟练运用各种阅读方法进行阅读，在阅读中能厘清自己的思路，概括、理解、分析作品，并能提出自己的想法和思考。

（4）具有一定的鉴赏能力，能就作品的语言和表达方式提出自己独到的见解。

（5）扩大阅读的范围，阅读作品的内容应包括文学名著类、人文社科类、自然科学类、艺术欣赏类、哲学法律类和军事科学类等多个方面；除了读现代文作品外，还要读文言文作品。

（6）能在阅读中丰富自己的精神世界，并通过阅读树立自我的远大志向，用正确的价值观来引领自我未来的发展。

3. 九年级阅览课目标

（1）具备一定的文学鉴赏能力，对作品中经典的情节和人物形象能表达出自己的感受，并能发表自己独特的观点。

（2）养成默读的习惯，并能保证一定的阅读速度。按照课标要求，阅读白话文“每分钟不少于500 字”，对于难度适宜的文言文，每分钟不少于400 字。一学期阅读的累积字数不少于80 万字，在完成课标要求的书目的基础上，能完成1～3 本书的阅读数量。

（3）能针对不同文体表达不同的见解。对于议论文，能发现材料与材料之间的联系，通过自己的思考作出判断和解读；对于新闻和说明性文章，能掌握文章的基本观点，并分析观点的提出和论证采用了什么样的独特技巧，同时能在阅读中获取有效信息；阅读科学技术类作品，能透过文字体会作品中蕴含的科学精神和科学方法。

（4）注重阅读的深度，具备初步的阅读研究能力，能对一个作家作品进行序列性阅读和初步的研究探索，完成阅读报告。

二、内容系统建构

（一）阅读计划的制订

阅览课首要承担的任务就是学生阅读计划的制订，这是阅览课最基本的内容设计。这里的阅读计划包括共性的阅读计划和个性的阅读计划。共性的阅读计划是指在课标要求、学校情况、教师推荐、学生需求等多种因素的作用下，由教师指导学生制订出的三年的阅读计划。这个阅读计划既要明确阅读的任务和顺序，又要指出初中三年每个时间点要读的书目、书目的阅读进度及不同书目的阅读方式和感知方式。个性的阅读计划是指在教师的指导下，通过阅览课学生独立制订阅读的计划，不同学生有不同的阅读计划。这是因为每个学生的阅读基础不同，在阅读数量和理解深度上的层次不同，因此教师要在阅览课上帮助学生制订个性化阅读计划。

共性的阅读计划是对初中三年的学生在课外阅读方面的最基本要求，而对个性的阅读计划的引领标志着一个学校的理念和文化厚度。阅览课形式自由灵活，通过个性化阅读计划的制订，更能实现因材施教的教学策略，真正做到“促进所有学生学习”。

（二）阅读品质的养成

一个学生的阅读品质决定了他在阅览课及在课外阅读中的收获，初中阶段学生的阅读品质集中体现在学生的专注力、勤于思考善于积累的习惯、持之以恒的阅读态度和有一定成效的阅读速度。阅览课中要注重对学生这些阅读品质的培养，教师在阅览课上要成为学生阅读品质培养的监督者和引导者。阅读品质也是阅览课的重要内容之一。

（三）阅读材料的整合

教育的根本目的是促进人的发展，阅览课也应担负起促进人发展的重任。作为以阅读为主要实现形式的课型，阅览课促进人发展的主要途径就是阅读，而阅读材料是阅读的核心内容。培根在《论求知》中写道：“读史使人明智，读诗使人聪慧，数学使人思维精密，哲理使人思想深刻，伦理使人有修养，逻辑修辞使人善辩。总之，知识能塑造人的性格。”不同的阅读材料，学生获得的发展是不一样的，因此，阅览课的主要填充内容就是阅读材料。

阅读材料选取的原则不能单纯依靠教师的推荐，更不能简化为课标要求的必读书目，而是学生要学会在教师的指导下，自主性地阅读，并学会将有价值的阅读材料分享给他人。

（四）课堂组织形式的建构

根据中学生的年龄特点，阅览课的课堂组织形式和阅读形式可以采用更为自由灵活的形式，如读书报告会、师生交流会、文学讲座等。灵活多样的形式更能激发学生的阅读积极性，而活动的组织和实施更能促进学生将阅读内容内化为自身内在的精神品格。因此，这也是阅览课的重要内容。

此外，良好的阅读情境、自由的阅读空间、教师的引领示范、学生的表达交流也是构成阅览课课型的重要内容。阅览课的内容愈是丰富，内化为学生的阅读材料愈是丰富，学生在阅览课上的收获就愈是丰厚。

三、实施系统建构

阅览课的实施系统就是指课型设计。课型，即指课堂的类型，是基于阅览课内容而进行建构的不同类型的阅览课。课型的建构是阅览课有效实施的重要策略，也是阅览课之所以成为课的重要原因。依据初中教学的特点和性质，阅览课的课型设计如下。

（一）初始型阅览课

阅览课初始课型安排在初中一年级上学期，作为小学与初中衔接的阅读衔接课。初始型阅览课包括三种课型：阅读习惯养成课、阅读计划制订课和阅读方法指导课。

1. 阅读习惯养成课

阅读习惯养成课设置于初中入学之处，在阅览课上教师要对学生的阅读习惯进行培养，包括给学生明确阅览课的基本要求、进入阅览室的注意事项、在阅览课中学生要学会如何读书等。除此之外，阅读习惯也是一种长期的阅读态度，通过阅览课，要让学生明白在阅读中要有专注力，要勤于思考、善于积累，要持之以恒地阅读，还要努力提高阅读速度。同时告诉学生默读在课外阅读中的重要意义。

习惯养成课作为阅览课的起始课，要给学生以明确的指导，这样才能保证初中阶段的课外阅读质量。

2. 阅读计划制订课

“凡事预则立，不预则废。”详实具体的计划是展开行动的前提，也是保证行动有效实施的重要因素。在阅览课的起始课中，要引导学生制订阅读计划。阅读计划的制订应包括两个维度：一是教师层面的引导，二是学生层面的制订。在教师引导中，应充分考虑课标对学生的要求及学生的学情特点，由老师引导学生制定出共性，即可供全班甚至全校来读的书目，并明确书目的阅读时间和速度；在学生个性化制订中，学生可根据自己的阅读基础和阅读喜好来制订属于个人的读书计划。两个计划的融合便是学生三年的读书计划。

3. 阅读方法指导课

这种课型主要是教给学生阅读的方法，训练学生从文字资料中迅速获得信息，提高阅读效率的能力。掌握速读法，海纳百川，增加知识储备，促进智力的发展，拓展知识面。

引导学生合理使用工具书，学会搜索信息、处理信息；指导学生边读边思考，提高理解能力、评价能力、想象能力等；指导学生写读书笔记和读后感等；教给学生正确的读书姿势和方法；让学生读与记录结合，读与圈划并用，读与评点相连，疑问、感悟随手批注；精读、泛读、浏览、速读、略读等多种方法并用，养成不动笔墨不读书的好习惯，知道一本书从目录到内容，从作者到主题，切实多读书、读好书、会读书。

（二）导向型阅览课

“指导孩子阅读最关键的是有协助能力的老师，没有老师的引导，没有一个好的环境，就很难有好的阅读效果。”也就是说，学生在盲目、无指导下的阅读是没有成效的阅读，同时阅读也需要教师营造一定的环境。有导向，学生才能在阅读中有目的有计划地阅读，才能确保学生的阅读质量。导向型阅览课包括名著导读课、读书推荐课。

1. 名著导读课

名著导读课的阅读客体是古今中外的经典名著，阅读主体是学生。即在教师的指导下，阅读主体学生完成阅读客体书籍的阅读过程。因此，这种类型的阅览课要求教师能从“主导”的角度将书籍介绍给学生，并引导学生来读。

这一课型是引导学生阅读、激发学生阅读兴趣的课。教师根据自己的理解和思考，并结合名家的见解向学生介绍作者，介绍作者的成就及影响。在这个基础上向学生推荐这本书，欣赏书之美，品读书中的魅力，以期引起学生的兴趣，并开启这本书的阅读。同时，这类课型也可以以课内文章为一扇窗，通过讲解课内文章引起学生对整本名著的关注和阅读。教师的“导”起到非常重要的作用。

2. 读书推荐课

初中生处在青少年前期，这一阶段的孩子年龄较小，阅历比较浅，缺少一定的阅读基础，因此，在选择书籍的过程中往往带有盲目性和随意性。在读书推荐课上，教师可以通过讲解主要的内容、朗诵精彩的片段、讲故事等各种形式向学生推荐读物，也可以同学之间、小组之间互相介绍自己喜爱的书籍。通过推荐，学生会对图书有一个立体明晰的认识，然后根据自己的理解和收获，选择自己喜欢的书籍来读。

（三）欣赏型阅览课

文学作品同时也具有一定的艺术性，阅览课要培养学生的审美能力就要引导学生学会欣赏文学作品。因此，在阅览课的建构过程中，设计了欣赏型阅览课。该类型阅览课包括阅读欣赏课、读书探讨课。

1. 阅读欣赏课

这种课型主要是引导学生欣赏阅读材料，可以通过配乐朗诵、角色表演等各种方式，促使学生在理解的基础上对文章进行鉴赏，受到美的熏陶和感染，积累语言材料，提高审美能力。

阅读欣赏课与语文传统的文本解读课相联系，注重的是学生欣赏品位的提高。欣赏的过程可以从题材、语言、表现手法等深层理解，是全面、精细、深刻理解的阅读方式。在这种类型的课堂上，教师的引导起到非常重要的作用。利用教师的引导，学生对文章或作品进行层层剥笋，从而领略文字的妙处。

2. 读书探讨课

读书探讨课是针对阅读中的问题进行探讨，探讨的对象可以是学生在阅读过程中产生的疑惑或发出的质疑，也可以是书籍中出现的问题，或教师就文本中的一些内容设计成问题后的探讨。其目的在于通过对问题的探讨加深学生对作品的理解，深化学生的思维结构，让学生在阅读中找到文字之外的内容，从而培养学生的理解力和思辨力。这是对学生学科思维发展的有力促进。

这种类型的课需要教师在学生阅读之前就要有自己独立的见解，在教师引导和探讨之后，学生能用文字的形式把自己的见解表达出来。

（四）自主型阅览课

自主型阅览课，也叫“心灵的放牧”，是最能够体现学生自主性的课型，也是阅览课最主要的实施课型。这种课型秉承“大语文观”，给学生以充分自由，让学生选择自己喜欢读的书籍，拓宽视野，开放眼光，并逐渐形成自己的阅读取向，这有利于学生独特个性的发展。

自主型阅览课以学校的图书馆或阅览室为学习场所，在老师的组织引导下，学生可选择自己感兴趣的书籍展开阅览。因为图书馆或阅览室的书籍是经过教师筛选和甄别过的，因此教师不宜对学生的阅读有过多干涉。为保证阅览课的质量，同时保证阅览课作为语文拓展课的地位，教师在展开阅览之前可给学生大致规定好选择书目的方向，如文学类或社科类，不宜和语文学科相差太远。学生对其他学科领域作品的阅读，可放在阅览课之外的阅读活动中。

（五）展示型阅览课

展示型阅览课，也叫“读书交流展示课”，是学生在课前广泛阅读的基础上对阅读中的感受与收获进行展示、交流、汇报的课型。读书交流课的形式可以多样化，这样会使学生更有兴趣。如读后叙述，组织学生复述自己读过的书的内容；开展辩论赛，针对读物中所提到的相关论点开展辩论，提升阅读效果；交流评论，交流自己阅读的方法，对书中的人物及写法进行评点；表演展示，让学生把看过的内容，自编成小品、课本剧的形式，在阅览课上进行表演。具体包括读书汇报课、表演展示课、讨论课和学生讲坛。

1. 读书汇报课

学生在进行一个阶段的广泛阅读后，会有自己的阅读感受。通过读书汇报课，可以将自己在一个阶段中读书的收获和感受总结提升，以汇报的形式展示出来。

读书汇报课着重培养学生的总结概括能力，对不同能力段的学生也能提出不同的要求。如程度薄弱些的学生可采用叙述的形式，将自己一阶段的读书收获叙述出来；表达能力较强的学生可以对自己一阶段的读书进行总结；而文学素养较高的学生可对所读内容进行总结提升，并说出自己独到的见解。这种类型的课完全以学生为主体，教师可穿针引线地进行适时点评，以引导学生更好地阅读。

2. 表演展示课

初中阶段的学生有较强的表现欲望，他们喜欢在演示中体验不同的角色带来的心理感受。表演展示课是一种有效的读书展示方法，即将自己所读的内容以情境的形式展现出来。

这种类型的课需要学生在课下花费时间和精力进行排练和展示，对初中低年级的学生比较合适，进入毕业年级后，学生可能无法找出时间来完成表演内容的排练。

3. 讨论课

在阅读中，学生会渐渐形成自己独到的观点，包括对文中人物形象的认识、对故事情节发展的理解、对作者意图的思考等。因此在制订阅读计划时，可要求学生每周阅读一定的章节，然后在当周的阅览课上，针对本周阅读的内容，抒发自己的见解。通过学生各抒己见，学生之间会产生不同的观点，甚至会产生辩论。在教师的引导下，学生可针对有争议的问题进行深入思考，这不仅会加深学生对作品的理解，同时也能加深学生的思维深度。在这种类型的课上，通过思维的碰撞，领悟能力较强的学生的发言会帮助领悟力不强的孩子理解文章，同时学生又能在讨论中发现问题，从而进一步加深阅读，主动扩展阅读面。

4. 学生讲坛

学生可选择其中一个话题或一个研究方向，针对特定的主题系统性地发表自己的观点，并提出独到的见解。这是学生在课外阅读中积累出的智慧的结晶，是学生能力的全面体现。教师在阅览课上要多创造机会，让学生拥有一个讲坛，展示自己的读书收获。对学生而言，这是一个较大的鼓励，也是他们继续阅读和终身阅读习惯养成的关键，为学生研究能力的提高提供一个展示的契机。

四、评价系统建构

阅览课课型建构的目的是促进学生课外阅读，改善课外阅读的教学环境。阅览课的评价要准确反映学生的阅读水平和阅读状况，落实课标对学生阅读的要求，从而达到促进学生课外阅读的目的。因此，阅览课的评价要发挥评价的多种功能，注重评价主体的多元与互动，发挥评价在教学中的积极作用。

2011 年版《义务教育语文课程标准》建议要“充分发挥评价的多种功能”“恰当运用多种评价方式”“注重评价主体的多元与互动”“突出评价的整体性和综合性”。依据《课标》建议，我们可以对阅览课采取如下评价策略：

（一）注重过程的评价

阅览课是一种开放式的语文学习方式，以学生的阅读过程为课堂内容。其目的在于鼓励学生的课外阅读兴趣，培养学生的自主阅读意识。因学生原有的阅读基础不同，阅读水平各异，学生的阅读存在很大的差异，因此，在评价中不能像对语文知识的考查那样运用结果性评价，在阅览课的评价中要尊重学生对阅读的主体感受，注重学生的阅读过程，最大限度地培养学生的阅读兴趣和阅读习惯。

1. 恰当运用形成性评价

形成性评价关注的是学生的学习过程，有利于揭示教学中存在的问题，对教学进行及时反馈，从而有利于改进教学，促进学生的学习。在阅览课上，注重形成性评价，注意收集、整理能够反映学生课外阅读的相关资料，如读书笔记、读书报告、读书汇报和交流材料等，关注学生在课外阅读过程中的表现；为学生建立课外阅读档案，将学生日常的阅读书目、阅读状况进行实时记录，为学生的课外阅读建立动态评价模式，记录学生在课外阅读中的成长变化过程。

对学生在阅览课中的日常表现和学习态度，以表扬和鼓励为主，采用激励性的评语，从正面加以引导，激发学生的阅读兴趣和热情。

2. 发挥评价的检查、诊断、反馈功能

评价具有多种功能，检查、诊断、反馈是基于评价的过程性功能而言的。阅览课要积极发挥评价的检查、诊断、反馈功能，促进学生课外阅读的有效性。

在阅览课中，教师可以设计阶段性读书汇报课、读书交流课、读书推荐课，在学生的交流碰撞中对学生的课外阅读状况进行检查，并通过学生的发言诊断学生的阅读情况和阅读收获，将学生在阅览课上反馈的信息进行分析，从而调整阅览课教学，完善阅览课过程，有效促进学生的发展。

（二）评价方式多样化

阅览课的目的是培养学生良好的阅读习惯，促进学生的精神发展。在这个过程中，教师的评价要尊重学生自主阅读需求，注重评价方式的多样化。

1. 定量评价和定性评价相结合

定量评价是采用数学的方法，收集和处理数据资料，对评价对象作出定量结果的价值判断，具有客观化、标准化、精确化、量化、简便化等鲜明的特征，在教学中表现为以选拔和甄选为目的的纸笔测验；定性评价是不采用数学的方法，而是根据评价者对评价对象平时的表现、现实和状态或文献资料的观察和分析，直接对评价对象作出定性结论的价值判断，如评出等级、写出评语、写出观察记录、进行面谈等。

在阅览课评价过程中，既要重视对学生阅读结果的检测，如在初中学业水平考试中的名著阅读的测验形式，又要重视对学生阅读过程的促进。

2. 形成性评价和终结性评价相结合

形成性评价重视学习过程，终结性评价关注学习结果。在阅览课的评价中，除了要对学生的学习过程进行关注之外，也要对终结性评价结果加以重视。关注过程，是因为课外阅读的本身就是一个动态变化过程，而对结果的关注可以加大学生对课外阅读的重视，促进学生课外阅读水平的提高。

3. 口头评价与书面评价相结合

从评价的形式来看，既可以是口头的，也可以是书面的。评价的目的在于肯定学生在课外阅读中的正确做法，以巩固这种做法，使之成为学生良好的习惯。从而对学生的课外阅读起到积极的鼓励作用，为其终生阅读打下良好的基础。

口头评价是实时的，教师在对学生的观察和访谈中，对于学生在课外阅读方面的良好表现给予言语的肯定，对于学生在课外阅读中遇到的问题给予积极的鼓励，对于学生在课外阅读中存在的缺陷在忠恳地提出意见的基础上，给予及时的指导。书面评价是教师和学生之间通过纸笔的交流，对学生阅览课上的表现进行反馈和指导，书面评级既可以以“A”“B”“C”等级的形式呈现，也可以是教师的一段评语。同时对学生读书笔记的修改和批注，也是书面评价的一种，对学生的课外阅读也是一种促进。

（三）评价主体多元化

2011 年版《义务教育语文课程标准》提出：“应注意将教师的评价、学生的自我评价及学生之间的相互评价相结合，加强学生的自我评价和相互评价，促进学生主动学习，自我反思。”同时也提出：“根据需要，可让学生、家长、社区、专业人员等适当参与评价活动，争取社会对学生语文学习的更多关注和支持。”

在日常语文学习评价中，教师评价具有权威性，对学生的语文学习产生引导作用；同学之间的评价对学生也有一定影响力，这是基于初中生同伴心理而产生的效应；家长对学生的评价是对学生学习的督促。同时也要加强学生的自评，让学生在自我评价中，获得自省和提高。阅览课的评价要注重评价的多元性，全方位促进学生对课外阅读的重视。同时，根据阅览课内容的不同，社区、专业人员也可以参与到阅览课评价活动中来，让评价内容更丰富。

（四）评价内容具体化

1. 针对学生的阅读速度进行评价

适当的阅读速度是阅读能力的重要衡量维度。依据《课标》要求，六~九年级的学生阅读速度每分钟不少于500字。因此，阅览课也要把学生的阅读速度作为阅览课评价的维度之一，如一堂阅览课45分钟，有效阅读时间为30分钟，课堂结束时学生通过所读页数，大致统计一下自己的阅读字数。教师对学生的阅读速度有一个大致了解，对于阅读速度慢的同学，给予相应方法指导，从而促进阅读质量的提高。

2. 针对学生的阅读广度进行评价

学生的阅读广度包括两个方面，即学生特定时间段内阅读书目的数量及学生所阅读书目的内容类型。在对学生的课外阅读的评价中，要涉及对学生阅读广度的评价，如提出明确要求，每月阅读一本书，月末进行阅读成果展示和汇报。将学生在一学期内所读书目及书目类型经检查后做一个详细统计，作为阅览课的期末评价汇总到语文学科评价中去。

3. 针对学生的阅读深度进行评价

对阅读深度的评价是为了确保学生阅读的效果和阅读质量，在阅览课上可以设计特定的读书活动，或在专题阅读中深入探讨作家、作品。对于在交流探究中能提出有深度、有探讨价值问题的学生，给予鼓励。

（五）阅览课评价与综合素质评价相结合

综合素质评价是对学生在校期间所有表现的一个整体评价，包括“道德品质与公民素养”“学习能力”“交流与合作”“运动与健康”等几个方面，以此来促进学生的全面发展。综合素质评价是学生初中阶段最重要的评价，它关系到学生的评优评先，是高中阶段自主招生的一个重要参考维度。

阅览课评价与综合素质评价相结合，加大了阅览课在中学教育中的地位，对学生起到引导作用，从而使师生双方加大对阅览课的重视力度，从而保证阅览课在初中教学中的重要地位。

第三章　学校阅览课实施案例

一、阅览现状

为确保对山大附中语文阅览课实践状况研究的有效性，我们分别对山大附中三个年级学生进行了阅览情况的问卷调查（见附录），并对山大附中的阅览课运行情况和师资状况进行深入了解。据此，山东大学附属中学阅览状况呈现如下：

（一）学生的阅览现状

已有阅读量可观。七、八、九年级的每周课外阅读量达5000字以上的分别占35.71%、32.92%、30.21%；每周阅读量不足2000字的学生数比例相对较低，七、八年级所占比例不足10%，九年级占12.46%。

家庭影响良好。在调查中，学生家庭成员中至少有一人或多人喜欢读书，这对孩子有一定的积极影响。

有一定的阅读习惯。三个年级的学生大多能在阅读经典后进行文字整理，同时还有个人独到见解，能够做到二者兼容并蓄。同时，学生阅读的自主意识强，三个年级学生大多希望阅读书目是经过自己挑选，所占比例分别为50.85%、51.23%、44.23%。

有基本明确的阅读目的。七年级学生阅读目的体现在增加知识上，占51.14%；八、九年级学生阅读目的呈现多样化，在增长知识的基础上，也有提高语文水平、休闲娱乐、学会处世的要求。八年级在以上几方面的比例分别为43.82%、20.98%、11.52%、11.52%；九年级的为49.84%、21.80%、10.28%、10.90%。

对阅览课有强烈的需求。通过对调查问卷的分析，每个年级的学生都表现出较为浓厚的阅读兴趣。其中加大对阅览课时安排的需求较为强烈，七年级占46%，八年级占34.77%，九年级占47.97%。可见学生对阅览课保持兴趣，并没有因为年级的升高而降低。

阅览自主意识强。通过分析问卷，七年级倾向于老师根据情况讲解的占42%，愿意或一般愿意根据老师的建议读书的占37.66%；八年级学生则更希望老师少讲，不讲或根据情况而讲的占32.51%；九年级学生更希望自由地阅读写作。由此可见，在阅览课中学生希望老师不过多直接干预，从而使自己有独立的阅读意识。并且随着学生年龄的增长，教师在阅览课中的干预应越来越少。

调查问卷显示，出现在山大附中最突出的问题就是学生的阅读状况差别较大，这就加大了阅览课教学实施的难度。另外，学生课业负担过重，没有时间阅读，不会选择书目，选择不到自己感兴趣的书目，也是造成学生课外阅读实施有障碍的因素。

（二）阅览课实施案例

案例一（初一，目的是激发学生的阅读兴趣。）

金秋十月，我在读……

高　平

同学们，在朗朗的读书声中，老师也想和你分享一句我最喜欢的读书名言，我觉得于谦的这句话正概括了我的读书感受——书卷多情似故人，晨昏忧乐每相亲。

无法回到远古，无法生在未来，我们只能生在红尘。但在红尘中，

因为有书，我们可以游于过去；因为有书，我们可以走在未来；

因为有书，我们可以把过去与未来和谐地统一在现实。

因为有书，我们的生活成了激情的平淡，平淡的激情，

因为有书，我们的生活，落叶与春芽，都变成了生动与精彩。

在这样一个金秋十月，这样一个明媚的午后，听的是舒缓、醉人的旋律《秋日的私语》，我们好读书、读好书的《金秋十月，我在读……》开始了！老师非常想知道，你今天怀揣的那本书是什么呢？你是怎样遇上它的呢？

下面我们先采用抽签的方式，每个同学说说你金秋十月正在读的这本书，可以选一小段和大家分享一下。第一个幸运者是谁呢？课代表同学来抽取第一个，然后，我们采用接力形式，每个同学读完之后，就抽取下一个同学的学号，依次进行。被抽到的同学到黑板上来先签下你的名字和书的名字。（5 分钟）（我们也可以首先小组交流，每个小组推荐一个代表，代表你们小组来展示。）

顺便抽取一个同学，听听他是谁。

哪个同学想说说你很想知道哪个同学在读什么书，你为什么想知道他的呢？

“独学而无友，则孤陋而寡闻。”共读一本书，可以一起讨论，也很好啊。

(30 分钟，8 人。)

我每每感动于大家那么喜欢上阅览课，我心中最美的图画一定是一个孩子在捧读书卷，但时间关系，我们不能一一进行了。下面，我们留 5 分钟时间给急切地想推荐自己的书的同学，也请写下你的名字和推荐的书。(5 分钟)

大家说得太精彩了！我开始读书的时候还是个小孩子，我就喜欢感觉它们在我手中的重量和它们亲密地压在我腿上的温暖，我喜欢书页翻动时那清脆的低语、旧纸的草木味和新书的微微刺鼻的油墨味……

同学们，读书，同饮食一样，要有所选择。怎么选择呢？有营养，但不能老吃

肉，五谷杂粮、蔬菜水果都要吃。但是，要有计划，不能太随意，咱们的读书计划就是让大家有计划、有序列地去读。“凡事预则立，不预则废”嘛！

其实老师有一个“阴险”的目的，看大家有没有按照读书计划读书。

怎么读呢？

1. 按照我的读书计划，有读书笔记；

2. 按照我的读书计划，有旁批勾画；

3. 按照我的读书计划，只是读，欠缺思考；

4. 功课紧，顺手择书，未按序列；

5. 功课紧，根本不读书；

6. 不喜欢读书……

好的，我们今天共推出 10 本书。现在我抽取学号，第一个同学说出他最喜欢的一本书，第二个同学说出他认为今天表现最佳的同学。这个机会给谁呢？

今天，我们要选出一本大家最喜欢的书、一个表现最佳的同学。高老师给这两位同学带了一个读书卡片，本来高老师想亲笔签名送给你留作纪念，但今天我们有机会见到了一些爱读书、读了好多书的老师。谁如果获得这个奖，就可以去请一位老师给你现场签名留作纪念！机会难得，谁会是得到这份珍贵礼物的同学呢？

好的，这份珍贵礼物的获得者就是 × × ×。

马上到后边去请一位老师给你签名，对，给那个笑得最灿烂的老师，谢谢！五分钟后我们再去取，并现场读给大家听。

好的，趁着老师写这个小卡片的时间，我们搞个小活动，今天很多同学带的书都不能展示，现在大家静静地离开座位，轻轻地转一转，在我们的小书市上溜达一下，看到你特别心仪的书就可以拿在手中。

好的，时间到，就近坐下，我现在再抽一个学号，他手中的那本书也要获奖。

回去找到那位给你签名的老师，读给大家听。

介绍一下今天给大家写书卡的老师，一位是来自孔子故乡的孔老师，另一位是赵赵老师，她在我们学校的网站上发表了《赵赵在读》，大家可以去读一下。

今天，同学们展示了自己读的书，11 月的读书会将展示同学们的读书笔记。我建议同学们回去后把初一的读书计划打印一份放在你们的读书笔记本中。

现实界是有限的，理想界是无限的。我们的“有限”不仅在于生命的长度是一定的，不仅在于生活区域的固定，还在于我们的思想常常无法超越自身、超越时空。在读书中，我们经历了不一样的人生，见识了不同的世界，从而对现实与生命有了更多的理解和感悟。悲喜着人物的悲喜，见证着人世的沧桑；感悟着生活的真谛，品味着生命的隽永；超越了庸常的人生……

我们的人生因此丰富，我们的世界因此阔大。

喜爱读书吧，孩子们！今天的课就到这里！

案例二（初三，更深更难的文本突破）：

打开“红楼”一扇窗：仰望的力量

——《红楼梦》读书交流课教案

赵克芳

一、《红楼梦》解读

有人说，几乎用什么方法研究《红楼梦》都是可行的。因为她的博大精深，因为她的令人叹为观止的美。在这一点上，其他任何文学作品都无法做到。在我看来，《红楼梦》有一种质的优越性，也有的学者说《红楼梦》有一种特殊的原生性，它仿佛是天然而成的，那里的芸芸众生、世间万象都像一个个鲜活的生命体，可以使你慢慢地接受、相信，并进一步感到那些人物都是活的。它自成一个宇宙、一个世界，既丰富又复杂，既深邃又玄秘，既真实生动又意味无穷。

为什么我们对《红楼梦》怎么研究都行呢？一种说法是我们对宇宙怎么研究都行，而宇宙的特点《红楼梦》都具备了，包括它的规律性和非规律性，它的圆满和缺憾。上帝造出来的世界绝不是完美无缺的，因为它十分博大，这不是上帝之病，而是上帝之大。对《红楼梦》的解读和议论，其实已经远远超出了《红楼梦》的范围，议论《红楼梦》就是在议论社会、人生、哲学、科学。这种现象使你感到《红楼梦》比各式各样的学说更优越，它有一种耐评性，有一种可误读性，当然它也是可解读的。尽管我们的研究已经远远超出了《红楼梦》文本的范围，但仍然感到它是发掘不完的，我们不能不对它表示惊叹。正如冯其庸先生所说——“大哉《红楼梦》，再论一千年。”

就像我们即将来讨论的《红楼梦》的人物，让我们深爱、让我们厌恶、让我们痴迷，无论如何都深深吸引了我们，引发了我们深深的思考。

二、再论《红楼梦》的地位

《红楼梦》是中国小说史上不可超越的顶峰。《中国大百科全书》评价说：“《红楼梦》的价值怎么估计都不为过。”《大英百科》评价说：“《红楼梦》的价值等于一整个的欧洲。”《红楼梦》是一部大书。有评论家这样说：“几千年中国文学史，假如我们只有一部《红楼梦》，它的光辉也足以照亮古今中外。”

《红楼梦》之所以伟大，首先体现在结构和人物的伟大上。在如此精妙的布局和秩序下，这等空间、这群人物中，看似庞杂的故事在作者的笔下事无巨细，分明清晰地娓娓道来。

三、《红楼梦》里的人物

展示《红楼梦》中主要人物的图片资料，看看学生对其中主要人物的了解程度。展示人物依照从宁国府到荣国府的顺序。

四、交流与讨论

1.《红楼梦》中，你最喜欢哪个人物，或最不喜欢哪个人物？为什么？也可谈谈你最喜欢的场景或片段，并讲述你喜欢的原因。

2. 说说你读《红楼梦》的困惑。

五、《红楼梦》的阅读策略引领

（一）注重文本的细读

其一，凤姐的话。

《林黛玉进贾府》中，王熙凤看到林黛玉时说：“天下真有这样标致的人物，我今儿才算见了！”读到这儿，我们自然预测下文的话，以为王熙凤接下来将要极力吹捧林的美貌了。

但王熙凤却说：“这通身的气派，竟不像老祖宗的外孙女，竟是个嫡亲的孙女。”这大出我们的预料之外。王吹捧林就够了，为什么还要讲到什么“外孙女、嫡孙女”？

解析：其实，这样一个吹捧、赞赏，绝不是一般的阿谀，这种吹捧是不留痕迹的，是“高品位”的。明里是夸林一个人，而林是老祖宗最喜欢的外孙女，所以夸林就是捧老祖宗。但是夸外孙女的美貌，有得罪嫡亲亲眷中美女们的风险，于是她话锋一转“竟是个嫡亲的孙女”，由此在场的嫡亲，邢夫人、王夫人、老祖宗以及迎春诸姐妹皆大欢喜。

其二，林黛玉说话的艺术。

第一处：邢夫人苦留吃过晚饭去，黛玉笑回道：“嗣母爱惜赐饭，原不应辞，只是还要过去拜见二舅舅，领了赐去不恭，异日再领，未为不可。望舅母容谅。”夫人听说，笑道：“这倒是了。”

第二处：黛玉便向椅上坐了。王夫人再四携他上炕，他方挨王夫人坐了。王夫人因说“你舅舅今日斋戒，明日再见罢。只是有一句话嘱咐你：你三个姊妹倒都随好，以后一处念书认字学针线，或是偶一玩笑，都有让的。但我不放心的最是一件：我有一个孽根祸胎，是家里的‘混世魔王’，今日因庙里还愿去了，尚未回来，归晚间你看见便知了。你只以后不要睬他，你这些姊妹都不敢沾惹他的。”

（二）注重文本的重读

1. 师生共同欣赏《红楼梦》第三十回。

2. 学生谈自己的看法。

3. 评论：很多欣赏男子汉气魄的人看不上宝玉，一句“娘娘腔”就贬他到底。可是宝玉的眼睛里“有人”“有他人”“有被侮辱与被损害的人”，他不是英雄，他是懂得爱人的人。

谁把丫头当人看？四儿、五儿胡乱叫，小猫小狗一样。卖就卖了，死就死了，不往心里去的。芳官、龄官这些小戏子，不过是些玩意儿。能唱戏就打扮起来唱一折，不能唱的时候拉出去交给“人牙子”卖几贯钱，或者随便配给小厮算，谁会为他们费心。

宝玉不这样，他看她们是清俊女孩儿，是姐妹，是一样的水做的骨肉。知道她们的疼痛哀伤，注视她们，护着她们。“龄官画蔷”一段，每次看我都觉得雨似乎淋到身上，心里也干干净净地欢喜。

宝玉这样待人，记挂着别人，揣测龄官内心的煎熬。自个身在雨里却只顾着提醒，才不会管她不过是个不认识的侍儿。这里没有男人女人间的讨喜欢，没有主仆之间的恩遇，有的是一个孩子对另一个孩子的关怀。

（三）关注作者通过“隐语”和“谐音”带给我们的阅读暗示

1. 你在读书中注意到了哪些？

2. 讲读举例：

其一：凡鸟偏从末世来，都知爱慕此生才。一从二令三人木，哭向金陵事更哀。

“一从二令三人木”指的是丈夫贾琏对凤姐的态度变化。新婚后先“从”，对她百依百顺，样样都听她的；“二令”解为“冷”，指的是丈夫对她的渐渐冷淡与开始对她发号施令；“三人木”以“拆字法”指她最后被休弃的命运。“哭向金陵事更哀”，就是她被休弃后哭着回娘家的悲哀写照。

其二：子系中山狼，得志便猖狂。金闺花柳质，一载赴黄梁。

首句“子系中山狼”中“子系”二字合成“孙”的繁体字，指的是迎春的丈夫孙绍祖。“中山狼”用的是《中山狼传》的典故，喻凶狠残暴而又忘恩负义的人。这里是比喻迎春丈夫孙绍祖的险恶狠毒。

“得志便猖狂”写得意后便为非作歹，横行霸道。孙绍祖在家境困难时曾经拜倒在贾门府下，乞求帮助。后来，孙绍祖在京袭了官职，又“在兵部侯缺题升”，一跃成为“暴发户”。贾家衰败后，孙绍祖向她逼债，任意践踏迎春。

其三：桃李春风结子完，到头谁似一盆兰。如冰水好空相妒，枉与他人作笑谈。

这里“李”“完”暗示出李纨的名字。李纨的青春就像春风中的桃李花一样，一到结了果实，也就衰谢了。第二句“到头谁似一盆兰”与画面一样，同指贾兰。这句说在贾府的末代子孙中，谁也比不上贾兰有“出息”。

六、拓展延伸：读书笔记《我读红楼》

七、我的《红楼梦》研究

查询相关资料，进行深入的探索和研究。

案例三：

今年的寒假有点炫：读书写作看电影

——我们的寒假读书写作计划

前言：

孩子们，这个假期很饱满，听起来都有点像做梦，这使我想起了我自己的中学时代，寒暑假那大把的日子都是自己的，真是有足够的时间“奢侈”。我记得我当时“挥霍”时间的方式就是读小说，读得如醉如痴……午后的读书时光更是神仙不换的痴迷。只有先成为读者，才能成为学者，看看你做研究的天分吧！

一、读两本书

名著推介之一：小小的北极村，世界的北极村——迟子建《北极村童话》

名著推介之二：今夜的天空很希腊——《希腊神话故事集》

二、看两组电影

1. 导演艾默里奇的一组电影；影评作品：《美国导演的想象与表现》

艾默里奇的灾难片的巅峰之作：《2012》

美国好莱坞大片：《后天》《独立日》《史前1万年》

2. 花木兰：电视剧、电影、动画片、戏曲……中国的、外国的……

影评作品：《角度与构思》

中国动画片、美国迪士尼动画片、豫剧、赵薇陈坤主演的电影《花木兰》等

作业：写两份影评报告

三、自选一本图书，阅读并写读书报告

从自然科学、哲学、美学等领域选择一本，使自己变成“杂食动物”；文学爱好者可以去读萧红、张爱玲、朱自清、张承志、张炜、史铁生。

完成一份读书报告：《我喜欢的一本书或一个作家》

四、实现一个个人梦想

上初中后，你一定有很多梦想，趁这个寒假，实现其中的一个个人梦想，并把它镌刻在时光的卷轴上，以报告形式写出个人梦想从申报到实现的整个过程。

五、读书我做主

三个年级的每位同学，到附近的书店选自己喜欢的两本书，写出推荐理由。新学年开学时，你们的选书报告就是我们图书室择书的重要参考啦！说不定哪一天，在我们图书馆的书架上，就可以看到你最心仪的书的影子。

案例四：

读书交流周活动方案

一、活动形式

班级负责制，学期初每班抽签决定承办读书交流周顺序，具体由每班两名语文课代表、班长和语文特派员负责活动的策划和具体开展。

二、活动内容

1. 按照学期阅读计划针对必读书目进行交流活动（主要）。

2. 按照学期阅读计划针对选读书目进行交流活动（辅助）。

三、活动目的

给学生提供一个交流读书感受的“场”，在这个“场”里，由学生自主策划、组织及协调活动的开展，形式多种多样，鼓励创新，重在交流，以读书作为起点，以交流作为一种学习方式，在互动中达成多种学习品质，直指语文核心素养。

四、活动对象

主要面向初二全体学生。

五、活动时间

贯穿学期始终，隔周进行，为期一周。

案例五：

用一生珍藏——由《丑小鸭》到安徒生

——阅读引领课教学案例

姜荣奎

学生要做的事情：

1. 阅读安徒生童话至少三篇作品，写出你对安徒生童话的认识，并且要点明读的是哪些童话，你的认知从何而来。重读安徒生，你有了哪些不同的认识？比如说对幸福、快乐、痛苦的理解。

2. 请举例写出你小时候读《丑小鸭》和现在读有哪些不同，阅读认知上有哪些提升，有什么新发现。

3. 以《我们需要童话》或《不老的安徒生》为题写一段话。100 字以内。

4. 从安徒生童话里，你读到了一个怎样的人？400 字以内。

教学过程：

一、导入

孩子们，这是我从大家这一周学习《丑小鸭》、阅读安徒生作品的作业中选的一部分文字。早读的时候已经请同学们阅读过了。关于这些同学的观点、想法或评价，你最欣赏或认同哪一位同学的？与我们分享一下。（10 分钟）

二、整体感知

那么有没有哪位同学对其中某位同学的观点持有不同意见或想补充？在同学们提出想法的时候，其他同学也可以把自己在这个探讨的过程中产生的新想法与大家分享。（20 分钟）

在我们纸面分享观点的同学中，有没有谁在这个过程中又有了新的补充？（有，就谈；没有，就巧妙地收尾。）

一定要注意两位同学的观点：王舜正和刘莹

张莺桐：丑小鸭如此被人欺负，曾经是那样自卑，但世俗和偏见在他心灵上造成的压抑和忧郁，并没有摧毁他对美的追求和向往。因此，我想我们不要忘记自己的初心，不要丢掉自己的追求，命运会让自己散发出独特的光芒。

亓丽婷：人生理想的追求中会遇到种种磨难，其中最难翻越的高山就是自己。在这条路上，我们要保持最真实、最可爱的自己，保持初心，活好当下，不要被别人的目光所干扰。能帮自己翻越高山的只有自己。但同时也要谨记：当成功蜕变时，不要骄傲，保持一颗好的心：善良美好，有理想有追求。

分析讲解：安徒生的座右铭是“别给悲伤一分秒的机会，因为这意味着他会伴随你的一生”。正因为此，无论境遇怎样，他都坚守初心，从鞋匠和洗衣妇的儿子，到享誉世界的童话作家，安徒生的一生，把不可能变作了可能，完成了他生命价值的升华。

王舜正：有一点，我和大家的看法不同。虽然说“逆境成才”，但它并不适用于这个故事。丑小鸭本身就是一个天鹅，只要他不死，即便他什么也不做，也会成为天鹅。他真正的美德在于，他变成天鹅后，虽然身份地位发生了改变，但他没有因自己所曾经经历的而去报复别人。我认为这个世界上有一种悲哀：如果你是一只苍蝇，那么你就永远是一只苍蝇，不可改变。努力的话，最多也就是变成苍蝇中的领导者。（以上均属于我个人的思考，与课文无关，只是一时冲动写了下来。）

分析讲解：这里要给学生引领两点：如何直面自己的人生；上帝并不看轻卑微。

张力文：“只要你是一只天鹅蛋，就算是生在养鸭场里也没有什么关系。”这是可以称之为真理的一句话。但从另一个角度理解，这句话其实就是说“就算你生在天鹅湖旁，可你是只鸭蛋，你终究是不会变成天鹅的”。很残酷的现实，但是真的无法变成天鹅吗？我想不是的。不管我们身处何处，我们都要坚信自己不是鸭蛋而是天鹅蛋。

分析讲解：生理意义上的天鹅和生命价值意义上的天鹅。感兴趣的同学可以看两篇文章：林清玄的《心里的天鹅》和丛维熙的《白天鹅的记忆》，既有生理意义上的白天鹅，也有生命价值意义上的白天鹅。生理意义上的白天鹅不一定能够成长为生命价值意义上的白天鹅；同样，我们非生理意义上的白天鹅不见得不能拥有白天鹅的灵魂与生命的价值意义。当我们走进一个作家的文字，碰触他心灵的深处，与他进行灵魂的交流时，即便只是我们旅游的时候路过他所停留过的地方，也会与他邂逅在美丽的异国他乡。

刘玉麟：丑小鸭最难能可贵的是他不甘于自己的处境。第一次他是被迫离家，逃离灾难。但是当他在农场安定下来的时候，在他感受到了人生的温暖的时候，他仍然不满足，不做井底之蛙，而是要到广大的世界里去。看到美丽的天鹅后，他不惜一切代价飞向他们，那完全是出于对大自然、对美好生活的努力追求。而当他知道自己其实就是天鹅时，没有骄傲，因为“一颗好的心”是不会骄傲的。

分析讲解：我想与大家分享一句话：“上帝总是把自己的宠儿放在普通的人群里操着普通的职业，远离金钱、荣耀与权力。但是，他们总是在人群中凭借努力脱颖而出。”

张一诺：丑小鸭相貌的与众不同虽然让他成为大家眼中丑的形象，但是他拥有健康的心态，他不嫉妒，不奢求，努力做好自己，又胸怀大志。丑小鸭蜕变过程中，其他人的态度让我深思。我想成功者需要的不仅仅是成功时的掌声，更需要失败时为他擦干眼泪的双手。

孙佳馨：随着我年龄的增长，这个古老而熟悉的故事也在渐渐长大，变得越发有新鲜感。

张琬晨：童话是神秘的，它总在“密林深处”为我们打开一扇奇妙的小窗，重读《丑小鸭》，我与他一起蜕变。

张金诺：其实或许我们每个人都是一只丑小鸭，我们或许要经历嘲笑、排挤、打击，甚至是我们自己心灵深处的自卑。但我们不能绝望沉沦，那份对未来永恒美好的执着追求，不屈的奋斗，就是坚强最好的诠释，而这些会让我们完成由心灵到外表的蜕变。

赵蔚东：上帝没有看轻卑微，所有人都是平等的。每个人都有一份属于自己的财富，但打开这把财富的钥匙便是勇气。而安徒生就用他的魂灵、他的思想、他的精神、他的情操，依然活在这个世界上，活在任何一个有文字的角落，温暖地给我们输入执着的勇气和力量。

分析讲解：读了《丑小鸭》，我们又重读安徒生童话。那么安徒生在我们每一个人心中是一个怎样的存在呢？同学们也已经阅读了我们身边同学的作品。先说希晗，你认为谁与安徒生走得更近？（引出下一个环节。）

三、我心中的安徒生

希晗：在一个温暖的午后，因安徒生的陪伴拂去了心中钢牙的冰冷给自己带来的忧伤。下了课，可以与希晗交流一下过程。

张凌昊：小时候读《丑小鸭》，觉得很奇怪，鸭子怎么会变成鹅？安徒生在说假话。小学三年级的时候第二次读《丑小鸭》，我看到了丑小鸭原本就是天鹅，但是他掉落在鸭群里，被大家嘲笑，真可怜。现在再读《丑小鸭》，我看到了丑小鸭自身的力量，看到了周边人群的鄙陋，我甚至还读到了一个与以前不一样的安徒生。我想，我长大了。

分析讲解：在读书中感受到成长，是幸福的。这种感觉是奇妙的。我真为你们高兴。

王子元：再读安徒生，先前的模糊此刻变得清晰起来。他将深刻的人生道理存于童话这样一种老少皆宜的文体中，因不同的年龄、不同的阅历而读出不同的滋味。他总喜欢把一种缥缈的哲理赋予朦胧的情感之上，而你读来又不自觉地与日常生活的点点滴滴相结合。有时读安徒生竟觉得与卡尔维诺有相似之处。

分析讲解：卡尔维诺：意大利当代最具有世界影响的作家，生于古巴哈瓦那，随父母移居意大利。早期创作多为现实主义作品，后转向幻想小说和寓言小说。善于利用讽刺和离奇古怪的幽默处理严肃的主题。他本身是一个极具想象力的人。待动完手术麻醉药性过去之后，他望着那些塑料导管和静脉注射器，仍不乏想象力地风趣地说："我觉得自己像一盏吊灯。"卡尔维诺于 1985 年被提名为诺贝尔文学奖获奖者，却因为当年猝然去世而与该奖失之交臂。既然说到了卡尔维诺，我顺便与大家分享一下卡尔维诺关于阅读的观点就是要阅读经典。经典，就是种子，饱满的、健康的种子，是阳光，是丰盈的水。当我们阅读那些经典作品的时候，无论它的目光多么慈祥，我们都会感到一种深深的震撼！卡尔维诺说：“经典的意义在于重读，经典从不说自己想说的已经说完了。”从这个意义上说，安徒生的童话永远不会过时。

高立源：安徒生虽然老去，但是他那颗纯真澄澈的童心永远不会老去。

何欣豪：我的一本《安徒生童话》陪伴了我十年，虽然它已泛黄，但却是我童年永远抹不去的记忆。

候骏杰：阅读安徒生，是一场奇幻之旅，也是充满了人间真情的幸福之旅。那一个个美丽的故事是人世间永恒的美丽烟火。我想，他可以在我岁月的长河里伴我长大，陪我老去。

张琬晨：安徒生用他的童话为我筑起了一面充满爱与梦幻的围墙，他笔下的小精灵、小公主以温暖和爱守护了我的童年，让我永不忘却最纯真的自己。越长大，我越感受到美好的幻想与憧憬营造的那个纯美的地方是我心灵最圣洁的一片净土。那是灵魂的归属。

分析讲解：童年是一段如此美好的时光，而且，一去不可再回。安徒生的灵魂飞翔 200 年，他的文字温暖了数代人的心。

亓丽婷：安徒生的文字有治愈的功能。我曾想，这是一个怎样的人，能让简单的文字隐藏着一笔丰厚的精神资产。我开始读安徒生更多的文字。他曾经写过这样的话：“我有点诗人品质，但是还不够。”世人评价他为“童话大师”，他并没有狂妄自大，而是一直保持谦虚的姿态。他更是一个好学的人。他说：“在大街上行走的时候，我常常觉得好像是在一个大图书馆里散步。”这样一种善于发现并收藏美好的心正是我们应该学习的地方。“一颗好的心是永远不会骄傲的。”我想这是对他最好的评价。

分析讲解：安徒生表示自己会从很多渠道获得灵感，每片篱笆，每朵小花，似乎都在对他说：“看看我，看看我，你就会知道我的故事”！安徒生写作时，他首先表达的是“我爱这个世界，爱我的人生”。他说：“我有感情要表达。”

于一帆：无论懂与不懂，无论读得肤浅还是深刻，走进童话，在文字中探索的过程也如童话般神奇而有趣。

杨雪：有时候，读安徒生的文字，我似乎能看到他那挂在嘴角的一丝淡淡的笑，像一个思维敏锐、极富洞察力的哲人，冷冷地望着世间的一切。这种情绪在《创造》《区别》《跳高者》中表现得尤为明显。

分析讲解：其实我看过安徒生晚年的一帧照片：年老的他临窗而坐，眼睛朝向右侧窗外，光线围拢在他柔和的面部线条上，年轻时锋利的面部轮廓都化作了圆柔，正如他的200多篇童话。我们要想了解一个人，就要多接触他的文字。我们通常只知道一个作为童话作家的安徒生，我们不知道还有作为一个戏剧作家的安徒生，一个歌剧演员的安徒生，一个剪纸艺术家、插画画家的安徒生，一个旅行文学作家的安徒生。

温晓辉：他把一颗虔诚的爱心寄托在他的童话里，这颗心和他的童话一起珍藏在人们的心底，没有被人遗忘，也永远不会被遗忘。

分析讲解：是的。他就像阿拉丁一样，手举着神灯，让每一个读到他童话的儿童梦想成真；他是一个诗人，却成为童话之父；他生在丹麦，却成为世界的儿子；他忧郁、敏感、自卑、冷漠，却为孩子们编织出许许多多绮丽梦幻的纯真之梦。纪念安徒生，实际上是一种精神的重温。

刘莹：安徒生童话一直没有给过我优美的感觉，或许因为对我来说语言过于晦涩，或许是插画的线条过于生硬，又或许是仿宋体冷硬的笔画，但是不管读故事时是梦幻的迷茫还是嫌恶的恐慌，那似懂非懂的深沉和故事中的形象却真的让我难以忘怀。

分析讲解：刘莹同学所说的可能还有另外一层意思，就是在童话中读到了可怕与恐惧。“那是一种极其感伤的东西。生活是如此脆弱、感伤，像《卖火柴的小女孩》。安徒生对生命极其敏感，他帮助我们发现了原来生命中还有如此弱小和脆弱的东西。”原来生活不仅仅是大无畏的、刚强的，安徒生告诉我们生活和生命中还有丢失、失去和失落。孩子们，我不想以我现在的话语权要求你们一定要怎样去读，也不要求你们一定要读出些什么，但是读书对于我们有更丰富的意义，而这种意义是每一个个体在自己的阅读姿态、阅读体验中得来的。读书不是只用眼睛，我只想说，用灵魂去读书吧，孩子们，不要因为某种原因而拒绝了接触丰富与深刻的机会。

安徒生被生活感动，他写道："我感到自己有了一种信念，那只是儿童时代进教堂时所感觉到的，或者长大成人后在阳光四射的树林里，或星光灿烂的夜晚在风平浪静的海面上所感到的。诗的王国中的主宰者并非只是感觉和幻想，他们还有一个兄弟，他的名字叫'理解'。"

安徒生形容一件事情，描绘得异常逼真：当火车驶过一面墙，看到墙上简单地画着几笔，我旁边一个旅客就说："我们现在进入克滕公国境内了。"他捏了一撮鼻烟，把鼻烟盒递给我。我低头取了一撮鼻烟，打了一个喷嚏，嘴里说："我们在克滕公国要行驶多长时间?""啊，"他回答说："你打喷嚏的时候，我们就已经出境了。"

安徒生在旅游的过程中，曾经看到连绵不绝的峭壁，也看见了绿油油的肥沃牧场以及牛羊和容易受惊的马群。他这样描述：白色的宣礼塔，随风飘扬的杨柳，奔驰的骏马，波涛汹涌的河流——语言是不可能描写我所感觉到的那些高翔在现实之上的东西的……

实际上，我们不仅要读安徒生的作品，我们还可以认识把安徒生带到我们身边来的人。

在早读的时候，有的同学说："哇，他们写得那么好啊。"有的同学说："没想到我的文字打印出来好像还挺像那么回事儿。"

《一本不说话的书》是安徒生最著名的故事之一，用来形容安徒生本人的童话创作倒也贴切。在图书市场上，各种不同版本的安徒生童话故事你争我夺；在成人世界里，安徒生童话不只是送给孩子的最好礼物，还是教育孩子的入门读物，更有甚者，安徒生似乎被一些人当成了打发孩子的万能良方。

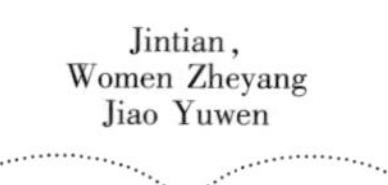

对安徒生来说，今天的结果可能有点悲哀。他为孩子们写作，是因为那个时代没有人真正重视孩子的心灵；而今天，成人给孩子安徒生——但他们可能同样不懂得孩子们的心灵。

一本书不会说话，如果可以，它们或许会说：救救孩子……

有人把刘半农在1914年出版的《中华小说界》第7期上翻译的《洋迷小影》（即《皇帝的新装》）看作中国第一次翻译介绍安徒生的童话作品；而有人则认为1919周作人将《卖火柴的小女孩》翻译在《新青年》杂志之上，是安徒生童话在中国传播的源头。至于到底哪一种说法是正确的，可能并没有定论，但可以肯定的是，安徒生这位伟大的童话大师自第一次“走入”中国之时，便成为一颗光芒的星星。

翻译家叶君健是最早系统、全面翻译并介绍安徒生童话的第一人，他直接从丹麦语翻译而来的《安徒生童话全集》成为当时中国读者了解安徒生的最重要的窗口。而这一版本的《安徒生童话全集》也成为读者心目中的经典。1995年，另一位安徒生研究者、翻译家林桦所翻译的《安徒生童话全集》也由中国少年儿童出版社出版。

安徒生曾深深地打动过无数纯洁欢乐的、善良美丽的乃至忧伤沉郁的心灵，因为他不仅让他们认识了童话世界的美好和纯真，还让他们共同经历和体验了同在童话世界之中的现实和理想。

生命写作中的一个基本内核是：生命体验。在安徒生的作品中，我们不仅可以看到安徒生的一生，而且也能读到他那颗寂寞和孤独的心，而这种孤独和寂寞赋予了他高贵的品质。我们常常喜欢用“精神贵族”这样的词汇来颂扬那些有独立追求的作家，安徒生就是这样的一个贵族。

“如果有人5岁了，还没有倾听过安徒生，那么他的童年少了一段温馨；如果有人15岁了，还没有阅读过安徒生，那么他的少年少了一道银灿；如果有人25岁了，还没有细味过安徒生，那么他的青年少了一片辉碧……”这是一个叫张晓风的中国台湾作家写的。

丹麦文学评论家勃兰兑斯说：“安徒生是丹麦发现儿童的人。”安徒生在他的自传中也曾说过：“我的童话故事刚刚出现时，人们并不欢迎，只是到了后来，才得到应有的承认。……人们认为这样的作品没有价值；事实上，我在前面也提到过，人们甚至对此表示遗憾，认为我刚刚在《即兴诗人》中迈出了可喜的一步，现在不该又退回原位，写出像童话故事这样幼稚的作品。”安徒生不久就以他的童话改变了丹麦落后的成人本位的儿童观——人们终于知道：儿童是与成人不同的人，有着特殊的文学需求；给儿童的文学（童话）并不是幼稚的作品。

（二）

我们这样领孩子们行走
——体验类课程的建构与实施

《（义务教育）语文课程标准》(2011 年版）“课程的总目标”中有言：“培养学生独立阅读的能力，注重情感体验。”“写作感情真挚，力求表达自己对自然、社会、人生的独特感受和体验。”“体验”成为使用频率最高的词语之一。

在新课程理念影响下，山大附中语文组立足于学生生活，寻求课内外衔接点，创设情境，唤醒学生的心灵，努力构建“得法于课内，得益于课外”的体验课程。

以下课程设置，有的是学校政教处与语文组合力而就，政教处借力语文教师，以使活动更具文化意味；语文教师借力政教处，以使活动更易推行。因为有了这些体验活动，表达成为一种内在的需要，好的作品如泉水汩汩流淌，也因为体验之后的反思与表达，让学生的生命逐渐丰盈，他们的成长有了痕迹。

一、七年级上学期

甫入初中，太多需要重新认识的事物，从学校到同学到新课程的学习，所以，这一阶段，我们的体验课程的重点是：认识。认识语文，认识同学，认识一部作品，认识一所学校，认识一座城……

具体设置如下：

校内课程	主题1：生活中的语文	有特点的店名、醒目的新闻标题、好玩儿的绰号、生动的方言、有趣的对话……搜集生活中"语文"使用的好例子，制作小报与同学分享。
	主题2：这就是我	通过自画像及文字，制作画报，或者演讲等方式，向新伙伴介绍自己，力求生动，突出特征。
	主题3：永远的《草房子》	以《草房子》阅读为主线，共读曹文轩作品。以阅览课交流、文化节多样活动展示呈现。
校外课程	主题1：走进山大	参观山大校园、博物馆、实验室等场所，了解山大的发展历史，感受山大的文化氛围，获得归属感。
	主题2：行走济南	走进济南的老街巷，触摸历史，深入认识生活的城市。

二、七年级下学期

古人云：春天不是读书天。当然并非在春天要将课本抛掉，而是要在万物萌发生长的季节，多出门看看，感受生命的律动。这一阶段我们的体验课程的关注点是：自然与成长。

具体设置如下：

校内课程	主题1：我的春天日志	以文字、绘画、摄影等作品形式，走进春天，发现春天，描绘春天。
	主题2：告别"六一"	阅读名家童年相关作品，结合"童年"主题写作，在"六一"活动中告别童年，走向少年。
校外课程	主题1："黄河"循迹	搜集有关黄河的资料，了解黄河的地理、文化、历史，阅读相关的文学作品，并走近黄河，观察触摸黄河。
	主题2：走进初夏田园	"走进田园"，参观田园风光，了解作物生长，调查生活变化，体验乡村生活，搜集乡村资料信息等。

三、八年级上学期

“生命”是这一阶段的课程主题，由周遭生命的演进，到回望自身生命的成长，探究如何修炼更优美的生命姿态。由自然生命到诗意表达，由自我生命到多态生命，思考个体生命与世界的关系。

具体设置如下：

校内课程	主题 1：热爱生命	“热爱生命”主题阅读，观看相关视频，搜集生命成长不同阶段的图片，记录每一个阶段的生命故事，对生命价值与意义有更深刻的了解。
	主题 2：做优雅女生/做真正的男生	阅读优秀女/男性传记，举办女/男生讲座，女/男生节活动，培养女/男生由内到外的气质和修养，以审美的眼光重新看待自我及他人。
	主题 3：小树林诗会	营造读诗、爱诗、写诗的校园环境，培养学生文学趣味和文学素养。
校外课程	主题 1：寻 72 名泉之源	探访济南 72 名泉，了解济南泉水文化，体会泉文化的深厚底蕴。
	主题 2：跟随父母一天工作	认识工作中的父母，了解劳动的细节，深入地接触社会中人。

四、八年级下学期

走向生命的深处，发现每一个足印的纹理。这是本阶段体验课程的核心。不止于了解，不止于旁观，要进入，要一步一步地走，充分扩展个体的力量去发现生命浩瀚的细节。

具体设置如下：

校内课程	主题 1：献给生命中最重要的人——为母亲写一本书	学习传记写法，通过采访，素材积累，用文字记录母亲的人生历程。
	主题 2：原味端午	通过经典诵读、端午元素设计、包粽子、插艾叶等活动，增加对传统文化的了解，体验传统节日中蕴含的历史文化意义，传承民族精神。
校外课程	主题 1：鹊山远足之旅	六十里远足，走出学校，走向社会，在自然中增长知识，在体验中磨炼意志。
	主题 2：跟着课本游江南	访江南，忆名人，穿行在课本文字与江南人文历史风景中，品味江南文化，加深作品理解。

五、九年级上学期

参差多态乃世界本源。以更宏阔宽容的眼光去看待人及世界，是一个现代人应该具备的品质。这一阶段的体验课程的核心是发现生命的丰富维度。考虑到初三学业渐重，故活动略有缩减。

具体设置如下：

校内课程	主题1：光影味道	通过观赏品鉴不同类型的优秀影片，了解这一影像表达艺术，解读电影故事的丰富内涵。
	主题2：初三话剧节	选择剧本，从舞台布景到服饰选择再到演员选择，独立完成。鼓励原创剧本，倡导学生用更加丰富的角度看待人性，审视世界的变化与发展。
校外课程	主题1：他们	选择能接触到的社会不同阶层的人，设计采访提纲，走近他们，观察他们，与他们交流，了解他们的现实处境和精神体验，加深对人的丰富性的理解。

六、九年级下学期

附中一幕，即将收场。回首与展望，是永恒的主题。这一阶段的体验课程的核心便在于此。

具体设置如下：

校内课程	主题1：那些我希望你读到的书	制作图书推荐卡，留下你最希望后来的附中人读到的书的名字以及理由，分享你在附中的阅读故事。
	主题2：附中，不说再见	分享三年附中，你的故事，那些人，那些事，那些风景，那些心路历程，以演讲、文字、图片、海报等形式呈现。
校外课程	主题1：春之光·毕业季春游	用创意旅行的方式致青春，记录毕业季的精彩瞬间。

教育家陶行知先生主张："我们要解放孩子的空间，让他们接触大自然的花草、树木、青山、绿水、日月、星辰，以及大社会中之士、农、工、商、三教九流，自由地对宇宙发问，与万物为友，并且向中外古今三百六十行学习。"

“问渠那得清如许，为有源头活水来。”开展丰富多彩的语文体验活动，要让学生去接触社会，把语文教学引向广阔的社会生活大课堂，在社会交往中，积累知识，发展思维，更重要的是激发兴趣，学会观察，增长见识，丰富生命。著名教育家苏霍姆林斯基也说过：“人的心灵深处总有一种把自己当作发现者、研究者、探索者的固有需要。”

体验类课程，就是让孩子们体验不同的学习方式，不同的生活情境，为语文的学习打开一扇扇清新自然、色彩斑斓的窗，让每一个孩子的创造力在语文的学习实践活动中尽情地释放和展示，让语文更好地回归生活，让课内课外变得更加多彩。

课程案例设计

行走济南，品味泉城

——“行走济南”实践活动设计

郭　琳

“一个老城，有山有水，全在天底下晒着阳光。”汩汩清泉从地下涌出，汇集成为江河湖泊，千百年来的济南人便在这一方土地上依泉而居，汲水而饮。济南也是一个浸润着齐风鲁韵的城市，是有着4000多年的文明史、2000多年的建城史的中古老城。

行走于古街小巷，泉边湖畔，文化的气息便扑面而来。那一眼泉水里、那一块石板之下、那一棵老树的年轮里，藏着一段历史或一个美丽的传说。游走于济南，既能体味到历史文化的积淀，也能看到现代文化的印记。

让我们一起出发吧，开启一段非同一般的旅程。

一、课程目标

1. 进一步增加对济南历史文化传统的认识，增强对济南的城市认同感。

2. 以个性的方式展现自己与济南的关系，培养学生的创造力和人文情怀。

3. 学生在实际调研与创作的互动中，学会动脑、动手、动口。在相互合作的过程中，收获喜悦和自信。

二、课程实施

（一）准备阶段

1. 济南魅力知多少：学生七嘴八舌说，教师帮助梳理。

①“清泉石上流”——济南的泉水，泉文化。

②“遥望齐州九点烟”——济南的名山，山文化。

③“济南名士多”——济南名士、名士文化、济南文化历史名人，如大舜、扁鹊、李清照、辛弃疾、张养浩、老舍等。

④石头的史书——济南古建筑遗址，如老火车站、洪楼教堂、解放阁等。

⑤古老街巷，前朝旧事——秋柳园街、皇华馆街、曲水亭街、双忠祠街、钟楼寺街、王府池子街、辘轳把子街、剪子巷、将军庙街、鞭指（子）巷北坦、花墙子街等。

⑥济南的味道——济南传统小吃和特产，濒临消失的味道，如甜沫、油旋、草包包子、泉城大包等。

⑦曲山艺海——济南传统曲艺形式，如济南曲艺、大观园书场、济南杂技团等。

⑧美在指间——济南传统手工艺，如鲁绣、面塑、黑陶等。

2. 自由组合小组（4～5人），选择1～2个活动主题，从不同角度搜集相关资料。

例如：济南的名泉有哪些，它们的布局和各自风格是怎样的？济南的古街道有哪些，它们的过去和现在是怎样的？你知道哪些传统美食？济南当年深受人们喜爱的传统曲艺有哪些，当年人们齐聚大观园观看曲艺的盛况你了解吗？济南的传统手工艺有哪些，它们美在哪里……

3. 撰写“致家长的信”，告知家长，取得家长的理解和支持。

尊敬的家长朋友们：

为了加深孩子们对济南这座城市的了解和热爱，培养孩子们对故土文化的认同感和担承感，我们有意识地在初一学年设计了以“行走济南”为主题的一系列语文综合实践活动。孩子们通过行走、探访、体验的方式，亲近和感受这座城市独有的历史文化，触摸它的过去和现在，关注它的未来发展。让孩子们在观察体验中感悟和铭记，在古今变迁中思考和表达。

活动的具体要求我们已作了详细说明，请您提供给孩子们必要的帮助和支持，尤其是活动主题的选择和有效落实以及孩子们在外活动的安全。谢谢！

春日安好！

山东大学附属中学　语文备课组

××××年××月××日

4. 学生自愿结合，成立活动小组。

活动小组成员名单

姓名	联系电话	姓名	联系电话

学生姓名：________家长签名：________

（二）实施阶段

1. 利用周末时间，各小组根据所选活动主题实地找寻、考察、采访，真切感受济南作为历史文化古城的魅力，为期四周。

（1）采访记录方式

建议采访地道的济南人或者相关历史文化学者，用相片、视频等方式，将济南丰富的文化美用文字、图片展现出来，在此基础上，尝试思考文化的古今之变。

例如：传统的美食背后隐藏着济南人怎样的饮食文化；你如何看待济南老火车的拆迁和拟复建设；传统的曲艺文化遭遇了怎样的生存困境以及如何寻求新的发展出路等问题。

（2）具体活动要求

①选举组长——负责协调和督促组员共同活动。

②确定组名——响亮、有个性。

③组员协商分工——采访话题设计、摄影、资料分工、收集、文字汇总等。

④确定活动地点，设计详细的活动方案（活动时间、活动地点、方式、安全防护措施）。

⑤活动中务必注意人身安全，并保护好贵重物品，如相机、DV 等。

⑥每人的活动内容和心得每周整理记录在周记本上，连续四周。

2. 每个小组出一本活动报告册，以“行走济南”为主题，自行命名。以图文并茂的形式表达所见所闻，所思所想。可以是诗歌、散文、议论性文字、人物采访稿等多种文学体裁。为期两周。

活动报告撰写要求：

（1）封面：手绘或打印，注明组名、组员的分工安排；报告正文：图文并茂；后记：活动花絮、活动感受或者组员互评。

（2）还要包含的几个内容：

①“济南的秋天”文字及摄影作品（小组成员每人一篇）；

②“我和济南的故事”（小组成员每人一篇）；

③围绕活动主题的合作报告。

注：照片资料须有文字说明；专题内容鼓励自命名；内容编排鼓励创意设计。

（3）其他可选择形式：

①游记影视片、纪录片；

②体现保护古城文化或济南民俗的原创话剧作品；

③关于“古城文化”的原创歌曲、诗歌等。

三、作品呈现

他们曾走过，他们有话说

（一）图片记录的点滴

（二）文字记录的收获

行走在旧时光里

山东大学附属中学2013级7班　司晓博

济南，是一座古韵之城，“泉水人家”“泉城”总是济南的代名词。如今的我们对济南文化的了解却可谓寥寥无多。作为济南人，应当不断去了解济南并传承济南的文化。我们将用自己的行走去见证那些泉、那些街……

我认为街巷是一个城市乃至于国家文化的体现。老街老巷的得名和来历都有一番趣味，更精彩的是每一条老街巷都有其独特的风格和韵味。

老街巷的寻找并非一件困难的事情，济南曾经有许多这样的老街道，以芙蓉街为中心向四周辐射出去。而见证这些残留的段段历史要困难得多。许多街巷已经从老街巷的舞台上逝去了，残余的街巷许多也被钢筋混凝土的高楼包围了起来，只有一些破旧瓦房仍残喘着，在现代化街道的包围中孤独无奈地面对现实的发展，《老残游记》中那“家家泉水，户户垂柳”的景象已经一去不复返了。

许多中老年人仍旧坚守着他们的老宅，同时，这也是他们唯一的家了。有的人一生都居住在这里，见证人世的变革。他们的内心中有多少想法，想留住这一切；他们的内心中有多少规划，想让这古泉老街能够更好地结合。

泉仍是街中少不了的一道风景，或者说，正是有了泉，整条街才有了灵魂，有了色彩。而如今的泉更像一潭死水井。源头被高楼大厦的地基切断了，水质被污染了，曾经的一切都改变了。

芙蓉街附近的老街道正在走向“统一”，清一色的白墙、灰边、黑瓦、青石板路，让每一条街道看上去都别无两样。老街道的变化和老宅的变化似乎是同步的。在这同时，许多老宅也化为门面，空有躯壳而无实了。这也许就是历史的变革。历史的脚步是挡不住的，历史的车轮也许将压过这一切，将它们夷为平地。

取而代之的是高楼大厦，那时，我们想找到一切古迹的影子都不可能了。

这些古迹的命运在我们的手中，只有我们一同保护，它们才有可能继续留存。不然……可怕的事实我们都很清楚，这些老街巷终究会被淘汰，这些历史遗迹将会被拆迁中或者是自然坍塌了。当我们再次从照片中、资料中回忆起它们时，它们已经退出了舞台，化为乌有。

走在这青石板路上，我既庆幸自己仍能够见证这些老街巷的存在，又担忧起它们巨大的变化，还有未来的发展——它们还能存在多久呢？

通过这次活动，我们了解到了济南的文化，见证了文化的兴衰和变革。在这其中，我们浸染了泉水人家的文化，同时也有了自己的感受。我们希望每一个济南人都能为济南文化的传承做出自己的贡献和努力。

“家家泉水，户户垂柳”的境味离我们很远，那老街道的古风离我们很远，那曾经的济南美食离我们很远。是的，我们之间虽有沟壑，但是我们心中仍有这种文化的影子。保留这种文化是我们的责任与义务！

行走济南——流连曲水亭街

山东大学附属中学2015级2班　陈昱瑄

青砖碎瓦，潺潺流水，点点残雪……

漫步在石板路上，左手边是流水，右手边是老房，这景象是那么熟悉。不由得，我想起了那个夏。

那天，并不太热，微风一吹，还凉飕飕的。我戴着硕大无比的太阳帽，走在石板路上，细细赏着我自小就喜欢的古朴建筑。脚下的石板淡淡地反射着阳光，树荫、青砖，令人莫名地神清气爽。

走着，望见有个穿着白裤褂的女人从河岸的小台阶走下来，蹲在水边，将大木盆中的衣服一件件拿出来，浸到水里，搓洗着。衣服扰乱了水规律的波纹，涟漪一闪一闪，融到夏天的天空中。

路向前方蜿蜒，忽地闪出了一块儿空，几只鹅“嘎嘎”地游荡在那儿，扑着翅膀，用嘴理羽毛，扑腾着将游客赶出自己的地盘……

曲水亭街江南似的景，有滋有味的生活从那时便烙印在我的心中：多惬意！

如今，几年未来，算是重游了，景象却没什么大变化。树叶已枯了，瘦瘦的树枝摇曳在风中。不少人家在门前摆了两盆不怕冻的盆栽，深浅的绿，星星点点的，反而比葱茏的夏天更有韵味。在冬天，植物的绿总是可敬的。

脚下的石板路依旧是几年前的样子，被无数双脚，在无数的时间里，磨亮了。街边的老房子样子依旧，只是青砖的颜色似乎暗了些。河边仍有人在洗衣服，只不过很少，三三两两的，手在冰冷的水里冻得通红。她们脚下的凹凸不平的石头，常年沾满了水，黑亮黑亮的。

那块小空地上的鹅，似是不如夏天活跃了，却变多了，长大了，仍锲而不舍地向人“嘎嘎”大吼，扑着翅膀打架乱跑，在沉寂的老房子间，显得格外有活力。

头发花白了的老人，也趁着没风，在太阳地儿里晒晒太阳聊聊天。他们的白头发，花棉袄，并没有一种衰弱的气息，而是健康的、快乐的、年轻的。似乎这里是个人们养生、养心的地方，人不会老，心也永远有活力。房屋的碎瓦间，小花坛的角落里，竟有点点未化的残雪，结成了冰，悄然躲藏。

原来，曲水亭街珍藏了如此多的岁月。

几年后的重游，萦绕在曲水亭街中的古朴气息丝毫未变，但我很惊奇：几年了，这些竟未曾改变！可我长大了，周围的人也都长大了，生活中又有很多新变化了……但曲水亭街未变，生活环境未变，只有我们变了。

都说时光可以雕琢一切，但它更多地是在雕琢人类。时光易逝，人类跑不过时间，只能像雷锋那样，挤时间，拼命利用时间，只有这样，才能缩短与时间之间的距离。

时间是固定的，但其价值会根据我们的行动而改变。“盛年不重来，一日难再晨”，时间留不住，我们唯一可以做到的是令它增值，而非增多。合适的时间做合适的事，时间就会成为你的助手，而不是你虚度光阴的见证。

时间总是快的，周末过得快，一学期过得快，寒暑假过得快……如果会挤时间，那我们将与时间一同前进；如果总是挥霍时间，那即将到来的日子中，你总在追时间，赶着做之前未完成的事，一直到老，却总有遗憾。

时间也会储存回忆，当我们努力后，长大回首，心中也是甜的。它会携着我们的回忆，从小到大：也许正因为它有限，才能使我们的每一秒都有意义。

想不到，曲水亭街重游，我竟然掀开了时间秘密的一角……

现在，我又走进山大附中这个优秀而温暖的大家庭，我将和同学们在老师们的谆谆教导中完成初中三年的学业，在这所出类拔萃的学校里经受到各种能力的培养和锻炼。我将以饱满的学习状态和谦虚的学习精神吸取知识的养分，以健康的心态和灿烂的笑容迎接在济南生活的每一天。

泉城济南，让我明白了从古至今为什么有那么多文人墨客用优美的诗歌吟诵她。泉城济南，这里有我启蒙的学校和老师、有我善良的同学和朋友、有我舒适的新家和环境。虽然她不是我的出生地，但我却深深地依恋着她的美丽、她的纯朴、她的温暖！啊，美丽的泉城——我的第二故乡。

（三）读书交流活动

2014 年 6 月 6 日下午 4 点 5 分，由 2013 级 1 班家委会、2013 级语文组老师和大家讲堂共同组织的“行走济南·名家与你面对面”读书系列交流活动，在山大附中多功能报告厅举行。此次交流会，特邀请著名城市学者牛国栋先生主讲，资深媒体人林雨女士主持，他们共同为附中初一年级的师生们带来关于老济南的精彩讲解。

4 月底，为加深孩子们对济南这座城市的了解和热爱，培养孩子们对故土文化的认同感和担承感，初一语文组有意识地在初一学年设计了以“行走济南”为主题的一系列语文综合实践活动。为了让学生们在活动中有更丰富、更深层的思考和感悟，5 月末，2013 级 1 班家委会，在班主任、语文备课组组长李彦老师的精心安排和具体指导下，在济南市唯一的独立书店品聚书吧所进行的“《济水之南》读书会”的基础上，促成了此次“品聚书吧进校园”的第一站——“行走济南·名家与你面对面”读书系列交流活动的举办。

本次活动与山大附中同学们正在进行的“行走济南”的实践活动非常契合，在孩子们走过了济南的大街小巷，了解到了一些济南的风土人情的基础上，给孩子们进行更加深入和全面的讲解，会使孩子们更加深刻地了解济南的历史，也会极大地丰富和提升“行走济南”活动报告手册的内容和深度。

林雨老师访谈牛国栋老师，两人的配合十分默契，一唱一和，言语风趣，从老济南的城、路、泉、山到人，牛老师娓娓道来，为大家梳理了一个非常清晰的老济南的脉络，解答了同学们的很多困惑。比如哪里是老济南的中心，七里山、十六里河是从哪里开始计算的，路名用的“经”和“纬”的来历，蜜汁泉的故事，等等。

四、写在后面

“读万卷书，行万里路。”这是古人的教诲，是扩展一个人精神世界的途径。

要用脚丈量更远的路，先从这座我们栖身的城开始，熟悉的地方并非没有风景，只不过是没有用心去观察和发现。

通过“行走济南”系列实践活动，学生们有机会重新打量济南这座古老的城，并以多样的方式展现自己与济南的关系，培养了创造力、个性表达和人文情怀。一路走来，孩子们在发现中成长，在一条条老街、老店、老济南人的讲述中体察着济南这座城的温度。这一次旅程，有关追寻，有关文化，有关反思，自然也有关文学。

我的春天日志

——“春天日志”实践活动设计

张　萍

这个春天到底代表着什么呢？狭隘的说法是2017年的第一季度，那么广义来说，就是指向人生、世界的最美好最有活力的一段时间，这段时间。一定会来到，也一定会终止。那么如何把握这段春天，就是来到春天的人们需要思考的事情。“春天日志”就是一种思考的实体化。这是人用来对抗一切都将逝去的方法，也是对待春天最虔诚的方式——感受，思考，记录，留住。

一、课程目标

1. 捕捉春季草木的萌动，观察自然的细微变化，训练自己一双善于观察的眼睛。

2. 感受农耕文明的智慧，体会二十四节气的意味。

3. 将感受凝于笔端，有创意、有个性地表达，并锻炼美术排版能力。

二、课程实施

（一）整合教材，使活动有课堂依托

将古文单元的《满井游记》提到开学之初讲，由袁宏道的京郊早春自然引发学生对身边早春景象的观察，再辅以相似的文本拓展阅读，调动学生参与的兴趣。

（二）制订计划，跟进检查，使活动有序落实

自学完《满井游记》的第一个节气始，到春天的最后一个节气谷雨，一个半月的时间，用图片和诗文记录身边的春天，累积成册。每周检查一次，肯定好的做法，使内容更丰富充实。

（三）渗入课堂，使活动家常化

由小组认领感兴趣的春天节气，在相应的节气到来时，利用课前五分钟时间，讲述节气物候变化以及风俗习惯，并描述最近的观察。

（四）教师参与，使活动人性化

教师和学生一起，做一个观察者和记录者，随时利用课堂课下与学生交流新的发现，辨识不同植物的种类名称，分享心中的感动。

（五）精心设计，使作品个性化

建议学生为文集取一个名字，设计每一页的内容，排版精美讲究，做出自己的风格。

三、作品呈现

不仅是春天

寻春
一起感受17年春的足迹

——捱过寒冬之时　春暖花开之季

致我们终将逝去的春天
2015级4班
刘正烁

诗意的春

春

寻春
——见证那初生的生命
2015，4
姜润泽
10号

春天日志
Spring Diary
MARCH
Spring 1

四、写在后面

利用语文课或者学校的展台，展示学生的作品，学生们在这个过程中既体验到了被认可的尊重，又向同伴学到了更多更丰富的表达。

学生上交的作品令人感动。不俗的题目，比如《那一抹春色》《纪春》《行走在春天里》……精致的封面，或一幅或几幅图片叠合，或引《诗经》或自题前言；丰富的内容，或者凝视一棵树在春天的生长，或者长镜头不同场景全方位展示春天；文字有生气，无论散文还是诗歌，都是有温度的、出自己心的。这是杜珂欣同学作品中的一首小诗《意春》：无声，无息/洒落在大地/花红，柳绿/一年春好时/忽地/蓓蕾羞涩/一瞬/花满大地/点点发芽/那一点绿意/胜却人间无数/与花草相依/静静坐在春天的怀抱里/看花开，草长/看那心底春意/一片勃勃生机。黄子晴同学写道：“今年是度过的最用心的一个春天，不似以前那样由时光匆匆流过，不曾用心观察。春天原来如此美好!”

正像孩子们在写作“春天日志”时所感受到的：春天，是一天一天走来的，每一天都有惊喜，每一天都不同，时光的脚步声清晰可见，生命的浅吟低唱汇集在耳畔，原来，这才是春天！我们的家常语文课堂也是一天一天走来的，如果仔细经营，将生活的源头活水引入，那么每一天都有惊喜，孩子们在流动的课堂里心灵变得丰富柔软，文字如泉水自然涌流，语文素养不着痕迹地在慢慢成就。

献给生命中最重要的人

——“母亲小传”实践活动设计

张　萍

每个人都会珍爱自己，每个人每天都在看、在听、在感知。尤其还幼小还年少的时候，那些你听到的、看到的都会成为你，成为你的一部分。朝夕相处的亲人跟你在一起的时间越长，相处越亲密，他们对你的影响就越大、越持久。或许可以这样说，是他们塑造了你。

他们当中，是谁将你带到这个世界上？用她的生命、她的言语行动、她的关怀、她的爱，抚养你，教育你，让你长成现在的模样？

你是否问过自己：你对如此重要的人了解多少？爱她，就去更多地了解她吧！

请你在这个明亮的季节，在跟她相处的时光里，走近，走进；知道得更多些，再多些：童年趣味盎然的小事，少年时候成长的经历，恋爱的甜美，后来你降生，以至你长大……

一、课程目标

1. 深入地了解母亲，理解母亲的成长之路，多方位、多角度地理解母亲这个“人”，作为母亲节的特别礼物，感恩母亲。

2. 通过谈话等方式搜集写作需要的资料，并能根据主题合理使用材料。

3. 锻炼学生清楚生动的语言表达能力以及美术设计能力。

二、课程实施

（一）准备阶段

1. 整合教材文本，补充相关经典文本，创设情境

（1）经典文本阅读

课文整合：通过阅读《藤野先生》《列夫·托尔斯泰》《我的母亲》积累写人的方法，借助《我的第一本书》《我的童年》勾起过往的事情，采用反向设计“采访稿”的方式做写作传记前的预热。最后，由《我的母亲》开启“为母亲写书”① 的活动序幕。

（2）拓展阅读：四位作家老舍、丰子恺、邹韬奋、贾平凹分别写的文章《我的母亲》，继续深入学习写作的方法。

① 如果有特殊原因，也可以写其他亲人，但母亲为首选。

2. 活动导入

以纪伯伦的《母亲颂》导入，目的在于激发学生的情感，让他们以更为丰富和多维的视角了解自己的母亲。

母亲颂

纪伯伦

人的嘴唇所能发出的最甜美的字眼，就是“母亲”，最美好的呼喊，就是“妈”。这是一个简单而又意味深长的字眼，充满了希望、爱、抚慰和人的心灵中所有亲昵、甜蜜和美好的感情。在人生中，母亲乃是一切。在悲伤时，她是慰藉；在沮丧时，她是希望；在软弱时，她是力量；她是同情、怜悯、慈爱、宽宥的源泉。谁要是失去了母亲，就失去了他的头所依托的胸膛，失去了为他祝福的手，失去了保护他的眼睛……

自然界的一切，都象征并表露着母性。太阳，是大地的母亲，她以热量孕育了大地，用光明拥抱大地。大地，是树木花草的母亲，她生育并培养它们，直到它们长大。树木花草又是香甜可口的果实和充满活力的种子的慈母。而宇宙万物的母亲，则是充满美和爱的无始无终的永恒不灭的绝对精神。

母亲这个字眼，蕴藏在我们的心底，就像果核埋在土地深处。在我们悲伤、欢乐的时刻，这个字眼会从我们嘴里迸出，如同万里晴空和细雨蒙蒙时，从玫瑰花蕊溢出的芳香。

3. 传记写作方法学习

（二）实施阶段

1. 制订计划

（1）时间安排：要在母亲节前完成采访、记录、成书的过程，做好时间分配，具体到每一周，甚至每一天。

（2）内容安排：初步计划出这本书要记录的内容，要采访的人以及查阅的资料、照片等。

2. 收集素材

（1）跟母亲谈论“那过去的事情”。采访，并记录，做好“采访手记”。

（2）采访跟母亲关系密切的人。比如姥爷姥姥、爷爷奶奶、母亲最好的朋友……

（3）如果可能，走访母亲曾经生活过的地方：她的家乡、她的小学堂……

（4）搜集家人的图片资料，使这本书可以图文并茂。

3. 整理素材

（1）给母亲的传记性文字取个醒目美好的名字。

（2）将零散的采访文字连缀成篇。图片选择好插入文中。

（3）对文字进行精细润色。

（4）写序（可以请家人代写）、后记（自己完成这本书的过程中的一些细节、感受等）。

三、作品呈现

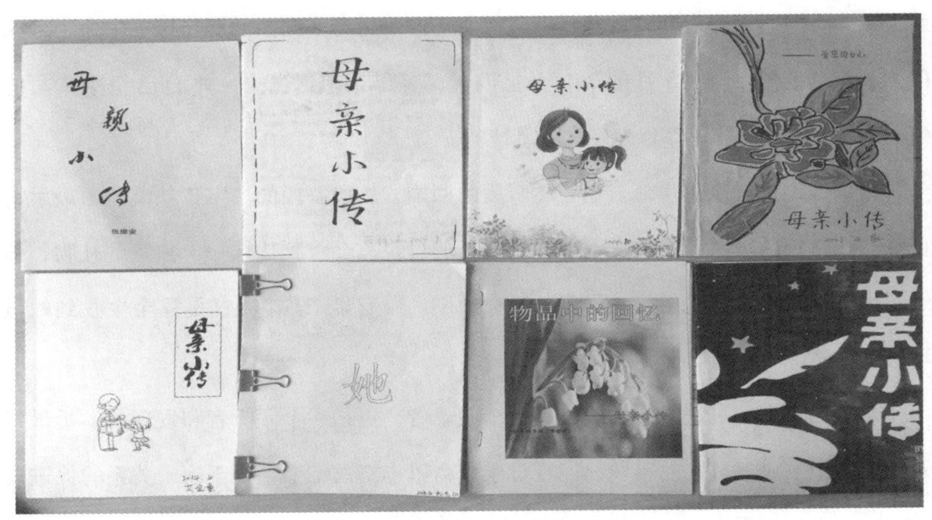

四、写在后面

讲到胡适《我的母亲》时，母亲的苦难隐忍和坚忍、儿子的理解与感恩在打动学生的同时，也感染了学生，联想到自己的母亲也是自然而然的事情。孩子们究竟了解母亲多少？正值青春叛逆的孩子有没有真正倾听过母亲向前的脚步声？生命中最亲的人，永远值得书写。5 月的第二个星期天，是母亲节，送上一本自己亲手撰写的《母亲小传》是不是一件令人兴奋的事情？

孩子们走进母亲的生命，用心聆听爱的回响，一段一段的文字犹如溪流，最后汇成深海。每年的母亲节，山大附中初二孩子的母亲总会收到这样一份独特的礼物，孩子用也许稍显稚嫩的笔触描绘母亲的生命地图。总有母亲说："这是我至今收到的最珍贵的礼物。"

学生在写书的过程中，不仅仅是一个记录者，更是一个倾听者和发现者。听母亲及母亲的亲友讲述过去的事情，发现母亲生命里丰富的细节，对于亲子关系的促进以及对一个人的更深入了解，都具有积极的意义。

王丽琳同学写道："实话说，在听到老师布置这个任务的时候，自己打心眼儿里并不报任何的信心与期望，因为在我一贯的观念里，妈妈的青春是枯燥到不能再枯燥的代表，是我一直引以为戒的。可是，随着一次一次的采访，我仿佛穿越了几十年的风风雨雨，化作一滴水来到了妈妈的青春。通过这晶莹剔透的映照，我能看见妈妈的青春在闪着光。"

聂楚诺同学写道："写完了对妈妈一段人生故事的记述，使我对妈妈的了解又更深了，原来朝夕相处的人，自己也不完全了解呢！这个小记也拉近了我和妈妈的距离。"

马鼎程同学写道："如果有时间，我可能再写一个家传，连同我、父母、家中的长辈一起，形成一张各具特色而又互相关联的网络。"

如是所言，这样的跟生活、跟人密切结合的活动，该是核心素养的培养方向吧！

光影味道

——"电影主题周"实践活动设计

李　欣

这是一个怎样神奇的世界
美好的话语从他们口中流出
像是在跳舞
时间在他们身边划过
一段段岁月也被定格
多少年后
我们回放
仍能找到自己人生的节奏

这个世界里有动人的梦想
你目睹了维维安奋斗一生，终于站在了手术台上
你看到肖申克身旁那厚厚的墙壁
是如何被一把小鹤嘴锄凿穿的
你知道跑道的终点
不都是喜悦，还有一对兄妹的心酸
在这个超乎想象的世界里
阿甘和你一样
他站起来，他奔跑
就如同你也终究会长大，会飞翔
一颗颗渺小的心，装下大大的梦想
背上它，我们一起行走在路上

一、课程目标

1. 了解电影这一生动有趣的艺术表达形式。

2. 在观看电影的过程中，理解生活的多元和人性的丰富，体会周围世界的运转方式。

3. 借鉴影像叙述的方式，丰富提升写作的构思能力。

二、课程实施

（一）邀请专家，谈说电影。

（二）暑假荐影，撰写影评。

《白气球》《罗马假日》《神迹》《肖申克的救赎》《天堂的声音》《阿甘正传》《小鞋子》《穿条纹睡衣的男孩》《丁丁历险记》……

三、作品呈现

1. 胶片墙

充分利用胶片的形式，将电影展示与台词回味相结合，选取恰当的电影海报、高清剧照等图片，将经典台词赋予海报之上，并做成“电影胶片展示墙”的形式，视觉冲击力强且颇具文化意蕴。

2. 海报

3. 文字展板

（1）写在前面：按主题编写

①寻找善良，爱无界限。善良随处都在，爱无处不有。（该主题涵盖的电影为《白气球》《罗马假日》《神迹》等）

②经历挫折，行在路上，怀揣一颗勇敢的心行在路上，则无惧风雨。（该主题涵盖的电影为《肖申克的救赎》《天堂的声音》等）

③遇见温暖，破茧成长。有些孩子也许生而贫穷，却坚强懂事向着美好的生活奔跑。因为他们的心灵里，住着希望的太阳，所以总能遇见温暖。（该主题涵盖的电影为《阿甘正传》《小鞋子》等）

（2）学生影评：附在相应主题板块

镜头静静地对着布鲁诺走向的那扇门，门外堆满了那些所谓的，条纹睡衣。而那扇门却无情地关闭了纯洁的友谊，关闭了惊恐的喊叫拍打声，同时，也关闭了人们的生命。悲剧的诞生，我们其实都已参与了。

——《面对悲剧，我们是否能够深刻反省》

2013 级 1 班　李泽康

我们如期盼阳光一样渴望和平，像抵制黑暗一样抗拒战争。天上的战斗机轰轰地响着，外面早已是战火连天。一个犹太男孩儿和一个纳粹军官的儿子，手牵着手向前走去……

——《穿条纹睡衣的男孩》

2013 级 10 班　杨于田

铁丝网的一面是：蓝天，白云，冽溪，德国。

铁丝网的另一面是：乱石，黑烟，烟囱，犹太。

铁丝网是威严的，又是脆弱的。它围得住的，是人受尽磨难的肉体；围不住的，是那超越生死的情谊。

——《战争·孩子》

2013 级 1 班　刘悦

在母亲的哭泣中，电影最后，停留在布鲁诺最后走入的那扇门，门外堆满了那些所谓的，条纹睡衣……战争带来的不仅是伤痛，还有精神上致命的打击。世界需要平等人权，和平世界！

——《不平等的人生》

2013 级 2 班　刘笑丛

或许可爱的白雪是一位现实主义者，所以它始终保持着沉默，让梦想家们都存在幻想世界里为所欲为。而我们，却只能在影屏前像白雪一样仰望着丁丁的故事，同时也幻想着自己也生活在他们的年代。

——《丁丁历险记》

2013 级 7 班　谢文馨

其实，你强大了困难就渺小，你渺小了困难就强大。所以，如果你认为自己很渺小，那么请在你的心里燃起希望，勇敢地去面对困难吧。因为这样，困难就比你还要渺小！

——《在心中燃起希望》

四、写在后面

影像的魅力非言语所能及，它所唤起的心灵的颤动，是真实而深刻的。从孩子们的观影报告中，不难发现他们沉浸其中，体味电影故事带来的内心深沉的感动。借助影像，孩子们的心灵疆域变得更加宽广和丰厚，他们笔下的文字也因此或多或少褪去了直白和浅俗。写作和影像不同，但又如此相通。

本次活动重在后期的展示，以别具一格的形式，让孩子们再次融入电影的氛围中，让电影的余味悠然，回味不尽，也给了学生以展示自我的机会。同时，让更多的孩子爱上电影，爱上以文字表达感受的方式。

如果重新再来一次，可以尝试更多，比如电影剧本写作、电影结尾改写等更具挑战和创意的活动。

（三）

享受文字从指尖流淌的时刻
——写作课程的建构与实施

任何人写作都绕不开两个问题：第一个问题是写什么，即选材；第二个问题是怎么写，即构思与技巧。写作教学，也需要从这两个问题的解决入手。选材不是凭空捏造，是将自己的经历、想法表达出来，因此选材需要激活与唤醒；技巧不是灌输各种策略，是融会贯通后的信手拈来，因此技巧的教学需要支架。我们用项目式写作唤醒学生心灵，用作文构思卡帮助梳理思路，双管齐下，突破作文教学的难题。

最美是童年

——《童年小传》项目式写作

邹子韬

一、本源：写作是一件完整的事儿

学生写作遇到的首要问题是选材，即“写什么”的问题。每个孩子成长的环境都大相径庭，每个孩子的经历都丰富多彩，每个孩子的内心世界都独到可爱。因此，写作教学的首要任务不在于技法的传授，而在于唤醒、激活学生已有的经验，引导学生自然而然地表达，写出真情实感，写出真知灼见。当学生发现表达的魅力时，写作兴趣便被激活了，接下来写作技巧的指导便水到渠成，顺理成章。

如何激活学生的经验，让他们想起曾经的故事，并不是一件容易的事情。在45分钟的课堂上让所有学生都能做到选材精当，更像是一个“不可能完成的任务”。仔细分析也不难理解，之所以出现学生不知道该写什么的情况，很可能是因为课堂本身对学生生活的割裂，因为“写作文”这种形式对学生表达的扭曲。解决的办法就是回归写作的本源，创设一个完整的情境，让学生浸润其中，自由地展开思绪，没有挂碍地思考，一气呵成地表达。

情境该怎么创设？以往的教学设计中，我们经常有“情境导入”环节，这个环节通常是贴近学生生活、能够引发学生兴趣的一些活动。但通常，情境导入之后，“情境”就消失了，老师们从抽象的知识开始讲课。其实，完整的情境，是没有导入的，情境的创设贯穿于学习活动的始终，学生始终在这个情境中完成具体的任务，在任务中，有一系列讨论、反思和展示的环节，整个过程学科知识渗透在活动里，教师负责组织学生的活动，并在适当时候进行点拨。

这种让学生完成“一件完整的事儿”的活动叫作“项目式学习”，英文译为Project-based Learning，简称PBL。目前关于项目式学习还没有形成一致的定义，但通常指的是一套能促使教师指导学生对真实世界主题进行深入探究的课程活动，以学习研究学科的概念和原理为中心、以制作作品并将作品展示给他人为目的、在真实世界中让学生借助多种资源开展探究活动、并在一定时间内解决一系列相互关联的问题的一种新型的探究性学习。

将项目式学习的思路运用在写作教学中，我们开发了《童年小传》项目式写作课程，希望通过让学生完成“一件完整的事儿”——撰写关于自己童年的一本传记，达到唤醒记忆、激活经验的目的，提升作文选材的能力。

完成这个项目不仅有利于学生写作能力的提升，还潜移默化地提高了学生的核心素养。在写传记的时候，学生的身份是传记作家，他将像专家那样思考，同时在课堂讨论、展示的环节，学生又通过问题的提出、研讨和解决，学会搜集资料，学会与他人互动合作，学会自我反思。也就是说，《童年小传》的项目式学习更重要的价值在于其整合的学习任务能达到育人的目的。

二、方案：走一步再走一步

《童年小传》项目写作方案

【项目目标】

以自我成长的一系列故事为主要内容完成一部自传。

【作品要求】

字数：5000 字以上

形式：A4 纸打印，自主装帧设计

时间：1 个月

【实施建议】

（一）项目起始课

课堂上由老师提出项目的目标与步骤。教师提出问题：假如让你来写一部自己的传记，你会写哪些内容？学生思考后交流，互相补充，完善想法，在此基础上学生制订写作计划，列出写作提纲。

（二）精读泛读

教师带领学生精读《从百草园到三味书屋》《爸爸的花儿落了》《伤仲永》，自主泛读《丑小鸭》《诗两首》。教师引导学生结合自己的生活经历和体验，深入体会作者的情感，整体把握课文的主要内容。在此基础上，教师引导学生根据上下文揣摩精彩的、富有深意或感情色彩浓厚的语句，以便进一步理解课文内容和作者的情感。

（三）整本书阅读

除了阅读课本上的经典篇目，学生还要阅读整本的书。假期期间布置名著阅读《城南旧事》，与项目主题吻合。在项目学习中学生可以重读这部小说，进一步加深对成长的感悟与理解，并完成读书笔记或读书报告。同时学生可根据兴趣自选其他自传类作品进行阅读。

（四）观影

学生在阅读小说《城南旧事》的基础上，再利用周末时间观看电影《城南旧事》，对人物的形象有了更深入的把握以后，在课上进行观影沙龙，对电影中的人物和情节进行评价。这是对原先理解的一种深化，让学生对成长有一种立体化的感悟。也可以拓展观看其他传记类电影。

（五）课本剧表演

教师首先指导学生如何将文章改写成剧本，学生学习后，阅读文本《丑小鸭》，小组合作将课文改写为剧本，利用课余时间排练，在课上表演。

（六）演讲

课堂上教师对如何演讲进行指导，学生之间互相交流自己最值得分享的成长故事。学生在课下准备好演讲稿并自我练习，利用课上时间进行每人 1 分钟的成长主题微演讲，讲述自己成长的故事和对成长的理解，锻炼学生的口头表达能力。

（七）撰写

撰写过程与以上活动同步进行，教师在项目实施过程中进行指导，落实完成进度。

（八）展示

进行《童年小传》新书发布会，展示优秀作品，学生互相评价、反思。

（九）评价

评价贯穿于项目实施的始终。学生在课堂的讨论与交流中进行对照，反思。同时在完成整部作品后，重新审视作品，写下创作后记。教师的评价以定性评价为主，目的在于促进学生对学习行为、写作知识的反思与改进。

三、作品：唤醒心灵世界

童年的乐园

山东大学附属中学2015级　华敏洁

童年总该有个乐园，只要看到就会勾起满满的回忆。我的乐园是从5岁起发现的，直到二年级我都一直在那里玩耍。那是一个保存了我的泪与笑的美好地方。

我的乐园是家里的衣橱，我总是幻想着通过它到达另外一个神奇的世界，那并不现实，所以每次我都因为愿望不成真而苦恼不已。不过，衣橱里很适合捉迷藏，这一点是不容置疑的。我很庆幸发现了这个“黄金藏匿地点”。捉迷藏时，我都会躲在这里，往往到最后也没人找到。

有的时候我被大人训斥了，就会躲进衣橱里哭泣。这里吸收了我的泪水和愤怒。每次哭的时候，都会把眼泪、鼻涕抹得到处都是。有的时候生气了，就会在衣橱里踢打一阵。所以，在衣橱中的回忆，并不全都是美好快乐的。

除了这些以外，我的“衣橱生活”一直都是完美无缺的。我喜欢把一些零食藏进衣橱深处，用衣服严实地盖起来，以防被人发现。有时嘴馋了，就跑进衣橱里大吃一阵，再心满意足地跑出来。有时妈妈收拾衣服时，会发现衣服上有一些零食的渣子，这让她好一阵子百思不得其解。

一般情况下，爸爸妈妈一回家就把衣服挂进衣橱里，而我就在衣橱里守株待兔。往往能从外套、裤子里搜出一些零碎的小零钱，1块的、5块的、10块的不等。我就把这些零钱偷偷囤积起来，一段时间后收获颇丰。只是往往还没有“集体转移阵地”，就被妈妈发现了。我努力了好长时间的结果，都被妈妈转进了自己的腰包。哎，不说了，心塞。

其实这个“乐园”不算是百分百地好，因为不能看书。每当我拿着书爬进衣橱里，就不得不因为昏暗的光线再次爬出来。只是，偏偏看书是我的爱好之一，这让我很苦恼。有时因为犹豫到底去哪里，从而浪费不少时间。为什么鱼和熊掌不能兼得？不爽！

其实，衣橱大概就是属于我自己的一片“小天地”。可以在这个地方干自己想干的事，得到片刻的自由。只是到了三年级后，我就不能再进入我的“天堂”里畅游了。我再也不能享受置身于衣橱中的生活了。

这是我童年的天堂，满载我回忆的地方。我永远也忘不了，在衣橱中的幸福时光。

药柜

山东大学附属中学2015级　王子木

以前总有个柜子立在床边，里面总是放了很多药。妈妈以往经常打趣：“自从你一出生，经常与药为伴，打针西药中药，比吃饭还来得勤快，你的小手小脚、你那千疮百孔的额头还疼吗?”

我怎会忘了，一根那么长的钢针，硬生生地打进去，要么在皮肉中横冲直撞，要么一针见血。

古人曰：“病来如山倒，病去如抽丝。”在科技发达的今天，对我来说，无非是一支镇静剂而已，什么扁桃体炎、支气管炎，并不是一朝一夕能治好的，无论是中药还是西药，不管什么口味，我必须乖乖地吃下去。要是一种不解气，那就多来几种，多管齐下。最后大大小小的盒子满满当当占据了整个书架。

药柜里面的药，高低起伏，层层叠叠。下层是笨重的颗粒和中成药，上层是精致小巧的药片。一旦我生病了，不用去什么药店，自家就有个小药房，既方便又快捷。只需伸出手，在柜子里摸索一番，妈妈自言自语把说明念一遍，就是所谓“对症下药”。我对此深信不疑，妈妈好在也没有失手过。

有一次，我好奇地拿出一个小药瓶，看了看，忽然叫道："已经过期了！"细看其他的药，好几种都快过期了。于是，妈妈开展了一次清理行动，柜子中的药材锐减，剩下了一个小角落。取而代之的占领者，是让人眼花缭乱的书籍。

旧疾至今也未痊愈，时光不允许吧！

辣

山东大学附属中学2015级　郭　晛

辣，并不能算是一个确切的味道，但仍有许多人爱吃，因为它能给人不同的体验。在成长中的辣可不"好吃"，它能让你耳根到脖子比吃了辣椒还红。我的成长中有过很多辣，而记忆最深的一次，是在不久前。

我们的美术老师兼副班主任王老师，是我所有老师中最公正的一位。他不会因为某个人讨人喜欢或有哪些特长就过分偏袒，而是公平对待每个人。这是我在那次美术课之后才体会到的。

那次上美术课，学习毛笔字。没想到，身为自律部的我竟和同学玩"嗨"了。

由于是宣纸，一吹就能飞起来，旁边的同学就来"找茬"，故意吹我的宣纸。要不是我用力用手压住，恐怕天上便会多一面"屈辱的白旗"了。开始，我不理他们，听自己的课。但此时我已不能纯粹地听课了，脑中只有"吹宣纸"三个字。过了一会儿，我终于忍不住了，使劲吹了一下他们的宣纸。看着那宣纸在空中飘扬了一会儿后落下来，我立刻变得兴奋起来，同他们玩起了"攻坚战"。

我们玩得不亦乐乎，一边用力吹，一边不停地"咯咯"笑，丝毫没有注意到同学们投来的厌烦的目光。终于，王老师使劲敲了一下黑板擦，全班立刻鸦雀无声。我们还未明白发生了什么事，王老师用他那具有魔力的男中音不紧不慢地说道：“来，二组那三个男生给我站起来。”我们犹豫了一会儿，还是站起来了。我的脸红得啊！真像一个辣椒。脸上火辣辣的，真不是滋味儿。教室里很暗，是拉上了窗帘的缘故。那几张宣纸正静静地躺在桌子上，完全不像刚才那样调皮。我们忍受着来自各方的眼光，默默反省。

结果就是，我在自律上扣了 1 分，简直太丢脸了。从那以后，上美术课，不管别人怎样，我都不再理会，因为我一直想着那来自各方的眼光，还有脸上火辣辣的烧。

辣，虽会让你在众人面前出丑，可这毕竟是你自己惹的祸，还能怪别人吗？所以，管好自己，才是最重要的，只需学习别人的好，就够了。

我的“十班讲堂”

山东大学附属中学2015级　姚青岳

风，吹在树叶上，发出“飒飒”的响声，犹如野蜂飞舞，扰乱了少年的心思。此时，我的心仿佛是一团乱麻，剪不断，理还乱。眼前窗玻璃上映出的那个瘦小的身影，它，似乎在颤抖。紧张，正如狼似虎地吞噬着我。一丝丝汗水顺着我的双频流下来，我焦急地等待着，5 秒、4 秒、3 秒、2 秒、1 秒……上课铃声响了。

我拿着精心准备了两个星期的课件，磨磨叽叽地站上了讲台，面对同学们充满期待与鼓励的眼神，我紧张的神经稍稍放松了一点。我定了定神，有序地打开课件开始讲课。

凭着我幽默的言辞与恰当的动作，同学们时而侧耳倾听，时而捧腹大笑，面对这些专注的眼神、快乐的脸庞，我感到了满足和自信，似乎也不那么紧张了，我彻底放松下来，打算在这个舞台上大展身手。可是突然，一阵异感从头而降，我毫无防备地打了一个喷嚏，然后一个大而亮的鼻涕泡晃晃悠悠地悬在了我的鼻子下方，我忙一吸气，打算把这份突如其来的尴尬吸回鼻腔，可是越忙越乱，它显然不愿意再回到那条黑暗的通道，它愤怒地爆了，继而化成一坨黏黏的鼻涕得意地贴在我脸上。这时我的脑海里除了羞愤就是尴尬，满眼里全是同学的嘲笑与嫌弃，我恨不得挖个坑跳进去，可是我不能，因为楼下正是校长室，一挖就直接面见校长了，二是讲的内容还没有结束，我不能扔下这帮沉浸在爆笑中的同学自己溜掉。所以我只能继续待在这炼狱中，接过同学扔过来的纸巾，擦干净脸继续讲课。

下课铃响起。“古今多少事，都付笑谈中，这就是竹林七贤，一代文人墨客演绎出的千古佳话。”我淡然地站在讲台上，用一句铿锵有力的话语结束了这“一波三折”的课堂，班里立即响起一片雷鸣般的掌声。听得出来，这掌声里有鼓励，有认可，还有同学间浓浓的情谊。

那一次，我长大了

山东大学附属中学2015级　赛林卓

妈妈第一次提出要搬家时，我哭了。

这里可是满载我童年回忆的地方啊！如果搬家，那就意味着那些美好的事物就要离我而去了啊！我开始在心中责怪起父母，明明好好的，为什么要搬家？但看着他们主意已定的样子，我知道我已经不得不接受这个事实了，我决定去找至亲的好友道别。

夏日的午后，处处蝉鸣。我和好友一起坐在“秘密基地”里，认真体味这最后时刻。这个小区虽不大，但却是我的乐园。和好友寻找废弃车库当秘密基地，同去地下室探险，寻找传说中的宝藏……我想起以前的种种，如今两个9岁的小孩子竟都默默无言。最终，还是她先开了口：“其实，我爸爸妈妈也在商量搬家的事儿。不过，我们都长大了，不是吗？”她看向我：“虽然我身高变化不大，但我感觉我的心是在成长的啊。人总要分离，不是吗？”

我终于还是搬走了。望着那个遥远的家，我们在新家安顿下来。这里条件很不错，人文环境也很好。为了庆祝，爸爸提议去吃一顿。

在饭桌旁，看着我喜欢的菜，我又差点忍不住哭起来。不是因为远离回忆的不满，也不是因为与朋友别离的伤心，而是知道了父母搬家的用意：当然是为了我。她们贷款30多万，要还20多年的债，只是为了让我能够上小区内一所比较好的中学。我那本无忧的心中好像注入了什么沉甸甸的东西。为什么呢？我为什么现在才意识到父母的用意？而我却只为了要和小伙伴分离，就去埋怨他们！我后悔，那种从没有体验过的悔恨，注进了我的心中。

当第二个夏天来临时，还是同样的鸣蝉的喧嚣。就在那个暑假，我考上了一所更好的中学，因为离家太远，父母又在学校旁租了房子。这次，我只是心疼妈妈要在单位与家的路上来回跑，太过劳累了。

每个人都对成长有不同的理解，而我的体会是，成长不仅是身体经历变化，还是心灵在变与不变中填补空缺的过程。

巧设支架，助力思维

——作文教学中构思卡的使用

所谓“构思”，是作者在观察体验的基础上，提炼文章的主题意蕴并选择最佳表现方式，以指导写作实践的创造性总体思维过程。构思是作文成败的关键，也是学生最难把握的环节，理应成为作文教学的重点。

作文构思难在立意、选材、结构、手法等不同层面、不同性质和不同成熟程度的思维活动需同时进行，学生头脑要么一片空白，要么杂乱无章，常常毫无头绪或顾此失彼。如果教师能在此过程中适时地提供精心设计的支架，引导学生打开思维、厘清头绪，将对学生写作质量的提高起着显著的促进作用。

按照维果斯基的社会建构主义理论和最近发展区理论，支架教学是让孩子进入最近发展区的教学，作文构思中的支架教学为学生提供可供选择的构思框架及有成功写作经验的名家或师生真实可察的思维过程，有助于学生体悟、理解写作中的隐形知识，进而以“模仿”“体验”“实践”的方式内化支架所蕴含的写作思维策略与问题解决方法，提高写作能力。

作文构思卡通过“写作关键”“要点阐释”范文欣赏”“思路导航”等栏目巧设支架，先行提供构思过程中关键环节的思维核心和潜在方向、方法，帮助学生打开思路，提升思维，在化繁为简、化难为易中，逐步提升写作能力，享受写作乐趣。

案例一：

【写作要求】

清晨迎着朝阳初绽的睡莲，午后柳荫下嬉闹的顽童，傍晚深巷中一声朴实的叫卖……有些人，有些事，或许你未曾遇见，偶然间发现他们突现在你的面前；有些人，有些事，或许你未曾关注，偶然间才发现他们已走进你的心间……

请以“偶然的发现”为题目，写一篇作文。

【写作关键】

题目在选材上难度不是很大，出新、出奇难度大，审题的关键词是“偶然”和“发现”，理解、处理“偶然”的手法将决定作文的成败优劣。

【要点阐释】

查词典，“偶然”有两个义项：(1) 事理上不一定要发生而发生的；超出一般规律的。(2) 偶尔，有时候。“发现”的义项也有两个：一是经过研究、探索等，看到或找到前人没有看到的事物或规律。二是发觉。就“偶然的发现”这个作文题目来讲，偶然的发现，就是偶尔发觉。

写作时，应立足于生活、学习、成长和感情等“小”的方面，从其中偶尔发现、发觉了新的东西。新的东西，可以是以前就有而被自己忽略的；也可以是以前“丑陋”现在忽然发现变得“美丽”的；还可以是对某问题苦苦思考不得其解而遇到了“牛顿苹果落地”的故事；或者不经意间的蓦然回首，发现一种美丽，一种真情。对少年们来讲，通过某件事、某项实践，发现自己的潜力和特长，这样来写更胜别人一筹。

总结起来，“偶然的发现”要想别出心裁，宜“三细”：

细心。美学大师罗丹说：“生活中不是缺少美，而是缺少发现美的眼睛。”没有细心的体察，便不会有对生活的发现。纵落笔到“发现”，也不外乎是人云亦云，没有新意可言。这个发现须是独有的，须是深刻的，才能做到题材上与众不同、独树一帜。

细腻。有了发现还不够，怎样让这个题材在你的笔下生动、感人？融入情感。“偶然”的特质决定了这一瞬间，你的思想、情感抑或心理受到震撼，对这一震撼，调动多元的描写手法，把瞬间的情感表现得淋漓尽致，以情动人。

细节。这个题目有意引导同学们关注细节，打造细节。既然是“偶然”的，而不是经常性的，那么你的笔力就要集中于那个特定的时刻，把那一瞬的美与丑、动与静表现出来。描写是必不可少的，手法不必多，突出那个“偶然”的场景即可。

总之，作文要小角度，新发现，大收获，显真情，以小见大书写生活中于不经意间所感知的真、善、美。

【范文欣赏】

（一）偶然的发现

依然记得，午后的阳光照进窗棂的那一瞬间，发际间有温柔，偶然发现，这是我不曾悉心感受的浓浓亲情。

自有记忆起，爸爸就很少在家，每日工作，出差；自有记忆起，爸爸给我的印象便是不苟言笑，同伴们以及我都觉得爸爸太过严肃，不易接近，因而我也就很少与爸爸亲热地说话，在他身边总有一股无名的压抑。我们就这样淡淡的，一年又一年。

直到那个午后，我偶然发现……

那日中午，我对正看报的爸爸淡淡地说："太热了，我去洗头。"就自己接了水，准备洗头。正当我将头发浸在水中时，爸爸走了进来。他用平日里严肃的腔调说："今天我没事儿，帮你洗吧。"我竟没有回答他，因为在我的记忆中，爸爸只是偶尔几次为我洗过头。内心满是奇怪。

爸爸将我的头发全部浸湿，然后开始抹洗发水。我只是静静地低着头，想着爸爸为何要给我洗头。我感觉到爸爸正在将洗发水抹匀，然后就轻轻揉起来。我听到头发与泡沫相互挤压发出的"嚓嚓"声，爸爸揉得很慢，似乎很是小心翼翼。不过，我却感觉到很舒服。泡沫开始多了起来，空气中还有些透明的泡泡在飞。午后的阳光这时探进脑袋，俏皮地与这些泡泡游戏，阳光照在水上，柔柔洒下一方暖色，心头竟也有一股暖意流过。

爸爸的大手依旧在小心地揉搓，不过头发似乎不听话了，左边垂下一缕，爸爸赶紧将左边的弄上去，可右边又调皮地有一缕下来。爸爸突然开口说："给你洗头真不容易。"我依旧没有说话，嘴角却不由自主地弯起来。就在午后的暖阳照进的那偶然间，就在爸爸"笨笨"揉头发的那偶然间，我发现爸爸竟也如此可爱可亲，我发现，这发际间的温柔竟是我从未品味过的浓浓的父女亲情。这偶然，拉近了我们的距离。

如今，我与爸爸已是非常融洽。在我心底，永远如秘密般保存着这样一个温暖的瞬间。

这偶然的发现，让我懂得品味父亲的不溢于言表的厚实的爱。

点评：文章娓娓道来，流畅，真诚，细腻。在叙事过程中小作者不时地使用特写镜头，把"偶然的发现"放大来写，营造出了人物活动的场景，搭建了主人公自我表现的舞台。正因为这样，人物的每一个动作、每一句话、每一个心理活动，都给阅卷老师以强烈的冲击力。

作者的成功，在于整篇文章，依托生活，很好地制造了“冷”（父女关系的淡）与“热”（父亲厚实的爱）的对比和逐渐转换，其中自然而然地蕴含了情节的发展变化，感情的丝丝涟漪、起伏波动。冷，热，变，在这里已不仅仅是写作的小技巧，而是显示了作者娴熟的写作艺术。

文章也启示我们：生活，是写作的不尽源泉，但仅有生活还远远不够，必须用艺术的、文学的眼光去看，去观察，去记录，然后用艺术的笔法加工素材，表现人物，提炼主题。

（二）偶然的发现

爸爸的车上总会系着两条短短的随风飘舞的红布条，与川流不息的其他车辆显得格格不入。看到这样鲜艳的红，我总会微笑，我感觉它是在飘洒一路的温馨。

奶奶家在一个偏僻的小山村，那里有一个习俗，在车的后视镜上系两条红布条，开车的人就会平平安安。这样浓浓的温馨和深深的牵挂自然是奶奶做的，从小到大我一直这样认为。

夕阳西下，天边那抹浓浓的红色弥漫开来，连路旁的积雪也被映得朦胧、美丽。后视镜上的红布条今天格外活跃，挥舞着手臂兴奋地打着转。我看着它开心地笑了，又到了大年三十，又到了和爷爷奶奶团聚的日子，细心的奶奶又要为爸爸系上新的牵挂了。

丰盛的年夜饭自然少不了，橘红色的灯光下，一家人幸福地笑着。我独自走出房门，准备欣赏期待已久的绚丽的焰火，偶然间我发现爸爸的车前有一个黑影：花白的头发，厚重的中山装和有些破旧的棉鞋，颤巍巍地立在雪里。是爷爷！他慢慢地弯了弯腰，印象中高大的爷爷竟是如此瘦弱，像一颗枯萎的老树，似乎风一吹就会把他吹倒。我心里生生地疼，多想过去扶爷爷一把。但好奇心使我选择静静等待。爷爷小心翼翼地把后视镜上的红布条拆下来，像珍宝一样塞在

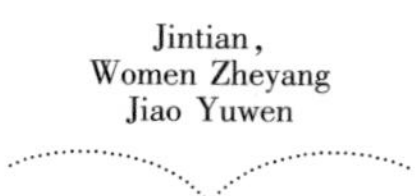

口袋里。沉默了一会儿，他抚摸着爸爸的车，抽出两条新的红布条。难道这多年来默默的关心竟来自爷爷？

印象中，爷爷和爸爸根本不像一对父子，他们从不问好，也很少说话，只是每次爷爷送我们回家时那深深的凝望中，似乎充满深情。爷爷总喜欢拉着我的手，用他满是皱纹的手轻轻摸着我的头，嘴里絮絮叨叨："多聪明的孩子，像他爸一样……"

爷爷在思索着布条的系法，小心地系上去，又摇着头摘下来，重复了好几遍，才心满意足地紧紧地打了两个结，悄悄离开了。留下那团跳动的火焰，温暖着这寒冷的冬夜……

大年初一爸爸单位上还有任务，我们不得不离开那里。我望着后视镜里爷爷的身影渐渐远去、消失。这偶然的回望，让我忽然读懂了爷爷深深凝望的眼里那份深沉的爱，在风中飘舞的红布条依然火红，温暖着我们的心。爸爸伸出手轻轻摸着那团火焰，我从他那嘴角的微笑似乎也读懂了爷爷那同样的深情。

点评：红布条，是本文着力表现的一个"物"，作者几次三番、不厌其烦地对其进行叙述、描绘，多次呈现，给读者以强烈的印象。但，我们并没有感觉到絮叨和烦扰，因为，"物"的后面，是深情，是故事，是发现。

假借于物，一波三折，一唱三叹，来表达内心的感受、感情、感悟。寄情于物，而不是大喊大叫，直着嗓子把主题吼出来。这，是作者的高妙之处，也正是值得我们学习的地方。

【思路导航】

（一）解题立意（这篇文章想表达的主题是什么？）

（二）选材（为表现主题，你想起哪些适宜的素材？列出 4 ~ 6 项并选择最典型的在其后划"√"）

（三）围绕素材勾勒文章格局（梳理写作思路，列出写作提纲，做到“胸有成竹”）

1. 开头形式：

2. 主体内容与详略安排：

3. 结尾形式：

案例二：

【写作要求】

请以“那________，令人难忘”为题目，写一篇作文。

【写作关键】

细节描写，让笔下的人物鲜活起来。

【要点阐释】

细节描写主要是指在写作过程中，具体、生动、细腻地描写事物和人物。其中，主要包括人物的动作、人物的神情、人物的心理等方面，有时还涉及环境等内容。

著名作家池莉这样说：“我偏爱生活的细节。我觉得人类发展了这么多年，大的故事怎么也逃不出兴衰存亡、生老病死，只有细节是崭新的，不同的时空，不同的人群，拥有绝对不同的细节。”言外之意，一篇文章如果有了鲜活而独特的细节，也就有了亮点，文章会因细节而精彩。深入的细节描写，能够大幅度提升文章的生动性，增强读者的真实感。

细节描写的反复呈现，更能彰显行文章法的精致。好的细节来之不易，一旦在生活中提取出来就要充分利用，可以让它在情节发展中一而再、再而三地出现，从各个角度将其内涵充分挖掘出来。

【范文欣赏】

（一）戴套袖的孙犁先生（节选）

第4自然段：他穿一身普通的灰色衣裤，当他腾出手来和我握手时，我发现他戴着一副青色棉布套袖。

第6自然段：接着我便发现，孙犁先生的两只袄袖上，仍旧套着一副干净的青色套袖，看上去洋溢着一种干练的活力，一种不愿停下手、时刻准备工作的情绪。

第7自然段：我特别注意了一下他的袖子，又看见了那副套袖。记得那天他很高兴，随便地和大家聊着天，并没有摘去套袖的意思。这时我才意识到，戴套袖并不是孙犁先生的临时“武装”。

第8自然段：如果我不曾见过习惯戴套袖的孙犁先生，或许我会猜测这是一个名作家的“矫情”，但是我见过了戴着套袖的孙犁，见过了他写给我的所有信件，那信纸不是《天津日报》那种微黄且脆硬的稿纸就是邮局出售的明信片，信封则永远是印有红色“天津日报”字样的那种。我相信他对纸张有着和对棉布、对衣服同样的珍惜之情。

点评：这篇文章抓住孙犁先生“戴套袖”这一细节，反复刻画，以小见大，以普通平凡的细节，表现大师品质的高尚。这里反复强调，突出地表现了孙犁始终如一的质朴形象。多次点题，使孙犁先生戴套袖的形象深入读者的心。“戴套袖”这一细节不只是对人物肖像的描写，更与人物的内在品质紧密联系，以此细节贯穿全篇，行文紧凑，浑然一体。

（二）爷爷的烟斗

爷爷又开始“扑哧——扑哧”地咬起他的烟管来，一缕一缕的烟雾化为圈，在他的满头银发下被划破，飘散在那棵枯弱而又显苍劲的橘树之下。

“爷爷，你少抽点儿，这烟抽多了对身体不好。”

“唉，就是要抽点才好，干起活来才有精神呢！”话音未落，爷爷便咳嗽了起来。

爷爷今年80岁了，爸爸和叔叔们为他庆祝了一个比较隆重的生日。在为他贺寿的那天，家里的坝子叽叽嘎嘎热闹了一整天，爷爷坐在他的长凳上，双手不知放在哪里是好。咬着他的烟管乐呵呵地看着自己的儿女们、孙儿们，还有同村的乡亲们，都聚在一起为自己祝寿，心里不知道有多高兴。烟缕一层又一层散漫在这整个坝子里。

爷爷现在还乐着，还记得自己寿辰那天的情形，那天的坝子，还有那天的那棵橘树也显得别样精神。他常常对自己说："娃儿们都很孝顺，给我庆了这么大的一个寿，真不简单。"于是，扛着锄头，又向田间走去。

夕阳还没有落定，最后几丝微茫的余晖稳稳地放在爷爷的背上，肩上的锄头随着时光的积累，似乎连泥土都化为其中。青蓝色的背心泛着淡淡的黄，衣角已有些破烂，一步又一步移远。他又来到这块陪伴他多年的土地，缓缓地放下肩头的锄头，将其掘入土中，折起袖口，他在干活时总是要折起他的袖口来。接着，身子一仰一后拔起插入土中的锄头，在空中划出了一道弯弯的弧。

"爷爷，天都要黑了，回家吧。"

"好好，等我把这剩下的地挖完了就回家。"

每一锄土，每一棵苗，爷爷都要尽力做到自己满意为止。苗儿歪了，他得扶正，土块总是均匀大小，谁不夸慕爷爷虽然年纪大了，但干起活来却像个小伙子呢。

爷爷终于可以回家了，锄杆又搭在了他的肩上，不知何时，"扑哧——扑哧"烟斗又响了起来。

那块刚刚耕好了的土地，在阳光之下，似乎在冲爷爷笑，爷爷放下手上的锄头，缓缓地从兜里掏出他那只沉沉的烟斗，望着远处升起的炊烟。此时，四处似乎沉寂了，只是那烟斗还缓缓冒出一缕又一缕的烟，烟缕飞落在每一粒土壤之上，他忘记了回家。

如今，院子里的那棵橘树木叶已经落尽，但爷爷的烟斗还是定时响起，缕缕的烟，散漫在参差的树杈间，向整个坝子扩散，扩散。

【思路导航】

（一）人物及细节选择

我要写的人物是：

我要写的他（她）的细节是：

我选择这一细节的原因是：

我要表达的主题是：

（二）叙述故事选择（一件或多件）

（1）写一件事（注明：如何体现细节）

起因：

经过：

结果：

（2）写多件事（注明：如何体现细节）

第一件事：

第二件事：

第三件事：

案例三：

【写作要求】

请以“这样一个人”为题目，写一篇作文。

【写作关键】

本次作文要求同学们侧重实践写作的选材。

【要点阐释】

抓住题目中的“这样”加以选材，对材料进行精心地组织、小心地遴选、细心地鉴别，力求根据人物的个性特色和中心立意，从真实、小巧、新颖、深刻四个方面完成选材，促成佳作。

生活中我们会遇到各种各样的人，读过题目后，什么人进入了你的选择范围呢？静下心来，先明确自己想要写的“这”个人，思考为什么会选择他或她，想写出一个怎样的独特的人（辨识度高）。

特别提示：本次写作对象，尽量选择你生活中有一定交往经历的人。

生活中和“这”个人相关的材料很多，要尽力做到围绕中心进行选择。有了明确的中心，就决定了材料的取舍以及详略的安排：跟中心无关的，舍弃不取；跟中心相关的，分清主次。选取其中最有利于表现中心的材料作为重点展开，其他可以略写。

【范文欣赏】

以鲁迅先生的《阿长与〈山海经〉》为例，思考下面的材料与中心的密切程度，以及作者相应的详略安排。

中　心	材　料
阿长不无愚昧、可笑之处，但她对“我”的无私关怀，让“我”永怀深切的感念。	“阿长”名字的由来
	阿长喜欢切切察察
	阿长睡相不雅，摆成“大”字
	阿长正月初一早晨让“我”吃福橘
	阿长一肚子烦琐道理
	阿长给“我”讲长毛的故事
	阿长谋害了“我”的隐鼠
	阿长给“我”买《山海经》★

要注意材料的真实、小巧、新颖和深刻。真实，应是自己亲历的事情，富有浓厚的生活气息，而非道听途说或无中生有。不要苦恼地认为自己的生活很单调，没什么可写，要善于从生活中发掘有意义的材料，为自己所用。小巧，是因平常小事，熟人熟事恰符合我们所写的人物和文章篇幅。新颖，是指新而别致，与众不同，不落俗

套。鲁迅先生曾说："选材要严，开掘要深。"就是指材料中蕴含的立意要深刻，深刻的材料往往能给人无尽的思索、强烈的震撼。

【思路导航】

（一）解题（明确写什么人，整体概括人物个性特色）

（二）立意（明确要表现什么主题，对"这样"一个人的情感态度是行文的线索）

（三）选材（为了表现主题，你选择哪些最典型适宜的关于"这"个人的故事来写）

（四）围绕素材勾勒文章格局（梳理写作思路，列出写作提纲，做到"胸有成竹"）

1. 开头形式：

2. 事例顺序与详略安排：

3. 结尾形式：

案例四：

【写作要求】

请以"下雨天，真好"为题目，写一篇作文。

【写作关键】

对"真好"的演绎决定文章的高低。

【要点阐释】

"下雨天"限制了事件的环境，"真好"限制了文章情感的基调。对于"雨"这类素材，学生也很熟悉，很易操作。正因为熟悉，如果不能较为深入、细腻地发现，文章将流于表面。

本题难的是如何借助"雨"来表达"真好"这个情感体验，什么才叫"真好"？如何演绎出"真好"？学生对雨的认识是行文的基础，而对"真好"的演绎将决定文章的档次高低。这个作文可能出现的薄弱之处——多数学生会把文章写成肤浅的风景描述，或者是简单的雨中故事。

命题者的目的是引导学生感悟“雨”，从而达到“学会有创意地表达自己对自然、社会、人生的独特感受和真切体验”的目的。

【范文欣赏】

下雨天，真好

琦　君

一清早，掀开窗帘看看，窗上已布满了水珠。啊，好极了，又是个下雨天。雨连下十天半月，甚至一个月，屋里挂满万国旗似的湿衣服，墙壁地板都冒着湿气，我也不抱怨。雨天总是把我带到另一个处所，在那儿，我又可以重享欢乐的童年。那些有趣的好时光啊，我要用雨珠的链子把它们串起来，绕在手腕上。

那时在浙江永嘉老家，我才6岁，睡在母亲暖和的手臂弯里。天亮了，听到瓦楞上“哗哗”的雨声，我就放了心。因为下雨天长工不下田，母亲不用老早起来做饭，可以在热被窝里多躺一会儿。我舍不得再睡，也不让母亲睡，吵着要她讲故事。母亲闭着眼睛给我讲雨天的故事：有个盲人，雨天没打伞，一个过路人见他可怜，就打着伞送他回家。盲人到了家，却说那把伞是他的。他说他的伞有两根伞骨用麻线绑住，伞柄有一个窟窿。说得一点也不错，原来他一边走一边用手摸过了。伞主笑了笑，就把伞让给他了。

我说这盲人好坏啊！母亲说，不是坏，是因为他太穷了。伞主想他实在应当有把伞，才把伞给他的。在熹微的晨光中，我望着母亲的脸，她的额角方方正正，眉毛细细长长，眼睛眯成一条线。我的启蒙老师说菩萨慈眉善目，母亲的长相一定就跟菩萨一样。

雨下得越来越大。母亲一起床，我也跟着起来，顾不得吃早饭，就套上叔叔的旧皮靴，顶着雨在院子里玩。我把伯公给我雕的小木船漂在水沟里，中间坐着母亲给我缝的大红“布姑娘”。绣球花瓣绕着小木船打转，一起向前流。

天下雨，长工们不下田，都蹲在大谷仓后面推牌九。我把小花猫抱在怀里，自己再坐在伯公怀里，等着伯公把一粒粒又香又脆的炒胡豆剥了壳送进我嘴里。胡豆吃够了再吃芝麻糖，嘴巴干了吃柑子。大把的铜子儿一会儿推到东边，一会儿推到西边。谁赢谁输都一样有趣，我只要雨下得大就好。下雨天老师就来得晚，他有脚气病，穿钉鞋走田埂路不方便。老师喊我去习大字，伯公就会去告诉他："小春肚子痛，睡觉了。"老师不会撑着伞来找我。母亲只要我不缠她就好。

5月黄梅天，到处黏糊糊的，父亲却端着宜兴茶壶，坐在廊下赏雨。院子里各种花木，经雨一淋，新绿的枝子顽皮地张开翅膀，托着娇艳的花朵，父亲用旱烟袋点着它们告诉我这是丁香花，那是一丈红。大理花与剑兰抢着开，木樨花散发着淡淡的幽香。墙边那株高大的玉兰花开了满树，下雨天谢得快，我得赶紧爬上去采，采了满篮子送左右邻居。玉兰树叶上的水珠都是香的。

唱鼓儿词的总在下雨天从我家后门摸索进来，坐在厨房的条凳上，唱一段《秦雪梅吊孝》《郑元和学丐》。母亲一边做饭，一边听。晚上就在大厅里唱，请左邻右舍都来听。宽敞的大厅正中央燃起了亮晃晃的煤气灯，发出"嘶嘶"的声音。煤气灯一亮，我就有做喜事的感觉，心里说不出的开心。雨"哗哗"地越下越大，盲人先生的鼓"咚咚咚"地也敲得越起劲。唱孟丽君，唱秦雪梅，母亲和五叔婆听了眼圈儿都哭得红红的，我就只顾吃炒米糕、花生糖。父亲却悄悄地溜进书房作他的"唐诗"去了。

八九月台风季节，雨水最多。走廊下堆积如山的谷子，几天不晒就要发霉，谷子的霉就是一粒粒绿色的麴。母亲叫我和小帮工把麴一粒粒拣出来，不然就会越来越多。这活真好玩，所以我盼望天一直不要晴起来，麴会越来越多，我就可以天天滚在谷子里，不用读书了。

如果我一直不长大，就可以永远沉浸在雨的欢乐中。然而谁能不长大呢？到杭州念中学了，下雨天，我有一股凄凉寂寞之感。

有一次在雨中徘徊西子湖畔。我驻足凝望着碧蓝如玉的湖水和低斜低斜的梅花，却听得放鹤亭中响起了悠扬的笛声。弄笛人向我慢慢走来，低声对我说：“一生知己是梅花。”

我也笑指湖上说：“看梅花也在等待知己呢。”衣衫渐湿，我们才同撑一把伞归来。

那是许多年前的事了，笛声低沉而遥远，然而我却仍能依稀听见，在雨中……

【思路导航】

（一）解题

1. 理解题目的字面含义：

2. 抓住题目中的关键字眼，确立写作重点：

（二）立意的发散与提炼（要表现什么主题）

（三）选材的发散与提炼（明确要用什么材料来表现）

（四）围绕素材勾勒文章格局（梳理写作思路，做到“胸有成竹”）

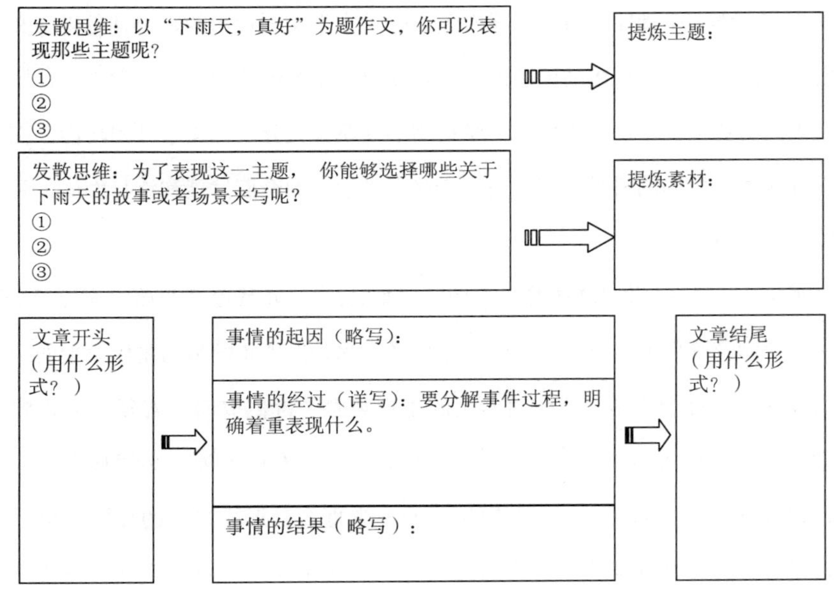

（四）

诗意·家园
——“三月”文学社的建构与实施

第一篇　初识“三月”

一、“三月”文学社的成立背景及意义

近些年，在推行素质教育、新课程改革的大背景下，我国中学文学社团发展十分迅速。然而，目前对于中学文学社团的性质，仍然沿袭几十年形成的传统观念，认为中学文学社团是语文课堂教学的延伸和补充，是第二课堂，是语文课外活动，负载着培养学生文学特长、提高学生素质、推动校园文化建设等任务。这种认识已经不能完全反映当前中学文学社团的特质，客观上影响了中学文学社团的定位，阻碍了文学社团的发展，限制了文学社团功能的发挥。在新课程改革继续深化、中学文学社团队伍日益壮大的形势下，正确认识中学文学社团的性质，充分发挥文学社团功能，探索一条文学社团健康发展的科学之路，对于最终促进学生的全面发展和终身发展，具有十分重要的现实意义。

纵观历史，从20世纪之初的“五四”时期，到80年代改革开放以来的新时期文学，文学社团及其作家、诗人、文学的创作者大都是以青年学生为主体力量的。

当今的开放社会、多元文化对学生的思想观念、价值取向有着复杂的影响，需要探索新的教育形式和方法。一所学校要想有所为、有所发展，必须从本校的实际出发，找准学校发展的突破口，制定正确的办学理念，形成自身的校园文化。文学社团正是这样一个能让学生通过参与活动，达到自主探究、自我发展、自我完善的

组织。文学社团活动的开展，有效弥补了现行课堂教学对学生全面素质提升不足的缺憾，为创新教育寻找到一个落脚点，是校园文学活动中最具有活力和吸引力、最精彩、最生动的部分。校园文学社团活动开展得如何，就代表了一所学校校园文学活动的水平。

如今校园文学蓬勃发展，很多名校都建有自己的文学社，人大附中的“小荷”文学社，北京十一学校的“星月同辉”文学社，经过多年的运作，已经成为各自学校的文化品牌。越来越多的名校开始以文学社为载体，组织学生进行创造性的文学鉴赏和写作活动。很多优秀的青年作家因此脱颖而出，其作品更受到主流文学媒体的关注并得以发表。

山大附中的课程改革一直走在前列，文学社如今已经逐渐成长为我们学校的文学阵地，我们的校园品牌。从“三月”文学社的人数以及刊物发行来看，尽管有完善的章程和总体框架，每周一次例会维持社团工作的基本运转，但社团和刊物在学生中仍旧缺乏知名度和影响力，很多学生是仅闻其名而未能见其形、观其容，文学社未能起到引领校园文化的作用。另外，文学社缺乏专门的负责老师，目前都是语文老师兼任。语文老师教育教学任务繁重，都是多重任务在身，文学社老师都是班主任。文学社工作常常因为负责老师和主要社团干部升入初三而出现用人青黄不接的问题，导致校园活动不能按时有序地开展。

2015 年“三月”文学社要低调转身，通过项目组立项，努力建设成一个成熟型校园社团，通过丰富的文学活动和《三月》刊物的影响，营造全校“文化场”氛围，推动校园文化的生长。

（一）文学社为学生提供了更为广阔的文学活动空间，拉近文学与生活的距离

《义务教育语文课程标准》指出：“认识中华文化的丰厚博大，吸收民族文化智慧。关心当代文化生活，尊重多样文化，吸取人类优秀文化的营养。”这些论述，为我们开展“三月”文学社的活动，实施文学教育指明了根本方向，即让语文成为个

体生活的一部分，拉近语文与生活的距离。不同于以往的传统语文课堂，在“三月”文学社的平台下，学生能有足够的时间，在一个文学气氛浓厚的空间里与同龄人交流文字的魅力；他们可以走出校园，努力开拓生活的视野：自然风光、文物古迹、风俗民情，在观察与体验中生成具有创新性的文学表达方式。他们能够在亲身经历中体会文字的内涵，在文字中获得个体的成长。

（二）文学社是校园文学活动的突破口

在“三月”文学社的平台下，开展一系列形式多样、内容丰富、生动活泼的“大课堂”。通过文学阅读和创作活动，学生自身的心灵得以发展，自我得以完善，文学修养及人文素质得以提高，这是其他方式不可替代的。应该说文学社是进行语文素质教育的最佳切合点。

（三）文学社以发展学生的个性为重点

正如新课标所说：“注重个性化的阅读，充分调动自己的生活经验和知识积累，在主动积极的思维和情感活动中，获得独特的感受和体验。学习探究性阅读和创造性阅读，发展想象能力、思辨能力和批判能力。”“三月”文学社并不是要把每个学生都培养成写作高手，或者培养出一大批作家来，但可以不同程度地发展其特长和个性，培养求新、求异思维，培养创新精神、创新意识和创新能力，这对学生的成长有着远远超出文学教育本身的重要意义。

山大附中语文组一直在打造“文化视野大课堂”，力图通过言语实践活动培养学生独立的价值追求与文化意识。我们的课堂一定不是局限于狭小的教室，它力图在广阔的世界中为孩子找到属于自己的文学发展之路，唤醒孩子的双眼，让沉睡已久的灵感苏醒，创造出属于自己的人生风景。

“三月”文学社的创设，就是以开放的姿态、广阔的视野，使学生积淀知识，发展思维，形成人文情怀，在体验和经历中形成文化意识，真正实现文化视野大语文下的个体成长。

二、“三月”文学社的主要职责和定位

校园文学社团建设及校园文学活动是语文教学的一个组成部分，是按照新课程体系的国家课程，以校园文学活动为主要阵地，紧密联系新课程改革和语文教学实际，通过选修课程和活动课程有机结合，选修课程教学和课程资源开发相结合，把人文教育和学生文学活动密切结合的实践过程。“三月”文学社秉承“人文阅读、人文写作”的理念，在此基础上把主要的研究重点放在学生人文素养的培养上，主要研究目标涵盖以下几个方面：

（一）学生层面

中学文学社团作为以学生为主体的社团，与社会的其他社团相比，有其特殊性，其中最鲜明的就是以学生为本，关注学生的发展。学生在学校最重要的事情是接受教育，得到发展。学生的发展并不仅仅体现在课堂上，也体现在校园活动中得到的锻炼。作为以中学生为主体的文学社团，学生比较关注社团的锻炼价值和经历价值。学生希望在这样的“互益组织”中开阔自己的视野，增长文学见识，提高文学修养，寻找文学同盟，并在活动中锻炼自己的能力。事实上，学校通常也非常重视文学社团的教育功能，把文学社团当作校园文化建设、思想政治教育和素质教育的重要载体，作为第一课堂的补充和延伸。这些都使中学文学社团承担了教育的使命。而且在文学社团的活动中，学生也的确能有教育方面的收获。

1. 文学生活

本着“以思想启迪智慧，用文字锻造灵魂”的理念，充分培养社员乃至全校学生的阅读、写作潜能，开展多样性的文学及社会活动，读写结合，生活与习作结合。在学校语文组有关老师的指导下，定期开展活动，激发学生的阅读、写作兴趣，提高学生的写作水平，让学生真正感受人文课堂、人文生活。

2. 人文视野

拓展学生们的文化视野，提高学生的文学修养，同时丰富他们的课外生活，让学

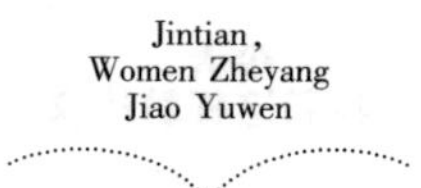

生们在初中阶段享受优质的文学资源，同时为广大文学爱好者搭建一个开放性的平台，让他们能在此交流思想，互相切磋学习。

3. 文学青春

致力于为广大高校文学爱好者搭建一个良好的交流平台，以宣扬人文精神为目标，通过期刊运作、开展各种征文大赛、文学报告会、文化沙龙及与人文相关的各类活动，提升会员的文学素养，普及文学知识，营造文学氛围，陶冶文化情操，培养文学新生力量，使文学会员在活动中增长知识内容，完善知识结构，为爱上文字的孩子传递一份真情。

（二）学校层面

对学校而言，文学社团在校园中承担着信息沟通、政策执行、协助管理等作用。具体说来，文学社团与课堂教学紧密相关，是课堂教学的延伸，而文学社团在约束社员行为的同时，也就代行了学校的管理功能。另外，随着中学文学社团慢慢走出校园，在一定程度上代表着学校的形象。文学社团的精彩表现，将扩大学校的影响力，提高学校的知名度，建立学校声誉，社团本身成为学校的一张形象名片，对社会起到正面的激励示范作用。

另外，文学社团对促进并形成健康、高雅的校园文化有着十分重要的协助作用。作为在校学生组织的特有形式，文学社团是部分学生的集合体。从学校管理的角度讲，通过社团组织能及时把握学生的思想脉搏，能摸清学生的价值取向趋势，以提高思想教育工作的针对性和有效性。通过社团组织的工作，可以将校园中学生的思想和行为予以扬弃，使校园文化朝着正确的方向发展。

目前我国九年义务教育普遍缺乏传统文化和人文精神的浸润。文学社的课题，就在于解决这个弊端，通过营造人文校园，在全校范围内开展多种形式的活动，激发学生们的阅读和写作热情，培养文学新秀，在此过程营造良好的校园文学氛围，丰富校园文化生活，打造独特的山大附中人文校园文化。

（三）教师层面

通过文学社团活动的开展，可以丰富现有的学生文化，对现有的课堂学习作有益的补充，进而改变学生的学习行为和方式，开发学生的学习潜能，激发学习兴趣，协助学校教育教学的进行。通过文学社团的建设，也可以拓展教师文化。文学社团活动打破了课堂的界限，是对原有教育观念和教育教学行为的冲击和碰撞，需要为学生的发展提供非学科课程文化，对教师资源的开发提出了新的更高的要求。这就要求教师更新观念，不断接受新的教育理念，不断丰富自己的知识和能力，这样才能指导学生社团开展活动，满足学生日益增长的文化生活需要。

文学素养是一个人的文学知识、文学写作能力和文学鉴赏等多方面素质的综合体现，在组织文学社的过程中，也是对教师文学修养的一种熏陶。可以通过文学社培养教师对文学的热爱，从而使得教育活动的主体即教师具有儒雅的气质，产生更大的教育亲和力。开展“教师沙龙”“教师专题讲座”，潜移默化地让教师的教育活动增添更多的文采，就会一改教育严肃、枯燥的旧貌，将教育变成使学生得到高层次精神享受的艺术。

（四）家校层面

1. 探求家校合作的新途径

家庭教育和学校教育是促进学生健康成长的两个重要方面，离开家庭教育的学校教育和不依赖于学校教育的家庭单方面教育都对孩子的学业和身心发展不利。家校合作是融通家庭教育与学校教育的重要手段，它可以使这两个方面的教育相互补充，相互促进。通过将学校家委会纳入文学社组织工作，探究家校合作的新途径和新方法。

2. 探求如何营造人文家庭氛围

家庭是社会生活中必不可少的一部分，同时也是个体成长发展最先受到熏陶的环境。家庭中的教养方式以及家庭氛围对青少年的成长发展至关重要。良好的家庭氛围是塑造学生幸福人生、保证其全面发展的基础，也是进行良好家庭教育的必备条件。

通过文学社“共读一本书”“初中学生和家长课外阅读书单”等对家长进行潜移默化的影响，从而进一步探求如何通过文学社来营造人文家庭氛围，促进孩子们的健康成长。

三、“三月”文学社的发展前景和目标

（一）以阅读、写作活动搭建语文教育实践平台，建设开放而有活力的语文课程

“努力建设开放而有活力的语文课程”，这是语文课程标准提出的新理念。怎样开发利用课程资源？这是实施新课程改革过程中要涉及的一个重要问题。借助文学社团活动创设语文学习环境，沟通课本内外、课堂内外、学校内外的联系，拓宽学习渠道，增加语文实践机会，将语文与生活衔接起来，是开发与利用课程资源的重要途径。

《义务教育语文课程标准》七～九年级语文综合性学习目标指出：“能自主组织文学活动，在办刊、演出、讨论等活动过程中，体验合作与成功的喜悦。”根据这一精神，学校文学社正是基于新课改背景下的文学社活动与语文教学相结合的教育实践。

语文素养是阅读、写作不断积累进而强化训练的过程。传统的课堂教学，空间上把学生局限于教室，知识上把学生束缚在书本，形成了一种单调、封闭的教学模式，脱离了学生生活，不能提供学生需要的精神营养。而文学社生动活泼、丰富多彩的活动，建构了学生语文学习的环境，极大地弥补了语文课堂教学的不足。有效地开展文学社活动，是解决语文教学的有效性、改革语文教学的落脚点。

1. “悦读季”经典阅读主题推广活动

阅读是我们获取文化精华不可缺少的重要途径，也是我们认识社会和改造世界必要的学习方式。经典阅读的重要性更是不言而喻。大量事实证明，有计划、有目的、坚持不懈的阅读，可以有效地提高人的智慧。苏霍姆林斯基就说过：“让学生变聪明的方法，不是补课，不是增加作业量，而是阅读，阅读，再阅读。”良好的阅读能力不但可以让学生积累丰富的语文知识，形成良好的语感，而且能让学生学会理解、鉴

赏文学作品，从中受到高尚情操与趣味的熏陶，进而丰富情感体验，发展他们健康的个性。

通过“悦读季”主题活动，推广阅读经典、诗歌吟诵、读书沙龙等活动，期望藉师生分享及交流，引领学生回归纸质阅读和经典阅读，让更多同学认识阅读的各层次，从而培养阅读兴趣，让阅读成为山大附中人学习生活的一部分，做一个终生的阅读者。

2.《三月》社刊的发行和传播

文学社社刊对外是自身的形象大使，是名片；对内是联系社员及其他学生的纽带，是增强文学社凝聚力的强力黏合剂，是广大学生尤其是文学社员的精神家园。因此，从某种意义上说，社刊就是文学社的生命。社刊能否按时出版、其质量的高低，都直接影响着文学社的生存和发展，是文学社能否办好的最重要、最关键的因素之一。纵观全国各个文学社的兴衰，也可得出这样的结论：凡兴旺发达的文学社，都有定期出版而且质量高的社刊、社报；凡社刊、社报办得好的文学社，其文学活动往往都开展得红红火火。

“三月”文学社以“为文学爱好者提供展示自我的舞台、提高文学爱好者的写作能力”为宗旨，广泛发现挖掘校园写作新秀、文学新秀，给所有热爱文学、热爱生活与美的学生提供文学创作的广阔天地。期刊内容贴近校园生活，有丰富的原创性栏目，是学生乐于阅读的校园读本。在这个学生自己的平台上，学生的视野投向更广阔的世界，描绘自然，关注社会，思考人生，感悟生活，成为语文学习强有力的课程资源。

3.“三月”讲堂的专题讲座

“三月”讲堂定期为学生提供作家名师的专题讲座，让学生在作家名师的视野中，拓展思想深度，提升文化品位，持续地激发学生读书与写作的热情。在之前的实践中，“三月”讲堂曾经开设“赵赵带你读诗歌”“赵赵讲红楼”“王波老师说鲁迅”

“孔磊老师讲三国”等系列名师精品专题讲座，以丰富的文学内涵和原创性的解读视角，打开了学生性灵的大门，极大提升了学生的文化品位，丰富了学生的心灵世界，为写作训练创造了有利的条件。

（二）文学性创意活动的开发与设计

社团的生命在于活动，一个文学社如果没有精心设计的文学活动，就会使社员感到社团工作缺乏吸引力，逐渐丧失社团的凝聚力。学生加入文学社的目的，就是通过和跟其他社员一起开展文学活动，提高自己的文学创作能力，丰富自己的精神生活。其愿望如果不能满足，文学社对于社员个人成长的意义就不存在。

新课标特别重视语文学习的个性体验和实践能力，这就为文学社团实践活动的创新提供了正确的理论基础和评价标准。这也要求文学社必须开展各种行之有效的活动，让学生在社团活动中真正有收获，逐步成长和完善。

“三月”文学社在过去的工作实践中，形成了较为成熟的社团活动。

1. “三月”采风

没有体验，就没有成长，也不会有真正意义上的文学创造。为了丰富文学社社员的创作体验，提高他们感受自然、书写生活的能力，2011 年开展的“走进锦绣川”采风活动，让学生既领略到了初夏时节南部山区特有的山野风光，感受到远离城市的宁静和悠闲，也丰富了学生的创作体验。

2. “小树林”诗会和“烛光诗会”

诗歌是最好的文学教育，诗歌可以培养学生纯正的文学品味。“小树林”诗会和“烛光诗会”是“三月”诗歌爱好者的心灵联盟。这些活动本身就是很好的语文综合性学习，是实施语文素质教育的良好途径，同时也为学生的写作提供了很好的素材。

3. 参加全国第五届“文心雕龙”杯作文大赛

在当今社会，年轻作家出场的机会太少了。学生的创作激情需要被点燃，创作才华需要被肯定。“三月”文学社带领学生参加“文心雕龙”杯作文大赛，对提高学生创作积极性有很大作用。“文心雕龙”杯作文大赛，创新了一种形式，让越来越多的中学生开始了自己的文学创作之路。

4. 成立“三月”迷你校园午间广播

“三月”迷你校园午间广播，能够让学生在有限的听觉空间里开拓思维和想象，在潜移默化中丰富文学修养，已逐渐成为附中校园文化的宣传媒介。学生每天都沉浸在动人的音符和充满诗意的文字之中，在身心放松的同时，文化素养也得以提升。

5. “行走济南”

以“行走济南”为主题的一系列语文综合实践活动，真正加深了学生对济南这座城市的了解和热爱，培养了学生对故土文化的认同感和担承感。学生通过行走、探访、体验的方式，亲近和感受这座城市独有的历史文化，触摸它的过去和现在，关注它的未来发展。学生最终在观察体验中感悟和铭记，在古今变迁中思考和表达。

6. “电影周”

通过“电影周”活动，培养学生语文素养，丰富校园文化生活，使学生在看电影的同时达到“观有所学、品有所获、评有所悟”的效果。通过“电影周”这一主题活动号召学生通过电影品味人生、品读生活。着眼“人文精神”四字，积淀学生人文底蕴，努力营造书香校园。

（三）构建高效、上下协同的社团模式

作为以学生为主体的文学社团，一个鲜明的特点就是成员流动快，每年都要吐故纳新一次。每年新生入学时，都会有新成员加入文学社团，中学文学社总是“一浪推一浪”，如同“铁打的营盘流水的兵”，表现出很高的流动性。在社团成员的构成上，初一年级和初二年级是主体，进入初三后人数迅速下降，而成员的骨干则明显集中在初二年级。所以在文学社团的建设中，必须特别注意社团新老成员的衔接和传统的承袭，包括社团资料、活动档案的留存及经验的传承等等。否则新进入的学生活动能力尚待锻炼，而老生刚刚经验丰富又没留下，社团的组织者会经常处于摸索状态，这将严重影响活动的质量，使社团的活动停留于低水平的重复，对社团的继承和发展而言是个严重问题。

经过长时间的摸索，我们发现建立上下协同的社团模式是操作性最好的。上下协同模式的文学社团，在组织机构方面，通常接受学校团委或语文教研组的直接督导；而文学社内部的最高领导机构和社刊编委会完全由社员组成。学校必须将办社自主权交给学生，社团真正的主体只能是文学社团成员。学生负责社团内部领导机构，将保证文学社旺盛的生命力。只有确保社员自治，才能充分发挥社团成员的积极性和创造力，才能培养学生的实践能力，才能对提高学生的语文能力和综合能力起到实质性的促进作用。而且，社员自治，还可减轻督导教师的负担。

在学校教师指导团队的督导之下，建立文学社里担任文学社团自治任务的文学社最高领导机构和社刊编委会。只要在总社长之下，设置编辑部、记者站、活动部、宣传部四个部门就基本可以保证文学社团的日常工作正常运行了。其中，由总社长和各部门的部长共同组成文学社的常任理事会，整体负责社团的日常安排和重大的决策。而四个部门的部长之下，各设副部长一名，与部长一起完成分配到本部门的工作。其中，记者站主要负责社刊社报的稿件的采写、收集、编辑以及审稿、用稿和校内外新闻采写；宣传部通过海报、广告、广播等多种途径对文学社团的活动进行宣传，扩大社团在校内的影响力；活动部负责文学社社员的常规联系以及与校内其他社团、外校兄弟文学社团的交流互访、良好共建关系；编辑部负责社刊社报的收稿、编稿和审稿。

（四）构建家校合作“文学阅读”共同体

随着知识经济的到来，终身教育、学习共同体逐渐得到研究者的广泛关注，并在实践中取得了一些成效。“三月”文学社通过与学校家委会合作，研究如何从家校合作的角度探讨“文学阅读”共同体的构建策略，从而为家庭教育和学校教育的发展指明新的方向。在家校合作构建“文学阅读”共同体的过程中，探究如何引导家长在家庭中营造文化氛围，从而形成家校共学、互学的模式，最终为家庭教育和学校教育的发展提供新的发展途径。

第二篇　走近“三月”

一、山东大学附属中学“三月”文学社章程

山大附中在素质教育大背景下提出了“教师发展的沃土，学生成长的乐园”的办学理念。通过文学社的各项活动，倡导读书的氛围，激发写作的激情，为附中学子构建一个文学的乐园、精神的家园，是同学们期待的。山大附中学生有较好的写作基础，有文学爱好者群落，有一批学生具有潜在的小作家资质，给他们一个空间，他们会给校园增添惊喜与快乐。为营造校园文化氛围，繁荣校园文化，创建良好校风、学风，大力挖掘学生潜质，发展学生个性特点，提高学生表达、组织、创新等综合能力，提高学生的语文素养和审美情操，培养文学新人，培养学生树立正确的人生观、道德观、价值观，山东大学附属中学“三月”文学社现制定本章程如下：

第一章　总　则

一、本社系由学校领导、在本校语文教研组指导下开展工作的学生群众性文学组织。

二、本社旨在团结我校学生中的文学爱好者，共同切磋学习。通过开展读书会、话题讨论、文学采风、诗歌朗诵比赛、作文竞赛、专题讲座等活动，开阔学生眼界，增强学生对中华民族传统文化的热爱、对真善美的不懈追求。同时重点发展学生写作能力和文学鉴赏能力，全面提高学生综合素质。

第二章　组织结构

一、文学社设社长一名，副社长两名；下设编辑部、文学部、宣传部、组织部等，各设部长一名，副部长及干事若干；每班设理事一名，社员若干。

二、社长职责：社长代表文学社对上级负责，负责落实文学社的全面工作，每学期草拟全社工作的计划、安排，提出社员的调配和管理方案，协调好各部之间的工作，及时对各部的工作进行指导，向上级提出合理、有效的意见或建议。

三、副社长甲职责：协助社长搞好日常工作；主要协助社长组织文学社文学创作、编辑工作。分管编辑部、文学部工作。

四、副社长乙职责：协助社长搞好日常工作；主要负责协助社长组织文学社活动的组织工作，处理好各方面的关系（师生之间的关系、各部门之间的关系、社员之间的关系、对外交流、校内外的信息反馈）。分管组织部、宣传部。

五、编辑部：负责对社员稿件的初步审阅、修改等工作，筛选优秀稿件，推荐指导教师审定。与宣传部紧密合作，定期向社长及指导教师反馈反映校园文化、学子风采、同学友谊、师生深情、多彩生活、美丽世界、社会动态等的文学创作题材。

六、宣传部：负责对文学社活动进行宣传。以校刊、广播站、宣传橱窗为阵地，追踪有价值的新闻线索，采访有关人士，准确、迅速、客观地报道文学社活动，增强文学社影响力和知名度。

七、组织部：负责具体落实文学社日常及重大活动的组织安排及活动保障工作。建议社长开展文学社活动，监督社员工作，做好文学社工作、活动记录及考勤工作。

八、秘书长：积极参与文学社各项活动，完成指导教师、社长、部长交办的各项任务。

九、联络员：积极参与文学社各项活动，负责联络各班文学社社员及普通同学。

十、社员：积极参与文学社文学创作，参加社团活动，承担文学社各项任务。

第三章　社　员

一、入社资格

凡我校在校学习学生均可报名。

二、社员权利

（一）凡我社社员均享有选举权和被选举权。

（二）社员享有参加本社活动的权利。

（三）优先在社刊上发表文章的权利。

（四）获得文学社向其他刊物推荐发表作品的权利。

（五）获得编辑、组织管理、交际等能力锻炼机会的权利。

（六）在写作和阅读上有权获得指导委员会老师的指导。

（七）享有推荐文学爱好者加入文学社的权利。

（八）享有向文学社推荐优秀作品的权利。

三、社员义务

（一）遵守并履行学校规章制度、文学社章程。

（二）认真、及时完成文学社交办的创作及活动任务。

（三）积极写作，踊跃投稿。

第四章　纪　律

一、本文学社社员严格执行本章程，能主动完成分配的各项任务。

二、本文学社社员无条件地爱护公共财产。

三、有以下情况之一者，不宜担当部门的负责人：

（一）学期有两门或两门以上功课不及格者；

（二）受到法律制裁或学校行政处分者；

（三）因违反规定，被管理部门勒令撤职的社团、部门负责人；

（四）对履行本文学社社员应尽之义务持有异议并公开违抗者；

（五）有其他不宜担任社团、部门负责人事项者。

第五章　奖　惩

一、评优秀社员

（一）对投稿踊跃者、作品质量较高者、表现优秀者，社员文章一旦被刊登或发表，将给予一定的精神及物质奖励，每学期评出“优秀社员”给予相应的奖励。

（二）积极参加文学社各项活动，对文学社做出重要贡献者将在学期末给予适当的奖励。

（三）学校对积极开展文学社工作的部门负责人和各班文学社理事在期末综合素质评价中予以加分。

二、社员除名

（一）有事有病不能参加活动或会议须请假，经社长或副社长同意有效，确有原因来不及请假者须事后补假。社员一学期内两次无故不参加本社组织的活动（包括缺席例会）或不接受分配的任务（包括不值日），将失去本学期“优秀社员”评选资格。达到四次者将作自动退社处理。

（二）每次活动，社员迟到一次给予批评，无故迟到两次或缺席两次者给予警告，迟到多次或缺席多次者给予除名。

（三）社员必须按时交稿，三次以上不交稿者将给予除名，被除名的社员将在下次活动中宣布并通知该社员的班主任，同时组织部做好记录、登记工作，写明其被除名原因。

第三篇　“三月”的成长记录

宣传文案

这里是“三月”，我们等你好久了！

“三月”文学社，此刻正呼唤着你。

你是否想听到作家名师对文学的独特理解？这里有“三月”名家讲堂。你是否想开拓视野，寻找新的创作素材？这里有“三月”采风。

附中的诗歌爱好者们在哪里？这里有“三月”诗会。

“三月”文学社的园地广阔，《三月》校刊作为我们的旗帜，是我们青春话语的根据地，是我们梦想的见证者。在这里，你的作品将出现在精美的纸页上，被更多人阅读、欣赏。加入我们吧，美好的文字正等着与你相遇、共鸣。

初一、初二的同学看过来，我们需要：

编辑部（招募部长 1 名，副部长 1 名）

文字编辑（招募编辑长 1 名，编辑若干）

负责出稿、校稿，对文字有一定的敏感度，对文学有自己的判断。

美术编辑（招募编辑长 1 名，编辑若干）

负责版面设计，插画、配图，诚邀有一定美术功底或对版面设计有独特想法的同学加入。

活动部（招募部长 1 名，副部长 1 名，理事若干）

负责组织、策划“三月”文学社的各项活动，要求有一定的领导组织能力，语言表达能力强，有一定组织参与活动的经验。

秘书处（招募秘书长 1 名，副秘书长 1 名，理事若干）

负责各项工作的宣传与善后工作，协调各部之间的工作，对“三月”文学社的活动进行总结汇报。

记者部（招聘部长 1 名，副部长 1 名，理事若干）

负责活动拍照、采访，撰写新闻稿，你就是三月的“历史记录者”。

报名方式：到各班语文课代表处领取报名表

报名截止日期：××××年××月××日

第四篇　“三月”的活动概览

“三月”讲堂

一、“三月”文学社读书交流会意见征询

1. 你认为编辑部举办这次的读书交流会有哪些长处和不足？请写下你的意见或者建议。

2. 你心目中的读书交流会是什么样的内容和形式？

3. 你希望文学社的读书交流会多长时间举办一次？

4. 每次交流会之前要求你按主题或者作家阅读作品，你觉得会增加你的课业负担吗？

5. 在读书交流会中，如果需要你希望得到老师哪方面的指导？

6. 《红楼梦》你读过吗？如果没有，计划什么时候读？

7. 请写下你读过的鲁迅作品以及阅读的真实感受。

二、2011～2012年“三月”讲堂内容安排

1. 跟赵赵读诗歌

主讲人：赵克芳老师

内容安排：

第一讲：诗歌和生活

第二讲：走近意大利诗人罗大里

第三讲：“向着明亮那方”——金子美玲

第四讲：“艾默斯特修女”——狄金森

附：

第二讲：学生阅读作品《墨水瓶》《一行有一行的气味》《开满鲜花的头》

第三讲：学生阅读作品《向着明亮那方》

第四讲：学生阅读作品《狄金森诗选》

2. 与鲁迅相遇

主讲人：王波老师

场　次：四次

内容安排：

第一讲：聊聊鲁迅

第二讲：我读《朝花夕拾》

第三讲：另一种看

第四讲：鲁迅的期待与嘱咐

附：

第一讲：课前调查“我”对鲁迅的最初印象

第二讲：学生阅读《朝花夕拾》

“三月”采风

一、山大附中“三月”文学社“走进锦绣川”采风活动方案

为了扩大学生的知识视野，丰富学生的创作体验，提高学生感受自然、书写生活的能力，“三月”文学社决定开展“走进锦绣川”采风活动。为确保活动的顺利开展，特制订本方案：

1. 活动目的：

彰显学校办学特色，加强校园生活和社会生活的联系；增强文学社社员阅读、写作的素养和能力。

2. 活动对象：文学社、语文组部分师生

3. 活动地点：济南南部山区锦绣川

4. 车辆行驶路线：山大附中——经十路——锦绣川

二、学生感受记录

绿葱葱，几颗樱桃叶底红

——“三月”文学社采风锦绣川

6月4日，端午小长假的第一天，“三月”文学社组织部分社员到景致优美的锦绣川水库进行采风活动。短短一上午的时间，同学们领略到了初夏时节南部山区特有的山野风光，感受到一份远离城市的宁静和悠闲。

采风第一站是去“艾家村”采摘樱桃。一走进樱桃园里，全身就沐浴在浓密的绿意里，使人刹那间遗忘了夏日的酷热，清凉舒适。嫣红的樱桃触手可及，尽管随时可以品尝肉厚汁多的樱桃，同学们还是手拿小桶忙着采摘。毕竟，能让家人、朋友吃上自己亲手采摘的果实，是一件开心的事情。

采摘完樱桃后，师生们上山游览了柳泉观。观中有济南七十二名泉之一的柳泉，石壁井栏虽年代久远，泉水却依旧清澈丰盈。庙里少有游人，只有香炉中厚厚的残香烟灰，记录着这所庙宇曾经的繁旺。

接下来，师生们弃车步行下山，一路树木青葱，野花吐艳，板栗、苹果、核桃、山楂累累果实掩于叶间。远望青山相依，近看嫣红柳绿，明媚的山野风情让师生沉醉忘返。

“三月”文学社读书漂流活动

每年春天，山大附中“三月”文学社都会举行全校的“读书漂流”活动，把自己手中的旧书拿出来，用折价售卖的方式，让图书在全校流动起来。综观整次活动，从热情洋溢的同学中可以看出，此次活动不仅给了大家快乐和锻炼自己的机会，还培养了同学们对知识的热爱和集体意识。“三月”文学社借此活动倡导书与书的交换、思想与思想的交流。春天啦，让你的书也漂流起来吧！

（五）

仰望的力量
——“大家讲堂”项目组的建立与推进

只有看过了高山，才有信心穿越莽原、大川，因为那光芒是如此明亮。

每个孩子的心中都应该有一座高山。

每个孩子的眼前都应有一道光芒。

语文组的“大家讲堂”是我校的一项特色活动，从2002年开始举办至今，十几年来从未间断，因为我们坚信：“教育要能启迪智慧，引领学生把目光从窄小教室里转移开来，投向无限辽阔的星空。”

相较而言，我校举办的“大家讲堂”与很多地方举办的名家报告、讲座有所不同，这个不同在于我们对“大家”二字有着多样的阐释与理解。这种不同的阐释与理解，带来的是不同的价值、内涵和效果。

《现代汉语词典》里对“大家”这个词的第一个解释为“著名的专家”。这大概是一般人首先想到的“大家”含义，即是指在某个专业领域里取得卓越成就的专家、名家，大师级的人物。

与上面所提到的大家、大师不同，“大家”这个词在《现代汉语词典》中还有另外一种解释：“指一定范围内所有的人。”也就是说，这个意义上的“大家”指的是普通的、还没有成为“著名专家”的你、我、他，即大众群体。

基于这样的理解，我们想，邀请踏上我们的“大家讲堂”，能够为孩子们描画未来蓝图的，既可以是取得了卓越成就的名家、大师，也可以是人群中的“普通一员”。

名家、大师，他们的人格、学识、风范和气度往往有着巨大的影响力和感染力。同样，包括本校教师、社会各界人士、学生家长，乃至学生在内的“普通人”，其实每个人都有各自擅长的领域，每个人的心中都有精妙的东西，每个人都可以称得上是某一方面的“大家”，多元视角将让孩子们的梦想增添更多绚丽的色彩。

山大附中依托山东省最高学府——山东大学，拥有自己特殊的背景和优势。许多闻名遐迩，在国际、国内成就卓越的教授、专家在山东大学工作、生活。他们之中有诺贝尔物理学奖获得者、著名物理学家、山东大学客座教授丁肇中；有著名晶体学大家蒋民华；有名扬海内外的数学家彭实戈；文学方面，更有中国文艺美学先驱、美学大家周来祥；有在《百家讲坛》讲过《聊斋》、蜚声全国的马瑞芳教授；还有著名美学家曾繁仁；等等。这些“大家”都为我们“大家讲堂”活动的开展提供了丰富的资源。

山东大学院系众多，成为我们“大家讲堂”活动的源头活水。同时，我们还把目光投向广阔的社会，在选择“大家讲堂”的主讲人时，既注重人文教育，也注重科技教育，更关注学生的全面发展。其中，文学讲堂是灵魂，我们既邀请文学名家来到我们的校园，也邀请众多的文学批评者、文学爱好者与孩子们面对面，这样的对话会打开孩子们的文学世界、丰盈孩子们的精神世界，这是我们一直以来的追求。

作为“大家讲堂”灵魂的“文学讲堂”坚信，并非所有的阅读都是有价值的，只有经典的阅读才能真正打开一个广阔而明亮的世界。你所阅读的经典的厚度，决定你生命的高度，我们要让经典莅临每个孩子的成长！

文学生活馆是山东大学新闻传播学院主办的公益性文学经典传播平台，从2013年开始，文学生活馆以周末讲座的方式推广文学经典阅读。2016～2019年，文学生活馆承担山东大学本科生院教学改革重大项目，着力打造山东大学通识教育平台。2013年底，活动开办，我们就积极与文学生活馆合作，通过网络直播的方式，坚持每周给孩子一次经典的读书讲座，让人类文明星空中最璀璨的星辰照亮孩子们。这些经典文学的盛宴将带领孩子们从中国的经典进入到外国文学的殿堂，带领学生阅读外国文学的经典著作。从莎士比亚的《李尔王》，歌德的《浮士德》，陀思妥耶夫斯基的《罪与罚》，但丁的《神曲》到卡夫卡的《城堡》，一个个经典的讲座让孩子们大开眼界，触摸到了经典文学的回味悠长。

2016年5月20日，蒙古族著名儿童文学作家、两届全国优秀儿童文学奖冰心奖大奖得主黑鹤先生走进了山大辅仁学校的“大家讲堂”，为同学们带来了一场生动的关于儿童文学创作的讲座。

下午4：00，伴随着一阵经久不息的热烈掌声，同学们看到一位身着民族服饰，身材魁梧、风度翩翩的英武壮汉在人群的簇拥下健步走进辅仁学校五楼报告厅。没错，他就是同学们期待已久的黑鹤老师。随着大屏幕上不断滚动播放黑鹤老师的一连串影像资料，听着黑鹤老师动人的声音和引人入胜的讲述，同学们逐渐与这位可亲可敬的著名作家拉近了距离。在讲座中，同学们知道黑鹤老师特别喜爱蒙古猎犬，黑鹤老师的成长几乎可以说是与蒙古草原上的猎犬紧密相伴。一个又一个动人的故事也让同学们感到黑鹤老师博大的胸襟和他那粗犷外表下对生命敬畏的脉脉温情。

除了讲述自己的人生经历之外，黑鹤老师还给大家带来了几段精心拍摄的视频短片，并就短片中的一些内容提问同学，锻炼同学们的观察能力、思考能力和创造能力。同学们积极踊跃地回答黑鹤老师提出的问题，不少同学都获得了黑鹤老师赠送的精美礼品。此外，黑鹤老师还为大家特别展示了蒙古族特有的乐器——口弦琴，同学们在琴声中放飞想象的翅膀，在儿童文学的天地中尽情遨游。

2016年4月21日，刚刚获得“国际安徒生奖”的曹文轩先生来到了山大附中，给附中学子和老师们带来了一场文学的“饕餮盛宴”。

面对孩子们，曹老师一改面对老师时的“娓娓道来”之风格，在讲台上激情澎湃地讲着，不时来回走动，仿佛希望他的声音可以让每个孩子都听到。他借助三个关于“羊”的故事告诉孩子们：财富不在远方，在你的脚下；文学是虚构，是编织，是想象，是不具道德意义的“撒谎”；阅读和写作是兄弟关系，阅读是哥哥，写作是弟弟，如果写作是箭，阅读则是弓。曹老师每讲一个道理，总伴随着一个动人的故事，同学们聚精会神地听着，生怕一不小心漏掉了什么，手里的笔记本也记得密密麻麻的。最后，学生代表把同学们精心准备的礼物——山大附中学生亲手烧制的“第一炉第一件”陶瓷作品——孩子们根据曹老师作品精心绘制的系列书签以及代表着“阳光与希望”的金葵花，送给了曹老师。曹老师微笑着收下孩子们的一片心，并与大家亲切合影留念。“文字的魅力在于，它可以反映第一世界并创造第二世界。”曹老师的话仿若还在耳边，走得最急的都是最美的时光。

一直以来，山大的马瑞芳教授、北大的温儒敏教授、台湾著名绘本作家方素珍、著名青年作家张悦然、著名作家黑鹤、著名本地作家《济水之南》作者牛国栋、资深主持人林雨等，在“大家讲堂”的平台上给山大附中的孩子们带来了非凡的精彩。在这些大家、大师和热爱文学的老师的熏陶和引领下，孩子们对读书、对人生有了新的看法，产生了新的思考，走入了人生的另一个境界。

“大家讲堂”推动山大附中校园学术讲座走向日常化，使听学术报告和讲座成为山大附中学子的生活和学习的一部分，使校园充溢着读书的氛围。学生身居其中分享着读书的快乐和心得，他们涉猎非常广泛，他们所读的很多书甚至是好多高中生乃至大学生都没有听说过的。

安·兰德是俄裔美国哲学家、小说家，她的哲学理论和小说开创了客观主义哲学运动。在她的小说《阿特拉斯耸耸肩》中，她强调了个人主义的概念、理性的利己主义，这是一本好多语文老师都没有听说过的书。

我校的一名初三学生却读过这本书，读后还写了读后感。他说："在这样的对个人生命的自豪中，他们还有更耀眼的品质：对自己能力的自信和从不抱怨，成就了快乐生活的主基调。他们是工作狂，因为他们对自己能力的无比热爱，使创造和生产成为充实生活的不二途径；他们是世界责任的肩负者，因为他们从不怨天尤人，无论身处怎样的客观逆境，抑或是他人的嫉妒和阻挠，他们都始终保持着自尊和自豪，坚定地将那些迎面而来的困难——那些堕落和虚无赶出自己的生活。"

在文章的结尾，他这样说："拥有理性的自私，是社会的福音；不分利害的自私，则是野兽的掠夺。我们有理由去成为那些有理想的资本家、企业家，成为创造出世界的那批巨人。而不是一味地去抨击那些创造出财富却不分给我们的人——那是他们的财富，不是我们的。

——如果巨人阿特拉斯正在尽力撑住天穹，却受到人们的攻击，他会怎样做？

——耸耸肩。"

开阔的阅读领域、别样的解读视角以及深深的思考，充分说明了通过"大家讲堂"的文学浸染，激发、引领、推动了学生的精神成长。

山大附中"大家讲堂"还迎来了一位印度学者——阿润·库马尔·亚达夫博士（Dr. Arun Kumar Yadav）。他是佛教青年学者，印度新那烂陀大学佛学研究学院副院长，助理教授，精通巴利语、梵文、印地语、孟加拉语，曾学习并掌握藏语、汉语。阿润博士多次访问中国，应邀在陕西、内蒙古、安徽、辽宁等多地进行佛教及印度文化的讲学。

深色的脸庞，谦逊的笑容，一口不算流利的普通话，还有双手合十的虔诚，在

2013级学生任宇同爸爸的陪同下，库马尔博士来到了山大附中的孩子们面前。他的讲座有的孩子期待了好久，因为他来自一所有着非凡历史的大学——印度那烂陀大学。

提到那烂陀大学，不得不提到古印度如雷贯耳的一座寺庙——那烂陀寺。

那烂陀寺（Nālandā Vihāra），古代中印度佛教最高学府和学术中心。公元5世纪那烂陀大学建成，曾经吸引了全球各地成千上万学者前来求学，唐玄奘就是其中之一。据说全盛时期的那烂陀寺藏书多达900万卷。

那烂陀寺还有一个更为国人熟知的名字——大雷音寺。在小说《西游记》里，唐僧师徒正是在这里修成正果，求得真经。12世纪末，突厥军队摧毁了这所大学。如今的那烂陀大学的重建源于印度和18个亚太国家的共同倡议。

库马尔博士先跟同学们介绍了他的祖国——印度。他说，印度的地图可以横向划分为4个部分：像王冠一样的头部、像狮子面部一样的中部、像腿一样的底部和像尾巴一样的后部。这样的开头让同学们耳目一新。他讲到了印度这个国家名字的来历，讲到了印度的宗教。他说，印度是四个伟大宗教——印度教、耆那教、西科教、佛教——的故乡。他还说，印度人崇拜他们的国家就像崇拜母亲女神。

库马尔博士还给在座的家长、老师和孩子们讲述了佛教的历史，讲述了释迦牟尼创立佛教，图解了佛教在亚洲和全世界的传播。他特别讲解了佛教在中国的传播，从法显到汉明帝，再到那个伟大的僧人——玄奘。库马尔博士认为，玄奘深深影响了印度的历史。

唐代僧人玄奘历经17载的游历，归来后翻译和创作了许多影响深远的经典，其中就有《大唐西域记》十二卷。《大唐西域记》记述了他西游亲身经历的110个国家及传闻的28个国家的山川、地邑、物产、习俗等，是研究中古时期中亚、南亚诸国的历史、地理、宗教、文化和中西交通的珍贵资料，更是研究印度、佛教史学、佛教遗迹的重要文献。

正是《大唐西域记》的详细记述，才让淹没在古印度历史中的印度那烂陀寺的废墟、王舍城的旧址、鹿野苑古刹、阿旃陀石窟，得以展露和再现其光辉，所以，玄奘的西游和《大唐西域记》的记载在这方面有着不可磨灭的功绩。玄奘的记述丰富而详尽，全面而细致，甚至精确到当时各个宗教的信众人数。而且玄奘有着宽广和豁达的心胸，哪怕与自己不同信仰乃至相悖的宗教都一一记述，为现代人恢复古印度历史做出了卓越的贡献。

库马尔博士说，在印度，人们早已把玄奘奉若神明，与释迦牟尼佛放到了一样的位置上，成为神一般的传奇人物。最后，库马尔博士与在座的家长和学生进行了对话和交流，并对山大附中的学生们提出了期望，期待下一个玄奘的诞生，从而推动中印文化的更好交流。

印度学者的到来让学生进一步了解了玄奘，了解了《大唐西域记》，了解了富有玄幻色彩的《西游记》背后那真实存在的鲜为人知的故事。

“大家讲堂”，令学生面对大家，学会了敢于发言、敢于质疑。这让许多前来讲座的专家印象深刻。其实，正是通过与大家面对面的对话与交流，学生们内心里充满了对大师们的尊重和敬仰，更重要的是令学生感受到了大家思想和学术智慧的指引，培养了潜心探究的精神和对真理的执着追求。所以，学生们不光不会迷信权威，受到思想的束缚，反而增加了挑战权威和世俗的勇气。

一名叫张倩昀的初三学生，曾经在《中学生》报上发表了一篇文章，题目叫作《存天理何必灭人欲?》，谈的是她对王守仁（王阳明）“心学”的理解。

她说：“丁肇中先生说：‘心学违背科学实验精神。’我觉得这种观点是不准确的。王守仁亲眼见过蒙古铁骑的凶悍与当时明朝戍边将士的懦弱无能。他饱读兵书并修炼了骑术、箭术，刀枪棍棒也都会一些。可见他并没有只是局限于理论，而是将其思想运用到实践中——镇压叛乱。

王守仁任江西巡抚时，封地在江西的宁王叛乱，一时风声四起，局势动荡。而王守仁却领兵同宁王周旋，并最终战胜了宁王。这一仗打完后，通过对兵法的实战运用，他悟到了‘知行合一’，即所谓‘科学实验精神’。”

张倩昀面对诺贝尔奖获得者、物理学大师丁肇中的说法，不迷信，不盲从，并能结合自己的读书和思考，大胆表达出自己的观点，可以说是山大附中许多孩子学养的一个体现。

“大家讲堂”还是一个“孵化器”，它成就了学生成长和发展的多种可能。被评为当代“最有才情女作家”“最受欢迎女作家”的张悦然，就是一个有说服力的代表。她1996年进入山大附中，1999年毕业，初二时就发表了众多优秀的文学作品，成为一位很有影响力的女作家。

“大家讲堂”打开了一扇窗，让孩子们透过窗棂看到了另一个世界，让孩子们领略了高山和一个个斑斓多彩的文学世界，为一个充盈而蓄满了张力的美好未来奠定了基础。

第三部分

教师发展篇

（一）

教师的个性化课程探索

我有个天才的想法：教师走课

梦想当一个语文老师的时候，你一定曾认为语文老师是这个样子的：上课与孩子们谈古论今，下课与弟子们指点江山，下班后可以一杯香茗一卷诗书，节假日可以旅游，可以宅居，可以睡到自然醒……符合你关于诗意栖居的全部想象。

但是语文老师的生存现状如何呢？

语文学科是初中阶段最难教的科目——没有之一。语文老师的工作量是其他科老师难以体会的，语文是个庞大的包罗万象的世界，读书、体验与写作，哪一个不需要统筹的整体工程序列构建？生活的外延有多大，语文的外延就有多大。不管你是当代文学毕业还是古代文学毕业，不管你是外国文学毕业还是汉语言文学毕业，面对着语文课本上的所有篇目，说明文、记叙文、议论文，古文、古诗、寓言、小说、散文，你都要亲自“下刀”。不分专业，不顾及兴趣，更不理会你的特长。总之，语文教师向来都是“老黄牛”——每周都要上最多的课，相比其他学科，备课量也是最大的，作业的批改量也是最大的——两周一次的大作文，每周都要有的练笔、周记，每天都应该有的读书与字词积累，每时每刻都在训练的口语表达……

语文老师是日日年年都在“备新课”，你不可能像只是等级考试的科目那样备一节课讲好多个班，你不可能像某些科目那样只要三年一轮教下来你的教案还可以反复使用。如果你真的是“尽职尽责”，你可能片刻都不得休息却仍然感觉“误人子弟”。你是语文老师，就意味着你必须“八面玲珑”——读书也成了语文老师的一种奢望。

语文学科是初中阶段最难学的科目——也没有之一。基础知识的考察漫无边际，

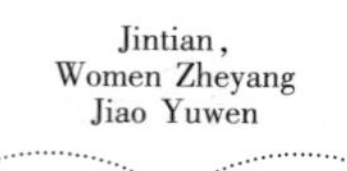

阅读理解的个性化解读是标准答案下的“意思对即可”，写作教学的“作家培养”倾向，让每一个孩子面对语文都“望洋兴叹”——从来都不知道自己考得怎么样，因为总是在颠簸动荡中丧失了继续学习下去的信心——有人说，学语文不如去做一道数学题更让你感觉踏实有效。

语文成为主科中的副科。

更何况，语文教育向来就是备受指责的“重灾区”，各种模式纷至沓来，你像个持着手术刀却被一群专家“撕扯灵魂”的人，你明明知道砍掉自家的牡丹而种上市场上正火的高粱是很愚蠢的事情，但是，下个月砍掉高粱又种上谷子也未可知。

我们可以想见孩子们的整个受语文教育的过程——最应该读的书并没有读。在各门功课的排山倒海般的作业压迫下，语文课本上的讲读课也未读过两遍，一课一课，每天的重复讲解分析已经“催眠”，课后作业反正都是老师手中的标准答案作结……

语文老师正因为从事着如此重要的一科，所以几乎都做班主任，大事小情，教育无小事，各种会议、各种活动、各种“熊孩子”，还有来自家长来自社会的种种压力。寒暑假呢？要培训，要科研，要家访，要提前备课……有的学校甚至把学生成绩当作你的“业绩”，你就不得不充当“拔苗助长”的帮凶——挤占孩子们的时间，谁抢到谁是英雄。

这种辛苦你怎么想象都不过分。

教改以来“花样翻新”的学校很多，但是其实有哪个学校真正有能力来构建适合本学校土壤的语文课程？宏观建构之后如何运行，如何落地——整合的潮流一来，那些你切我补的整合，是我们理想教育的样子吗？

这就不是要求你能够把一盘菜炒好，更关注你是不是个营养师，可以构建出孩子这个年龄段的全部营养需求，然后进行每个阶段的营养搭配——语文老师还担负着引领孩子们通过厚积薄发抵达精神高地的作用。

基于此，山大附中语文组进行了“文化视野大课堂的构建与实施”的课题研究，把基础型课程、拓展型课程、探究型课程进行了宏观建构并尝试实施，通过对读书、体验类课程的整体构建，使学生的语文学习成为充满活力的过程——以汉语文化为背景，把语文课堂打造成一个足够广阔和自由的文化空间，通过言语实践活动培养学生独立的价值追求与文化意识，以母语内在的文化内涵为学生打造精神的底子，建构学生的文化生命。

老师只有具备高瞻的人文理念和开阔的文化视野，才能够把目光投向广阔、深远的文化高地，才能让孩子们在语言中学习，最终超越语言，使文化通过语言进入孩子的血脉，化为现实人生。

让有广博读书和丰富体验的老师和学生抵达课堂，来成就一场文化与心灵的对话。

但是，孩子语文素养的养成如此缓慢，重要与被挤压的双重尴尬：成绩要占大比例，时间一点不多给，作为“助梦者”，老师如何才能真正帮到孩子？

2014 年暑假，在语文教学改革之提高课程领导力的思考下，我们提出了一个自以为天才的想法——教师走班：按照语文的学科特点和孩子们的认知规律，把本学段学生必备的核心素养进行梳理，根据本学科的课程使命与课程哲学，设计“单元组”，比如“叙事类记叙文课程”“科技类说明文课程”“说理类议论文课程”“古诗文课程”“写作课程”“读书课程”“体验类课程”“口语辩论交际类课程”……通过对新课标的解读和中考基本能力点的构建，分年级进行知识体系和能力点布点，形成一套更适合本学校师生的“教程”与“学程”，然后根据每个老师的特点，打破班级、年级安排课程——三个年级统一排课表，让每个老师只上自己最精通喜爱的课程。

原来你在初一就被“绑定”了某一位语文老师，也许他是刚刚毕业的大学生；也许是已经上了年纪常常忘记上一节课讲到了哪里的老教师；也许你是那个幸运儿，碰到了一位博学多才的老师——但每天都大鱼大肉谁受得了呢？教师走课可以实现

“上山大附中，我有20位语文老师”，所有教师的智慧风采学生三年内都可以领略得到，不留“错过一次，便是错过终生”的遗憾，也真正实现教育的公平——上名校真正遇上名师。

另外，教师的专业成长更容易实现。在当今大学专业日益精细化的背景下，术业有专攻：没有人真正是通才。现当代文学毕业的老师讲古代文学就不如古代文学专业的老师更得心应手，每个老师根据自己的所学所长，创建自己的个性课程，可以做得更精深。全校上课，不用每天都准备新课，节约大量时间用来读书写作，原来一个学期18周共需备新课90个，而全校上课只需18个新教案。并且更容易出成果，挖一眼属于自己的深井——大家都熟知那个著名的挖井故事：两人挖井，一个挖两下换一个地方，挖了十几个坑也没见水；另一个却选准一个地方挥挖不止，直至见到甘甜清澈的泉水。如果我们的老师不再每人挖很多的“坑”，而是每人挖一口可以冒出汩汩泉水的深井，不管对挖井者还是饮水者都是绝好的。老师可以解放自己，从疲于奔命般的备课批作业中抬起头来，读书、写作、思考，开发精品课程，真正做到每个老师都有属于自己的个性化课程，真正获得读书人的尊严感与教书的幸福感，真正有时间考虑语文的育人功能。孩子们可以每一天都享受精品课程，三年获得20多位济南名师的精彩授课，真正有八面普照的感觉，经常可以有新鲜的期待与启发，每个老师角度不同，没准能让一个不被看好的孩子显现个性、舒展性情。另外，不同专业的老师“闪亮登场”，也会极大地激发孩子们的兴趣，缓解视觉疲劳。

更重要的是，当我们这样排课的时候，我们的学生变成大家的学生，不再把老师“考考考”的法宝与学生的“分分分”的命根联系在一起，不再给老师相互攀比的尴尬，老师才可以从让孩子们死记硬背赚取“业绩”中走出来，真正考虑自己所进行的“教育”。学生也可以从无边无际的“作业”中解放出来，每天都安排读书随笔，把读书课程贯穿始终。有更多的不同风格的老师陪伴孩子们前行，还可以让学校走出安排教师的困境，应对家长对年轻教师和老教师的挑剔，使学校的优质资源扩大化，更可以站在高位宏观调控，做成教研组“团队”品牌，成就真正具有学校特色的教师精品课程、学生精品学程体系，使教研组甚至学校更加有特色、更加强大。

“课程之外无好课”，设计属于自己的个性化课程，将使教育者真正思考自己将播什么种子在孩子们的生命里。

我们阅读了一个作家的一篇文章，这不是课程；但当我们有意识地研究这个作家，梳理他跌宕起伏的人生，研读他各个阶段的很多作品，分析和评价他的思想嬗变以及这些作品和时代风息之间的关系，这就是课程了。

教育就是引领学生把目光从窄小的教室里转移开来，投向辽远的星空。

我们在八年级上学期进行了尝试，八年级上册人教版的篇目我们可以大体分为五个模块——叙事类作品中的“战争”模块、“小人物”模块，科技类说明文模块、古诗文模块、写作模块。以李彦老师担任的专攻战争类的叙事类作品为例，她以“战火中绽放的人性美：战争主题类作品专题解读”为研究中心，借助《芦花荡》《亲爱的爸爸妈妈》两篇文章的解读，以点带面，了解历史，看到战争题材类作品中正义战争的威力和非正义战争的罪恶以及战火中人性的力量和顽强。整体构思如下：

1. 以文本细读的方式，对两篇作品的语言、结构和细节进行细腻、深入、真切的感知和分析，了解作者在细微之处展现出的人性美的光辉。

2. 结合暑假孙犁作品《荷花淀》的阅读背景，初步了解孙犁作品的美学创作原则。

3. 对比阅读《蜡烛》《就英法联军远征中国给巴特勒上尉的信》，以点带面，挖掘战争中人性的正能量，把握中西文化中战争类作品对人性的共同关注和思考。

4. 课堂辅助资料推荐阅读：孙犁《荷花淀》，《辛德勒的名单》视频，特莱津集中营犹太儿童画作、诗作。

再以刘霞老师的“古诗文”模块为例，她用了一周时间来做杜甫专题，她的五节课是这样安排的：

1. 简要介绍中国式读书法——吟诵，教授相关的诗词常识，了解“平长仄短”“入短韵长”的基本规则，激发学习与传承的兴趣。

2. 结合杜甫生平阶段概括与杜甫简要年谱，联系不同时期的代表作，诵读感知，把握诗人一生主要经历，感受杜甫成为“诗圣”的人生历程。

3. 精细赏析《春望》，以不同方式挖掘每一联的独特之处，引领学生体验诗歌精微致广的魅力，把握《春望》的感情。

4. “用想象来读诗”，调动学生发现品味诗歌隐藏的丰富内容，辅以声韵常识助读，感受杜甫叙事诗的沉郁深厚，体会诗人的情感。

5. 在前面所体验到的诗人忧国忧民的主要形象外，结合诗选感受别样的杜甫——对妻子儿女的深情、苦难中的幽默、生活情趣中的可爱等。

还有夏悦红老师的“小人物模块”，她通过解读《老王》《台阶》等经典文本，上升到“小人物大世界”——世界文学从来都是在小人物的辛酸人生中光耀千秋的。

樊晓宇老师是一位年轻的老师，过去他疲于应对每天的新课而无暇读书，这次活动轮转下来，他不仅对科技类说明文有了自己的精深探索，还认真地完成了《鲁迅全集》和《苏东坡传》的细读。

高平老师承担的是写作模块。写作作为语文素养的最集中和完美呈现，在中、高考中都占到半壁江山，分值相当于一门化学课，但是“写作课”从来都是我们的语文老师“兼任”的。写作教学是一个“无中生有”的工作，企图通过系统的设计，让写作课从语文课中单列出来，和孩子们共同探讨“中考为什么考写作?”“好的写作什么样?”“你也可以是评卷专家”“我来炫耀一篇”“你来读我来评”等环节，让学生懂得写作是来自生命的触动、是自我铭刻的成长。

整个走课一轮下来，我们感受到的是划时代的意义——从过去大家都教一样的国家课程，到每个人都具有了属于他自己的个性化课程。因此，我们的课堂便完全不同，小组合作是外显的变革，走课却是静悄悄地掀起变革的狂潮。

回想那些轰轰烈烈的日子，每天老师们都风风火火，研发属于自己的个性化课程，带着自己的兴趣、爱好、特长，思考。每上完一节课，首先想的是下节课可以弥补这节课的遗憾，马上去修改，甚至上到第十个班的时候，教案已经完全不是当初的那一个。反复锤炼，思索，方案更成熟，师生共同受益。我们在反思：过去每天都疲于备新课的时候，我们的孩子所接受的，不就总是被我们现在所嫌弃的“当初的那一个”么？仿佛是自己的集中磨课，不再是堂堂“遗憾”的艺术。

如此授课，“单元”的感觉更明确，色彩鲜明，指向性更强，学生构建“知识库”的意识更加清晰，过去孩子们可是很模糊的，现在由于是不同的老师帮他们建构了“叙事类”“科技类”等不同的“知识仓”，再想混淆都难了。

在走课的过程中，除了可以天天读书外，我们还有了时间去指导年轻教师，还有了时间去写一点自己喜欢的东西。

来参加期末汇报的家长委员会的家长也给了我们无边的鼓励——许椿会长盛赞我们说：“只有在山大附中这个开放与包容的环境中才有可能实现教师走课，走进名校，一睹名师的风采。一个又一个孩子们崇拜的名师分阶段来授课，孩子们很期待，每天都很开心。”她说期待本身就是成功。孩子热赞这项活动就说明非常有效果，语言文字的美会影响孩子一生，使其终生受益。

至于存在的问题，许会长认为方法总比困难多，总会越做越完善，至于个别孩子们不适应老师，她倒觉得，孩子应该在不同的授课风格中得到锻炼，并引用清华大学校长的讲话——超越平庸抵达卓越，鼓励我们不放弃——千万别走回来了！

我们在走课一轮之后也进行了调查问卷，孩子们都很兴奋，其中一个孩子说：“就像读书，品读不同风格的书，收获最大。”“感受不同老师的风采，使人耳目一新，提高了学习效率，好！不，怎一个‘好’字了得！”

（二）

青年教师成长篇

为了加强对青年教师的培养，提高其政治思想素质和教育教学能力，使其尽快适应教育教学的常规工作，同时更好地发挥优秀教师的示范和引领作用，把他们的教学经验、管理方法、工作作风等作为教育资源传递给青年教师，山大附中语文组实行了“师徒结对”制度。从课堂观摩到日常交流，师徒教师之间双赢式的成长，让彼此都收获颇丰，相互影响，教学相长。下面是一组文章，也许可以窥见一斑吧。

那时，王老师

张　萍

十五年前来附中，跟的师父是王波老师。

那时他教七、八班，我教三、四班，还有两位老师是外校借调过来的。

他常在周五上午批阅学生的周记，用红笔画波浪线，最后评定甲、乙等级。精彩的，他会写一个“好”字，后面跟一个感叹号。在我看来，这一字一符号抵得过若干话语，赞赏之意赫然。他会兴致勃勃地跟我们分享学生习作，至今，我还记得一个叫胡晓卉的女孩，她写出的小文章俏皮活泼，透着机灵劲儿。还有一个男孩，写小说连载，内容是少年的恋爱故事，情致动人。王老师每次都微笑着，读完，附上一个“好”。我曾经问过他“这可以吗”，他说：“可以啊，这就是小说创作。再说，男孩也通过这种方式宣泄了一部分情感。”

王老师那时做班主任，他会在放学时分，倚在栏杆上，看金色夕阳里走在校园里的学生。然后饶有兴趣地谈论着他们各自不同的个性，即使说到他们的小缺点，脸上仍是笑意，语气里流露出一点点嗔怪。

他常以温和示学生，学生周记里，对他以“慈祥”形容。他自己开始颇感意外，我们也觉得这个词用得太早了。后来，我便很能理解王老师当时的心情——某天我猝不及防被“慈祥”。

那时，我们眼里的王老师是年轻的，并没有很强的“代际”感，他也将我们做可以交流的朋友看。我清楚地记得，他兴致勃勃地将自己若干年来的手稿和发表的作品带来。有一篇发表在《山东文学》（也许有误，类似的一个期刊），我读完之后，说：“这篇文章很有血性。”他重复了一遍，微微笑着，是有几分得意的。于是讲述起自己的文学梦，提到某一个很赏识他的编辑，可能是一个很好的机会，但不巧，这位编辑离职了，所以他的梦也因此黯淡了。后来有机会去青岛听课，受到触动，想法有些变化。他说，回来的那个暑假，他就写了几篇文章，投了出去。他说要赌一把看看，如果这些文章不被刊用，那么他就搁下文学，专心教育。后来，这些文章几乎都发表了，具体数量我记不清了，总之，这让王老师坚定了决心。

大约王老师也有现身说法的意思？和王老师一起工作时，他从不直接去干涉纠正甚至指导你如何如何，他会讲故事，讲他自己的、别人的故事，这些故事在我听来似乎是暗含着某种提醒，又似乎没什么。只不过当时我的心思还在外面飘，多年之后才真正领会他的话。

他很忙。那时两个班教学加班主任，还是年级组长。常常还要做些别的事情，比如为学校撰写一些宣传稿件。他有时也会对着印有“山东大学附属中学”抬头的红格稿纸感慨一句：“我很忙啊！”然后又伏案下去。

那时电脑尚未普及。印材料要手写，再送油印室。王老师一手俊秀小字，总是清清楚楚，特别认真。按他的要求，我们会提前将一篇文章的问题印出来，作为学生预习思考题，也作为上课的辅助材料。后来，王老师兴致勃勃地做起了教改。将学生学习的自主权进一步下放，让他们来设计问题，甚至研究考点。如今想来，一波又一波的教改掠过，王老师那时做的尝试已经抓住了学习的本质问题。

他上课最吸引学生的恐怕是他的讲述。滔滔不绝讲鲁迅，是后来很多学生在“大家讲堂”上领略到的。我那时远没有现在的年轻人勤奋，并没有听王老师几节课，更多的是日常的交流。由他平时说到某位作家某本书的沉醉表情，不难想见，当他在课堂上讲述时，会倾倒多少学生。但后来，他说，教师要控制自己讲话的欲望，应该留空间给学生讲。

印象深的还有一件事。他曾兴致勃勃地给我们讲述当年他结婚旅行的事情，讲得不过瘾，他说：“等我把我们的相册拿过来给你们看看。”我们并没有期待，以为他兴之所至，随口说说而已。等到了下午，他一进门，我注意到他手里提着一个很大的袋子。我还在诧异时，他已兴致勃勃地将几大本相册掏了出来，用颇为自得满足的语调说：“看看！”

真让我吃了一惊。翻开来，又吃一惊。

所有的照片都是按照时间排列，每幅照片的下面，都有文字，也就是说，每幅照片都是有名字的，字依然是俊秀的。我一页一页翻过去，心里感慨不已。

跟王老师共事的两年，是我大学毕业刚工作的两年。很多事情回想起来格外清晰。大约那时也给王老师添了很多麻烦吧。想起来一件。那时我们的办公室人少，偶尔在课间或者工作的间隙，我会用录音机放音乐，并且天真地以为，大家都爱听。直到有一次，王老师说：“你这是放的什么啊？”我刚想兴奋地介绍这音乐，他眉头一皱，用缓慢的语气说：“你小点声。”我赧然。后来只在王老师不在办公室的时候听，偶尔有一次他进来时，我正听着呢。见他进来，连忙关掉。他却说：“没事，这个挺好听的。”后来他还很有耐心地听我讲了一番。

王老师那时最喜欢的明星是章子怡，确切地说是《我的父亲母亲》里的章子怡，他会面带微笑神往地说：“章子怡在山上奔跑的那一幕太美了，很纯净。”

两年之后，跟王老师几乎没有在一个年级待过。渐渐地，接触少了，似乎也疏远了。后来，我有一阵子上公开课，老师们提出了不少建议，当然王老师也讲了一些。事后，赵老师说，你上公开课那会儿，有一阵状态不对，王波还说让我们跟你关系比较近的几个劝劝你，有些话别人不好说。我心里一阵感激。想起上课时偶然接触到王老师严肃的表情，心里那个凛凛的感觉消散了。

还有一次出差。同行几人，王老师是管家。他管钱，办理入住，提醒时间，一一关照。那次，跟我同住一间房的是外地的老师，王老师叮嘱，不要把贵重物品留在房间，当时好像还出了一点小岔子，他细心地处理好了。以至于，我们几人过马路，他要做我们的眼睛，绿灯亮了，他说“走”。走的过程中，他左右查看，提醒我们注意车。管家加保镖。

那次讲课，我对自己的表现并不满意，情绪很低落。晚餐，饭桌上，王老师并没有怎么劝我，只是很自然地开始聊故事。聊的什么呢？几乎忘记了。并没有最初两年时印象那么清晰。但总归，心情好了起来。

若干年前住集体宿舍，王老师的岳母家住二楼。他常在下班后来吃饭。于是，我们会开玩笑地说：“又来蹭饭了？”一开始，王老师笑笑。后来说的次数多了，现出微微不高兴的样子，我们知道他不会真生气的。时间一长，跟王老师的岳父母也熟悉了。老人会热情地招呼我们去吃饭，我们自然不好叨扰的。一次周末，我很早出门办事，往楼下走，想起忘记取钱，银行还没开门，当时网银还没这么便利。回宿舍找姐妹们借？她们还睡着，再说，也不是一个小数目。怎么办？忽想起下楼时，二楼王老师岳母家有动静了。于是抱着试试看的心情，敲了门。老人很快地点了钱给我，并说不用着急还，先用。

后来，他们家门口出现了一只小黑狗。打听了才知道，是老人捡回来的，狗狗受伤了。他们给它取了名字，叫“黑豆”。每天早晚上下班，总要绕过黑豆跟它打个招呼。过了很长时间，到了冬天，某一日回宿舍感觉有点不对头，原来，不见了黑豆。后来听老人说，黑豆自己走了，也许是康复了吧。

前一阵子，朋友霞说起，一天在小区门口，远远地看到王老师跟夫人散步，手挽手，那一刻，好像世界都不一样了。王老师叫王波，嫂子叫王云，像不像兄妹俩?

很久之前就想写王老师，怕写不好，迟迟动不了笔。过几日就是教师节，也算应景，遂作拙文。

王老师是我从学生变成教师遇到的第一位老师。

大道无形，润物无声

樊晓宇

或如两株树木站立相对凝望，一株繁茂，一株稚嫩。无言的看护，传递的却是成长的思考，生活的姿态。想来我跟随高平老师两年来的学习就是这种状态。

故事可追溯到我入附中的那一刻。

山大附中有着浓郁的学术氛围，对教学有着追求卓越的理念，语文组又是其中享有盛誉的学科组，组内大家名师云集，作为教研组组长的高平老师更是令人心生敬仰，曾荣获济南市优秀班主任、山东大学“三八”红旗手、山东省远程研修优秀指导教师、济南市学科带头人、济南市历下区首届班主任工作室成员、济南市首届语文名师工作室成员等荣誉的她带给我们更多的自豪，传递给我们更多教学上的自信。

学校对我们青年教师的培养非常用心，比较有代表性的措施之一就是“师徒结对”，由组内经验丰富的教师给予青年教师工作上各方面的指导，非常幸运我能在这一形式下和高老师形成师徒关系，开始了两年充实的学习。驻足回望，比照两年前的自己，能鲜明地感觉到自己的改变与成长，恰如一株幼苗在成长的初期有人适时修剪，使之不旁逸斜出；按需灌溉，使之保持成长姿态。得一老师如此，何其幸运！

现摘选二三事加以记录，以示感念。

教学指导，大道无形

“师徒结对”，学科教学方面的专业引领的重要性不言而喻，因而高老师对我在常规教学中的基本环节要求明确严格，也是在高老师的带领下，我在日常教学中努力备课，认真思索。点点滴滴的积累现在看来都是专业入门无比宝贵的财富。学校日常活动很多，青年老师展示的机会也很多。2014 年下学期，东营地区来访团到附中参观学习，组内就选我来上展示课，紧张与期待并存。恰逢当时组内进行“走课”教学的尝试，我就在自己负责的板块内进行筛选，最终确定了叶圣陶先生《苏州园林》一文。当时自己可谓“初生牛犊”，无知无畏，在课文设计时，想重点体现文章语言的准确性与生动性，一番精心准备形成了自己的教案。当交由组内进行商议时，组内老师给提出诸多宝贵建议。在询问高老师意见时，高老师说：“有思考，很宝贵，可以拿到课堂上去尝试一下。”建议是：如果我感觉可行，进一步完善一下就可以拿到课上去上。如果行不通，再针对具体问题调整。集体研讨后我带着满心期待开始了第一次试讲。但结果却是：课堂学生沉闷。自己为完成设计一直在赶，知识点似片瓦划过湖面，只有自己的强拉硬拽而没有走进学生心底形成回响。

课后进行点评时，对于暴露出的问题自己有了深刻的认识，这时方明白高老师的用意，也明白了平时高老师一直教导我们的老师与学生的定位关系：教学不是个人展示的舞台，只有心存学生，想学生所想，明学生所需，知学生所能，才能让课堂形成回响，达到教学的目的。有感于心，也对这次高老师的指导有了深入领会。“悟”强于“领”，又是宝贵的一课！

学生引导，润物无声

得益于同一办公室的条件，耳濡目染也领略到了高老师在对学生教导上的艺术，对于学生问题的交流、作文的指导耐心有效，办公室也成了学生常来的地方。课下如此，语文课受欢迎的情况可想而知。我时常慨叹高老师的无穷魅力，高老师告诉我，其实你可以做一下尝试，语文学习上多让学生发出声音，听听他们怎么想，看看他们怎么说。我于是在课堂环节上作了调整，课前加入了高老师一直在做的“课前播报”环节，课堂上也是多听学生的不同见解，交流引导。一段时间后，语文课上学生积极了，更有学生说对下一节课充满了期待，因为他想知道另一个同学会在播报时给他带来什么。

原来，教，不一定是自己在讲台上声嘶力竭，口沫横飞。多一些耐心，做一下让步，你会惊奇地发现，一番新的天地展现在眼前，始悟得在和学生交流时“心地清净方为道，退步原来是向前”。对于学生的引导，给予他们自由，鼓励他们发现，老师适时点拨，润物无声。

在高老师对学生态度的影响下，我慢慢地和学生打开了格局，也越来越发现学生零散思考迸发时的可贵火花。于是我借助学校“大家讲堂”的有利条件，着力推行“学子讲堂”，给学生们一个更为广阔的平台，使得讲座的学生能够得到锻炼，参与的学生也能受到感染，对自己而言，也是在学科教学内发现一个有趣味、有意义的事情。

一席谈话，雨过天晴

除了教学方面的获益外，生活上自己受到高老师的指导也让我获益良多。

工作之初，学校紧张的节奏，严格的要求，加之身边优秀老师众多，自己心理上产生了无形的压力，长期“低气压”的状态，让自己变得茫然，失去了自信。因对高老师的敬爱，也源于平日高老师的关切，有一天就把自己的感受向高老师倾诉。高老师听我说完自己的困惑后，对我的情况进行了分析，对我工作的努力给予肯定，看到我依然难以走出内心困惑的样子，高老师随后给我讲道：“其实你想一下，就如一株树苗，你不能要求它种植上的那天就能抗拒风沙，遮风挡雨，因为它还不够强大，你需要给它时间让它成长，这是一个必须要经历的过程，植树人需要有这份耐心，而小树也要有这份耐心。在有这一正确认识的基础上加上信心和恒心，不断努力，历经日月，自然会有枝繁叶茂的那天。”

回望两年学习的历程，因成长而倍感充实，因有高老师一路引领，感恩幸福！

那些与青春有关的日子

——我的附中故事

陈维丽

灰色的教堂，绿色的白杨，还有深秋时节的银杏树叶，春天里一树一树的玉兰，两两对望的南北两楼，静夜里寂寞的办公室灯光，青涩的白衬衫蓝牛仔，黑板上生硬的粉笔字，公开课前前辈们的悉心指导，课下孩子们的欢声笑语……我的附中故事，是一个个关于爱的故事，栖息在与青春有关的日子里。

七年前的夏末，我来到了山大附中。那是一个下午，因暑假已至，校园里静悄悄的。在这个不大的院子里，整齐排列着两排楼，中间是个篮球场。如此精致的院子里，有几棵茂密的白杨，让人感觉这是一个简单而又温暖的地方。

时年9月，我如愿地登上了自己梦寐以求的讲台，梦想小船正式扬帆起航。可年轻如当时的我，总在浅薄和无知中遭遇困难。记得那是开学第一周的周四，我拿着前一天精心制作的课件信心满满地走进教室，却被教室后面满当当的家长队伍吓了一跳。我几乎能听到自己“咚咚”的心跳，仿佛有东西在里面撞击一般，脸也霎时跟着红起来。我努力调整自己，勉强镇定了些。可就在打开多媒体的刹那，我悲哀地发现我的PPT版本根本就打不开。那一刻我的脑子全乱了，眼看着讲台下满满的家长和学生，我只觉口干舌燥，大脑空白。到现在我都不记得自己是怎样完成那样一节课的，只是在学生茫然的眼神和家长质疑的眼光中，我读到自己的失败。不久之后，我的备课组长姜荣奎老师就用含蓄的语言间接地表达了对我上的那节课的意见，尽管姜老师已经尽了最大的努力保护我的感受，我还是在姜老师的语言中知道了家长果然对我有意见。姜老师一遍遍鼓励我，告诉我当老师需要一个过程，需要不断地磨炼。她为了让别人了解我，还特意在自己超具人气的博客中专门为我写了一篇文章——《令人感动的维丽老师》。姜老师在她的文章中为我写道："用真诚执着的态度对待生活，用温柔细腻的心思填写平凡。"

姜老师用细致入微的关怀，呵护着年轻的我，让我不因自己经验匮乏和经历不足而落后。而她与学生的日常相处，更是感动着我、教育着我。记得一个普通的下午，办公室里静悄悄的，老师们都在批改作业、备课。突然，办公室的门开了，一个孩子哭着冲进办公室，要找姜老师，让姜老师评评理。因为同学之间的矛盾，孩子的情绪特别失控，姜老师把那个孩子搂在怀里，像母亲一样递给她纸巾，让孩子坐下慢慢说。孩子说到激动的地方，又哭了起来，姜老师就温柔地抱抱孩子。姜老师边倾听、边宽慰，同时也在引导教育着孩子，就这样过了一个小时的时间，孩子终于安静了。当孩子笑逐颜开地离开办公室时，我看到了孩子明显的变化，这就是教育的力量，是教师的感化。在孩子们眼里，姜老师是他们的"老姜"，是他们最信任的伙伴、最暖心的老师！

高平老师是语文组的教研组长，她细心地指导着我们每一位年轻教师，关注着我们的专业发展，也关心着我们的日常生活。记得我第一次在区里上公开课，着实压力不小。在组内老教师们的指导下，我带着忐忑的心情登上赛课的讲台。课堂没有我想象的那么可怕，顺利地开始后，我就放下心来，而放松的心态让我的课堂比平时好很多。就在我在教室里寻找期待高老师赞许的目光时，却发现高老师并没有坐在后面，直到课进行了将近一半时，我才发现高老师就坐在教室后面，微笑着听我讲课。课后我问高老师："您去哪儿了？"高老师说："你上课的时候，我特别紧张，我怕我把这种紧张传给你，我就在门口站着听，直到我听出来你表现很好，我才进来了。”当时我的眼圈就红了，我真不知道该如何表达内心的这种感动。后来，高老师在我发的关于这节课的反思博文中写道：“相信每一次难熬的思索，都是璞成玉必经的路途，不怕点点滴滴的敲打，丝丝缕缕琢磨必成器。”

高老师和姜老师是我初为人师的启蒙教师，她们带给我的影响，让我受益一生。除了高老师和姜老师，我们语文组还有很多很多好老师，他们用自己待人接物的品格、对待工作的态度、热爱学生的行动诠释着附中老师高尚的教师品德，让我初入讲台就接受到阳光的照射。王波老师儒雅勤奋，刻苦专研，常常给我们分享他学生的作品，读到精彩处，对孩子的爱溢于言表；史伟老师见解独到，是我们年轻教师的良师益友，她爱学生，也爱年轻的我们；赵赵老师充满诗意而又善解人意，她教我宽容，给我温暖；萍姐娴静细腻，彦姐热情似火，夏老师人淡如菊，孔磊老师气场十足，霞姐像是从宋词中走来；还有和我同龄或比我年轻的兄弟姐妹……

时光匆匆，说话间一年又一年，那些见证我由青涩到成熟的孩子们也跃过高考，走进大学校园。随着我孩子的到来，为人母的我也开始了自己的后青春时代。也许此时的我不会再为一节课而紧张得寝食难安了，更不会因为课件打不开而语无伦次了，如果说这算是我的成长和进步的话，我想一定是附中的老师们给予我的关怀和爱。

窗外夜雨滴滴，敲打着我的窗棂，我在想校园里的银杏叶快变得金黄了吧，教堂的钟声是不是刚刚响过，静夜里那盏孤独的灯光下也不再是我的身影。那用爱和关怀铸就的青春岁月呀，却一直在我的梦里，在我的心里，在我的生命里。

我想我是山大附中语文组人，不论走在哪里，我骨子里流淌的是山大附中给我注入的精神血脉。

老夏，老夏

李　欣

想起来一件事，应该是所有人都已经想不起来的事情，不知道夏老师还记不记得，刚到附中时，她是我师父。

当年我还是个刚毕业的“新兵蛋子”，看见“师徒结对”的表格上写着：“夏悦红，李欣。”心想，我三姨叫“周玉红”，这个老师也叫“红”，看来是缘分呐！

看别人的桌子上都放着笔记本电脑，各种教科用书、表格、班主任资料。可夏老师的桌子上绝没有成垛的书和资料，更神奇的是连电脑也没有，所以我那时候很想搞清楚，她都怎么办公呢？后来陆续听别人跟我说，夏老师是个非常率性的人，想做的就做，不想做的别人也无法奈她何。我听了这话，就有些担心。

郭琳和我在同一办公室实习，她师父时不时让她批作业、整理表格、做班级的板报、开班委会。但夏老师几乎不让我做什么事情，我也不知道怎么找话题聊天，于是在办公室我常常觉得自己是个多余的人，他们班的学生也都不怎么认识我。

第一次汇报课我准备了很久，她去听我试讲《艰难的国运和雄健的国民》，之后她和我说，这节课讲不出什么新意，不如换节课重新准备汇报，并说她已经帮我和组长说好了，换成《音乐巨人贝多芬》。准备了这么久，却要换课，心里不免有些不平。现在想想，能这么直接和我说真话的人，难道不是为了我好吗？而且她怕我自己说换课不太好，就帮我提前协调好了，可惜她的苦心我当时都没懂。

后来她又认真帮我调整《音乐巨人贝多芬》的设计，让我学习已经批改完的作文，还让我去听她开班会，难道不是在教我吗？可我呢，却只觉得自己这个师父怎么“硬不愣登”的。很快，学校调整了表格，我们的师徒缘分也就消散了，好像从来没有发生过这个事情一样。

但我听越来越多的人和我说，夏老师“很有一套”，可以说是一种“独家秘诀”，但是很少人能学到。和我同一个书法班的附中孩子，是夏老师的学生。每次书法课，他都给我讲，夏老师怎么布置作业，怎么提高作业质量，怎么上课，说起来兴致勃勃。有次我问他：“你这次作文周末要重写，太累了吧?”可他毫不在乎：“我写跑题了，就该重写，夏老师特地给我面批的，早就和我说怎么改了，所以重写一点也不费劲。”我看他作文本上，所有错别字都画出来了，而且怎么开头，怎么点题，中间要删掉哪些，加入什么景物描写，红笔密密麻麻一片。那天我突然明白，他们只看到夏老师带出来的班排在前面，又觉得她不善于与人交流，所以就说她的“独门秘籍”不外传，可哪里有什么秘籍，不过是“认真”二字罢了！

萍姐结婚的时候，我们语文组老师都去了，热热闹闹一桌子人。回家路上，夏老师骑电动车带着女儿，“嗖”的一声从我身边滑过。她赶紧一个急刹车在不远处停下，说：“扬扬，赶紧叫姐姐。”她女儿是我第一次见，和夏老师长得太像了，声音嫩嫩甜甜的：“姐姐好!”刚说完，母女两个“嗖”一声又启程了，好像说起什么好玩儿的事情，两人的笑声银铃一样传过来。

如今夏老师已是两个女儿的妈妈，我们又在一个办公室了，她多了一个称号：老夏。霞姐坐她对桌，天天“老夏”“老夏”地叫着，还给我们讲夏老师是因为一盆文竹，才嫁给了如今的老公。我们都说夏老师嫁得好，老公理科好又会养文竹，肯定很有情调，她说：“对，有情调，我一会儿放学得自己扛袋米回家。”哈哈，没想到她还有冷幽默的潜质。

如今师徒结对，她要指导的是明月，她听了明月一节《论语》十二章，回来评课，大到整体怎么推进，小到某章里面“三军”的意思，一字一句地分析，告诉明月哪里要记到课本上。我在对面静静地看着，觉得夏老师变了好多，不知道明月知不知道她有多幸运。

现在初一铺开了智慧教室，我们的pad还没怎么上手，她俨然一副“专家”的态势了。昨天技术公司来培训，夏老师明显能和技术人员进行我们完全听不懂的交流，什么“端口”“上线状态”“设置分组”“班级禁言”“答题卡小题拍照”……各种专业词汇信手拈来。办公室里我们用着不会的时候，就大叫起来：“夏老师呢？夏老师去哪了？”只见她迈着一贯矫健的步伐，端着pad就走进来了，边走边说：“我今天又把技术人员问倒了，我准备回去研究研究明天再来给他提点意见。”霞姐惊呼：“老夏！你现在可以啊！”我说：“夏老师已经升级成IT达人了，厉害啊！”霞姐那边已经开始做起了广告：“中国pad哪家强？山东济南找扬扬——的妈妈。”夏老师已经被我们逗得笑得直不起腰来了。

有段时间，听说夏老师遇到一些烦心事，说到伤心处，都掉下泪来。能再看见她笑得这么开心，真好。现在看她风生水起地学新技术，我又想起了校长说的一句话：“我觉得你们语文组，老夏就是个挺有想法的人。我说要去听她一节课，她怎么回答，你们知道吗？她说，要听就听她一个月的课，我一听这句话，就知道老夏手里有东西。”

后来我把校长的话转述给她，她“嘿嘿”一笑说：“那是因为校长肯定没时间听我一个月啊。”我们听了她的“神逻辑”都笑了，但是我知道，如果校长真去听一个月，夏老师也是不惧的。因为，老夏，不老。

我和史伟老师

郭　琳

一年多来，我常想着，能跟她一起工作，是多么幸运的事。

当着老师的面，自然是要叫“史老师”，但在我心里，她更像是我的家人，我的长辈。

很多个下午，当我看完自习回到办公室的时候，眼睛总是先找到西边靠窗的那个位置，若是空的，便会失落一阵子。

史老师已经在那个位置坐了四年了，那张桌子该是懂她的，因为每当我走到它边上，它都是一副整洁的样子。即使有时候它被两个班的随笔本占满，放心就好，等到你什么时候不经意间再望向它的时候，它早已恢复了往日的秩序，也早已把两大摞“散兵”收编成了“正规军”。

等到课间喧闹的10分钟，桌子边上便围满了问问题的学生，这时候的史老师，多半会斜靠在桌子上，她的整个后背和微微扬起的头，让桌子面积的一半几乎都投入黑暗中，她就在窗边太阳光里晒着、听着、笑着。那幅画面太美了，我总想着要是会画画，一定要画出来的。

其实，想要画出一个人的外貌还容易些，但是要画出神韵却很难。曾经有个学生为她画了一张素描，画面里的她略显严肃，齐肩的头发干净利落地垂着，正认真地批改着什么。这样的场景简直太常见了！你想啊，100多本随笔本，她一定要全部勾画、批注出修改意见并总结出好几行的评语，本本如此，天天如此。渐渐地，埋头批作业，埋头写评语，就成了史老师的“招牌”动作。从早到晚，从这一星期到下一星期，你都能看到这样的场景，并能够猜测出从现在到将来，也大概是这样的场景。几乎组里每一位语文老师都劝过她，批阅随笔不必这样“执着”，她也是每次都赞同并配合着说：“哎呀，就是说啊，我的效率怎么就这么低呢。”但是等到100多本随笔本再次“降临”的时候，你会发现，她早就做好奋战一周的准备了，并可以迅速投入“战斗”。

史老师对学生太好了，我见过太多的学生在她面前，倾诉着自己最隐秘的无奈和困惑。我想她一定是有什么高超的沟通技巧，便曾经刻意去听她与学生之间的对话。我听了一个小时左右，终于明白，她最高的谈话技巧，只是拥有一颗想要理解和帮助学生的心。很多时候，我们交流，却只是为了评判对错。

就是这样一个对工作极其负责并全身心投入其中的老师，却也能把自己的生活打理得精致而丰富。是她告诉我上课之前应该涂点口红，这样会显得更精神；是她提醒我什么样的衣服会修饰身材，什么样的咖啡好喝，哪一家餐厅的味道更正宗，办公桌上摆放哪种绿植更容易养活，甚至是怎样刷饭盒更干净……

后来我逐渐明白，附着在她身上的神韵，其实就是生活本身，所以如此动人，又那么可亲。一个人散发着生活的味道，这何尝不是最理想的状态呢？

一年多来，我常想着，能跟她一起工作，是多么幸运的事。

其实，也是因为史老师对我太好了。刚开始做老师，最头疼的是备课。那时候，我总是慌慌张张地翻教参，再从网上找很多名师的课堂实录，然后东拼西凑一番，像是炖大锅菜一样上课，那味道自然很是一般。从去年秋天开始，史老师、我和另一位年轻老师赵付美开始了一段“酉时备课记”，它成了我语文教学的新开端，也成了我工作中最美好的记忆。

那时候学校已经静校了，我们凑桌子围坐在一起，一人手拿一本语文书，就这样开始了备课。我们的备课从文章的第一句话开始，史老师一边读，一边勾画着关键字词，我们两人一边跟着勾画，一边说着自己对句子的理解。就这样，我们一边读着，一边记录着零星的感悟，一篇文章从开始到结尾，我们没有落下一句话、一个词。就这样读着、说着、记着，很多灵感一闪而过，很多想法也逐渐坚定。很多时候，当我们合上书本时，发现早已是万家灯火。史老师说，这才是备课的第一步。

一周五天，没有特殊情况，我每天都听史老师的课，她可一次都没有赶过我，顶多是假装生气地说：“告诉你啊，今天的课别听了啊!”但严肃的表情往往坚持不过十秒钟，一丝因为伪装成功而得意的神情就迫不及待地露出来，眼睛一眯，爽朗的笑几声，她是故意让我知道，她并不是真的生气。

史老师的课堂，常常会让我恍惚。她有时候很像我读研时候的导师，对文本的解读绝对是学院派的风格，简洁而又透彻；有时又像是街边胡同口跟你闲聊几句的邻居和长辈，那种亲切和距离感并存的姿态像是浑然天成，不着痕迹。

当喧闹的一天快要结束的时候，总觉得得再跟她聊几句才算圆满，随便聊点什么都行，有关今天的课，或者今晚的饭。即使走得再晚，也得收拾一下凌乱的书桌，因为第二天她锐利的目光，一定会注意到我桌子上的“战况”。我可不想再看到她走到我桌边，把我支到一旁，然后开始弯腰整理我的书本、茶杯、日历、盆栽、杂乱的钢笔、圆珠笔的情景。

一年多来，我常想着，能跟她一起工作，是多么幸运的事。

水

赵付美

去年 8 月底的那个午后，我推开北楼 411 的门，环顾一室，只有昊姐的办公桌清理已空。她的对桌正是史老师。“史老师，我可以坐您对面吗?”我怯怯地小声问了一下埋头收拾东西的史老师。可能是有些小紧张吧，我已记不清史老师的答话，总之，自那日起，我便名正言顺地成为史老师的又一个对桌。也正是从那时开始，我有了一片新的天空。

史老师姓史名伟，“水”是史老师的别号，是她多年前的学生合其名字中的两个音节得来的。据说，史老师初见此名，略有“愠色”，“水淡而无味，大千世界好东西多得是，为何单单以‘水’称呼我?”她的学生赶忙解释：“老师，您想想呐，水可是自然界中最有营养的东西啊。”经学生这么一解释，史老师对此信服不已，彻彻底底地悦纳了学生的慧赠。那个冬日，当史老师眉飞色舞、陶醉满怀地给我和琳说她的“水”名故事时，我在心里暗暗叹服她学生的惠敏。

得名有源，释名有理。史老师说“水”是学生送给她的绰号，我则私心里将“水”尊作史老师的字。喜爱中国传统文化的我知晓：合音而来的“水”与史老师的言、行、品是暗合得很圆润的。和史老师有接触的朋友们想想：是不是这样呢？

坦诚地说，初坐史老师对桌，我很是忐忑。之前我曾听过史老师的课，清清楚楚记得，2015年暮秋，周四上午第一节课，我在自己的班级里上完早读，从南楼抱着凳子一路跑到北楼史老师的班级里。现在想想，当时的行为其实挺唐突的，不事先打声招呼，直接进入人家的课堂真的很不礼貌。史老师对我的“入侵”毫无心理预期，一进教室，看见坐在后面的我，先是淡淡的一惊，既而是一个很温暖的笑容。那一节课，史老师上的是《谈骨气》。那一节课，我在听课本上密密麻麻记了满满六页听课笔记。第一次真切地感受到字字千金，在史老师的课堂里，一个字我都舍不得落下。史老师的课堂语言，凝练有力，入耳抵心。课堂始于生活，终于生活，贯穿着生活。她的语文课，用生活拉近了文字和学生的心理距离。我默默地想：“这也许就是生活语文的典范吧。”

第一次听课，我对史老师崇拜不已。下课铃声响，我急切地从后门溜了出来，站在前门虔诚地等史老师出来。门一打开，我激动不已地对着搓捻着手上粉笔屑的史老师说道：“史老师，我以后每周的这个时间都来听您的课。”现在，每每想起自己当时的莽撞霸道，我都羞愧不已。好在史老师德馨，并不介意我这毛头小儿的“无礼”“不尊”，竟很关切地询问了我的一些情况。

史老师及其语文课在我心中是“仰之弥高”“钻之弥坚”的。现在，羽翼尚未初长的我和史老师竟坐了对桌！如何不紧张？当然，我私心里也是自豪不已的。可终归也是紧张不已。一连几天，我都没太敢抬头。

那天，我被史老师结结实实地“赞”了一把。

那是新生入学不久的一天，史老师在很专注地研究学生的名字。她所教授的班级里，一个孩子的名字里有“菘”字。她很认真地查阅了《现代汉语词典》，查阅的结果是：“菘，古书上指白菜。”显然，她对这一解释并不满意，紧接着，她翻开了《古代汉语词典》，而《古代汉语词典》的解释是：“菘，蔬菜名。即白菜。”看来，“菘”指“白菜”是无疑了。可家长为何在孩子的名里用这个字呢？史老师很细心，衔接课中，她想让孩子彼此熟识，现在她在备学生名字的课。她意识到，“菘”这个字，有些孩子是陌生的，而当查阅工具书时，孩子们发现这个字的意思是白菜，可能会给这个孩子造成尴尬。“为什么用‘菘’字呢?”史老师对着两本摊开的词典小声地默念着。

这个字，对于治过中国传统小学（文字、音韵、训诂）的我来说，是可以作出词典之外的解释的。终于，我没憋住……

“史老师，这个‘菘’字是个形声兼会意字，上面的‘艹’是意符，告诉我们这个字所记录东西的类别；下面的‘松’既是声符，也是意符，表明这个字所记录事物的品行。《论语·子罕》：‘岁寒，然后知松柏之后凋也。’松柏有坚忍、遗世独立的品行，而白菜其实也具备这种品行。它在冬天也是青的。”在史老师赞赏的点头中，我一口气说出了自己基于专业所作出的解读。

紧接着，史老师一连问了我好几个字的构形意义。我自然很实在地显摆了显摆。末了，史老师很豪爽地说道：“原来有你坐对桌，竟有这好处——我今后不需要查词典了，直接问你就好了。”史老师的话让我得意不已，我一度很自恋地感觉找到了坐史老师对桌的合理性。心里暗暗庆幸自己读书时很投入地研究了古文字学。

后来，史老师依然常常翻阅词典。很长一段时间后，我才意识到，这是史老师有意放大我的专业优势，殷切鼓励我。事实证明：史老师的鼓励带给了我很大的自信，自解释“菘”字以来，我坐史老师对桌的忐忑逐日减淡。

和史老师同在一个年级组，我有了听她课得天独厚的优势。只要不重课，我几乎没落过她的一节课。虽然当时刚刚走出高校，很扎实地在专业领域内涵泳过的我有点儿无比幼稚的盲目自信，但是，对于我打心里仰慕的史老师，我是真的很虔诚地去做她的学生的。走入史老师的课堂，我感觉自己就是一个学生，很享受地听她讲课，跟着她的思维圈圈画画、读读写写。有几次，我甚至完全忘记了自己的真实身份，听到激动处，竟毫无意识地举手，无比期待地盯着史老师，盼她喊我发言。史老师竟真的会叫起“混沌”的我，自然，回答完毕是孩子们真诚的掌声。每次回答完问题，我都猛然惊醒、悔恨不已，痛斥自己“干扰”课堂。史老师非但不怨，反而肯定了我这种行为的合理性。再后来，听史老师的课，即便死死地约束自己不许举手，也会偶尔被史老师叫起“谈谈对这一问题的看法”。我在孩子们惊喜的眼神中惊诧地站起，没有人能明白我心田里流淌的幸福。我想：“只有达到‘从心所欲，不逾矩’的授课境界，才敢这样‘玩’吧。”

在我眼中，史老师上语文是“从心所欲，不逾矩”的。我在史老师的课堂中曾无数次地在听课本上写下“待我年及不惑，当效水师，随心所欲上语文”。然而，就是这样一位有着数十年教学经验的资深老师，备课竟认真到让人无以复加。备课中，史老师时而提出一个问题，很认真很真诚地问我和琳怎样理解。我俩受宠若惊，滔滔不绝地各抒己见。末了，史老师做一番总结，从中提炼出可取的点。而只要我和琳去听她的课，上完课，她一定会问我们：“我这样上行不行?”史老师的虚心、她的精益求精、她对于自己过于严苛的授课要求对于我是一股神奇的鞭策力量。我想史老师就是我身边“敏而好学、不耻下问”的典范吧。她言行的背后，是精湛的专业素养和高尚的人格修养。

有一件事儿，至今，我想起来依然感慨不已，感动中不乏心虚。

去年“十一”小长假返校后，我接到了周六去定陶校区上示范课《登高》的消息。听到消息的那一刻，我正在网上阅着作文。虽然我很喜欢古诗文，然而，心里也清晰得很——初一的孩子学《登高》，难，很难。时间紧迫，任务沉重，自知道消息那一刻起，我的脑袋就大大的、胀胀的。可那次的作文偏偏又误差卷跌出，任务分了一波又一波。那个周三的早晨，被《登高》折磨得颜色憔悴、形容枯槁的我又一次接到“再阅100份”的任务。我沉重地叹了一口气。这时，对面紧盯屏幕阅卷的史老师温和地说道：“付美专心备《登高》吧，你的我阅。”我什么也没有说，悄悄抹掉眼角滚落的泪珠。一个年长的老师给一个青年老师阅卷，此举对我的教化胜于千言。周五，我随车前往定陶校区，走出办公室，史老师摸着我的头，说：“好好上。”后来，《登高》一课的课堂效果远高于预期，我在返回的路途中反反复复地想着一周以来史老师的言行，我不知该怎样表达心中清纯的感恩。后来，我感觉一切及时的言谢都过于苍白，就默默将此事埋入心底。

虽然说出来不光彩，但事实却是：如果是我，我可能真的做不到。史老师不知道，她大气、温暖的身教于当初满是棱角的我，是春风、是细雨，一点点养着我，润着我，化着我。

心随日长。在史老师的包容下，逐渐地，我胆儿大了起来。尤其是诗文读到兴致处，时常吟咏两句。办公室的李老师对古典诗歌颇有研究，无论谁的诗，上句一出，她当即便对出下句。每每此时，我俩自然是一番兴致勃勃地谈诗。我忘形地陶醉在李老师的品诗中，史老师静静地忍着我“逾矩”的兴奋，末了，颇有些为我高兴地说：“李老师，您能来这个办公室太好了，付美可算找到知音了。”我调皮地朝史老师吐吐舌头，向李老师眨眨眼睛。

去年一个初冬的午后，冬日温和的阳光斜斜地穿过几净的玻璃，我迷醉在那诗意的柔和，诗兴大发，脱口而出的诗句打破了一室宁静。李老师和我遥相呼应，于是，办公室展开了一场关于诗的讨论。我们几个讨论得如痴如醉，史老师则默默地低头批改孩子的随笔，时而端起桌上的玻璃茶杯呷一口红得透亮的茶水。待我们兴致将尽时，史老师竟感叹道：“听你们谈论诗歌，我很惭愧，我不懂诗。”史老师特别强调了“我很惭愧”四个字。

“史老师，您比谁都懂诗。您的声音是最美的诗，再糟糕的文字，经您的嘴一念，那便是最美的诗了。”我很认真地说出了自己的观点。上午，我还听到史老师读学生的诗歌了呢。这一点，我自然是很清楚的。

“同意付美的观点。”萍姐姐随即确凿地表达了她的观点。

李老师笑而不语。

史老师则直摇头，辩解道：“我是真不懂……”

史老师以为我很懂诗，我在各种场合多次听到史老师拿诗褒奖我。有那么几次，听得我汗涔涔。我心里明白，我并不真的懂诗。真正懂诗的是李老师，我，不过是瞎掺和傻乐呵。经史老师如此真诚的“推销”，她喜爱诗的学生还真的来找我谈诗了。她的学生很崇拜地和我谈诗，有那么几次，我偷偷瞄见史老师笑盈盈地看着我们。好在我也的确诵读过数量比较可观的好诗，研读过几本有分量的诗论著作，基本能做到让孩子慕名而来，崇拜而去。为此，我也曾真的窃喜过。

于是，我的“诗名”大振。

于是，有了“诗和远方”的故事……

事情是这样的，史老师的一个学生在一个周末随妈妈下江南，在那个充满诗意的地方，他给史老师、我和琳各挑选了一张明信片，并在每一张的背面写下了文字。而给我写的文字里，有这么一句：“在我追寻诗和远方的路上，赵老师一定是最权威的引领人。”史老师的学生在出游时竟想着我，当着史老师的面，我免不了要炫耀一番。不曾想：这一“嚣张”竟“惹”了大事。史老师看到“诗和远方”后，竟“怒而伤”，喃喃道：“言外之意是我没有诗和远方?”“天呐，我竟没有诗和远方!”“我可是他的亲语文老师呀?!”

看史老师“幽怨”地把明信片还给我，我在心里偷偷乐开了花。

“从今天起，我要读诗！你们给我推荐一下好的诗集。”史老师铿锵有力地笃定了自己读诗的志向。

我们大笑不已。史老师改学生的诗歌作品，动一字而诗意全出，这是我们皆知的。学生的这张明信片竟出卖了史老师“我不懂诗”的宣言。看来，史老师潜意识里也是不赞成“我不懂诗”的。

接下来的几天，“诗和远方”成了我们办公室的高频词语。几天过后，“诗和远方”在我们的话题中渐渐转淡归隐了。

亲爱的史老师呀，您也不想想，您数月在学生中不遗余力地塑造我懂诗的形象，而且每次言之凿凿，笃信不疑，我这个“诗和远方”的美誉还不是您给我反复强化来的吗？

不得不说，有了“诗和远方”的故事后，我对诗歌有了更深的情感，对解诗有了更高的自我追求。

读者朋友们，读到这里，您是否觉着我初坐史老师对桌时的忐忑是杞人忧天？如果您这样想，那可就大错特错了。用孔夫子的话说，史老师是“温而厉”的。她的“厉”，我今年6月份还无比真实地受用过一次哩！

那是期末考试的前两周。各项复习资料中，我负责文言文。文言文是一个大系列，实词的释义、虚词的用法和意义、句子节奏划分、语句翻译，文意理解测试卷以及课外文言文小卷。当我建好文件夹时，脑袋瞬间木讷了。“天呐，这是期末总复习，这么多内容，每一项都得力求无一疏漏。期末这么忙，我怎么弄？”我皱紧眉头，惆怅不已。

尽管如此，我还是很认真地梳理了一下思路，利用下班后的时间，一字一字地敲出了6个内容丰富的Word文档。史老师负责修订、审核。周五一早，我很放心地礼节性地把文档打包发给史老师。按我的预设，史老师扫描一两眼，我就可以打印了。不曾想，事与愿违……

史老师竟一字一字地从第一个文档看起，她的要求堪称严苛，大到具体的内容，小到页面设计，不同内容的字体、字号、行间距甚至页眉的设计，如此等等，逐一提出问题，要求我修正。内容增减、调整我是可以悦纳的，毕竟史老师是资深老教师了，她有富足的经验。可是，诸如页面设计、版面、字体、字号等等我眼中的“小问题”，我就不那么理解了。“有必要吗?”我几次默默地在心中质疑。

史老师实实在在地把关，我则随时待命。一个上午就这样过去了……

中午，我加班看完了学生的作业。心想：“下午，我上完课应该可以去印了吧?”

上完两节课，回到办公室，我匆忙抓起U盘，打算直奔文印室。

“付美，你先别着急去印。课外文言文部分的题不好，字词解释和句子翻译都不能很好地实现从课内到课外的迁移，建议你把小文章自带的题去掉，每篇文章重新出几个选择题，选项设计要考虑咱们这两个学期学过的所有文言文。”从门外走进来的史老师边说边走向了自己的办公桌。

我无力地瘫坐在了椅子上。

“命题？这也太难了吧！史老师也太强人所难了。哪怕是呈现出来再简单的一个选择题，也是要耗费很多精力的，而且，还未必能出好。我现在怎么能干得了这活儿?”我打心里质疑此次“受命”。可我也的确不敢“抗命”，于是，在心中满满的困惑、眼中盈盈的疑惑中勉强启动了电脑……

我在铺天盖地的材料中综合考虑各种因素，最终选定了3篇文言小文。不曾想，它们自身通过了，而自带的习题却被否定。想到这里，我心中涌上一股浓郁的委屈。

史老师不知道那天是我的生日。虽然，我一向不赞同邀友庆祝自己的生日。但是，我也是有自己的小计划的。生日在周五，这是多么好的一个日子。我是多么期盼能早早地完成今日之事，一放学，即开启自己的甜蜜计划……

现在，我知道，这一页小卷，放学前是不可能完成的。准确地说，是不可能被史老师审核为“完成”的。命题是个极其复杂的工程呐！何况史老师的眼睛又是那么“毒”！一张小卷，画地成牢，无情地囚禁了我……

也许我没有掩藏好内心的失落，史老师竟也模糊地感到了自己的“严苛”。但她不确信，于是，她询问了温文尔雅、对我宠爱有加的李老师：“李老师，你说我对付美的要求是不是有点儿过分了啊?”“亲爱的史老师，您也知道自己‘过分’了呀?”我在心中替李老师回答了她对自己言行的不确信。“一点儿也不过分。很好！就应该这样!”李老师很认真地思考了一会儿后，又很认真地回答了史老师的问题。我跃起的心瞬间跌落，无比幽怨地看了一眼李老师：“李老师，您不是平日很疼我的嘛。这次怎么就一反往常做了史老师的‘帮凶’?”“萍，你说我对付美的要求过不过分?”看来史老师真的感觉到了自己的“严苛”，李老师回答她之后，她还是有点儿动摇，又向萍姐姐询问看法。“一点儿也不过分，付美将来会感谢你的!”萍姐姐片刻都没想，就清朗地说出了她的看法。萍姐姐可是我的指导老师呀，萍姐姐两年来可是一直很偏袒我的呀，她怎么就不帮我说句话？明明史老师都感觉到自己的要求有些“过”了嘛。客观地看，我整理的文言文系列材料，工程浩大是事实，而我的认真也是很明显的嘛。终于，孤立无援的我彻底无望了。

经李老师和萍姐姐的“双重认证”，史老师对我的“严苛”现在已是被强有力地证明了的正义行为。我憋屈地偷偷瞄了史老师一眼，对上史老师“狡黠”的眼光，在当时的我看来，那眼神，颇有些幸灾乐祸的意思。

我都开始后悔自觉让史老师审核的行为了。我这不是没事儿找事儿吗？前面的材料，史老师没有审定，都很顺畅地印刷出来了。我怎么就偏偏“自投罗网”，一手演绎了自己“首当其冲”的“凄惨”？不得不说，在史老师的“反思”举动后，我再在心中无言地“诉苦衷”已有了调侃自我的温暖。迷迷糊糊中，我似乎模模糊糊地理解了史老师的用意……渐渐地，我忘记了这一天对于我的特殊，不枝不蔓地沉浸在命题中。精读文言小文，圈点重点字词，联系上下两个学期的十几篇文言文……

我悲观的预测最终成了事实。放学铃响，我依然在苦思冥想地打磨……

再后来，我索性“背信弃义”，临时把“约会”的对象换成了眼前的这份儿小卷。当小卷终于完成时，我长舒一口气。窗外暮色已浓，而我此时竟莫名地感觉“不过瘾”。于是，周末里，有了一个颇为疯狂的举止——我把史老师审核通过的那几份小卷又重新推敲、润色了一番。

到了周一，整套文言文复习小卷付印。周一放学前，我留给孩子的作业是其中的一份儿小卷。

周二清早，我刚走进教室，就有一个男孩快步走到我面前，指着手中的小卷说：“赵老师，这份儿小卷是你出的吧。太精致了，做着真舒服。”教室里几个早到的孩子纷纷神采奕奕地表示赞同。

面对孩子真诚的美誉，我语塞……

那份课外文言小卷，我出得很专心、很用心。拿到卷子后，办公室老师们肯定有加，史老师更是不住地点头称赞。终于，我低声向史老师吐露了心中的“小委屈”：“史老师，其实，上周五是我的生日。”我原以为史老师知道这一消息后会稍稍地表示“忏悔”。不曾想，她竟很尽兴地大笑一番，十分清爽地说道：“那，就当我送了你一份特殊的礼物吧！”

我幽幽地看着她，可她忙着笑，没看我。

放学后，大家陆续离校，不久，办公室只剩下我和史老师。批完孩子的测试卷后，史老师很平静地对我说：“我知道有些难为你。你在古诗文方面有这么好的功底，完全有能力做得很好，就得在这方面逼着你上道……”

自打被史老师结结实实“审核”以来，我对出自自己之手的东西有了更高的追求，倘若自己做的东西有嫌粗糙，我会很难受，很不安，很害羞。自此，精致成了我生命中的常态追寻。

坐史老师对桌以来，史老师的“温”和“厉”给了我一片全新的天空。不久前，路上偶遇曾经的搭班老师，驻留片刻，浅谈几语，他很是欣慰地真诚感叹道：“这一年，你进步很大，很大。”“您也不看看我的对桌是谁?”我无比神气地脱口说道。我不敢承认自己的进步，但我却真心为自己是史老师对桌的身份而骄傲、自豪。

前面我说过，我私心里将学生送给史老师的绰号“水”尊称作史老师的字。在古代，一般贤能之人才给自己配字，而字往往和名字有着辉映的关系。“水”是史老师名字“史伟”的合音，而史老师言、行、品的馨香恐怕也只有“水”能称述吧！

老子说：“上善若水。水善利万物而不争，处众人之所恶，故几于道。居善地，心善渊，与善仁，言善信，政善治，事善能，动善时。夫唯不争，故无尤。”

坐史老师对桌以来，每每念到老子关于水的这番论述，我总会不经意地想到史老师，一个人幸福地笑上好一会儿。

秋之深邃遇上夏之灿烂

——记我的同事子韬和金锋

周　昊

记得区里有次活动是《华南虎》同课异构，在我们学校举行。当几位老师献课后，主持的同事向大家介绍其中两位讲课的老师其实是夫妻，引起一片惊叹。他们就是子韬和金锋。

夫妻俩在一所学校教书，很常见；教一个学科，不太多；在一个办公室朝夕相处，则少之又少。我刚来附中时他们在一个办公室，办公桌紧挨着，起初我觉得有些不可思议，很好奇他们的相处之道。一个沉稳内敛，一个热情活泼，我推想他们的互补必是刚刚好的。

有一年子韬和我们搭档教初三，以往每周我们都要进行集体备课，为了不被学生打扰，我们会将办公室的门反锁，可是课间依旧陆陆续续有学生来敲门，甚至砸门，不屈不挠，让人头疼不已。子韬来了后，默默打印了一张纸贴在办公室门上，我一看，写的是“我们备课的时间，希望学生不要打扰”，大概这个意思。从那以后，敲门的学生果然少了很多。由此可见一斑，善于思考钻研，善于探究问题的本质从而寻求解决方法，他的《子韬专栏》就带给我们很多有益的启示。

因为住在同一个小区，有时我会搭乘他们的车上下班。当我们女同志因为一些事情激动或抱怨时，正在开车的子韬往往很淡定地说：“一切都是正常的。”“急什么呢，急也没用。”有一次谈论起减肥的事，子韬介绍了他的最新疗法，金锋却持不同意见，接着细数了子韬历次减肥失败的经历。子韬立马搬出某个研究以及实例来反驳，试图从专业、科学的角度解释，金锋依旧坚持“你这是不健康的，你这……”这样的“学术争鸣”时有发生，只见子韬不紧不慢地解释，金锋慷慨陈词，一来一回，通常最后以子韬轻声的一句“不跟你说了”结束。这样的夫妻实在可爱，似秋之深邃、夏之灿烂，永远充满生机。

他俩分别担任了一个年级的备课组长，还承担了其他不少事务，忙碌不言而喻，两个人小宇宙的能量常让我自叹不如，尤其金锋的干脆利落。工作中，他们是很好的伙伴，彼此扶持，可以独立，可以分享，甚至是思维的碰撞。而走近他们的生活，更让人懂得婚姻的经营不一定需要过人的智慧，但一定需要互相包容和爱。

这几天我家小段同志出差了，我又一次搭乘他俩的车上下班。一路上，聊工作，聊家庭，听着金锋分享他家宝贝原野的成长点滴，听着他们热心地跟我传授宝妈宝爸经验，车窗外是平和的夜……

岁月会证明

赵丽秋

犹记得今年9月，在学校优秀结对师徒分享大会上，我满怀着欣喜和感恩地跟大家唠叨了许多。时至今日，又到了总结的时候，却有点不知从何说起。总觉2016～2017学年上半学期的脚步太匆匆，繁杂的节奏中，脚步难免零碎，幸好姜姜带我走过的路，岁月会证明。

1. 拓宽经验与实践的领域

姜姜是二级心理咨询师，我们办公室的李慧英老师也是，我敬佩她们。尤其在利用整整一个暑假系统地学习了心理学课程，参加了今年11月份的三级心理咨询师考试，对利人利己的心理学产生了更加浓厚的兴趣之后，我更是以她们为榜样。姜姜说："真正想走近心理，弗洛伊德的著作应该看看。"这话我也一直都记着。

工作后的我很少有机会和余力去发展"才艺"，校园主播、活动主持、学院迎新的小提琴演奏、校庆文化节的民族舞表演这些聚光灯下的曾经，早已了然无痕。所以，当我在牧牛山下的夜色中，第一次站上辅仁的舞台为大家献上《秋夕》和《声声慢》的吟诵节目时，自己都觉得仿佛做梦一般。而这美好的背后，少不了的，还是姜姜的支持、鼓励和指导，专业的延展也是生活的丰盈。

2. 进步才是成就与荣誉的要义

短短一年中自己已经历了数次"拼杀"：青年教师基本功大赛的区级一等奖及市级二等奖、"一师一优课"的市级展评、小红花征文优秀指导教师、远程研修的优秀作业……可为什么，想起这个学期在姜姜的指导下，我所上的青年教师汇报课和参加过的校级常规说课比赛，反而更令我激动呢？

本学期的汇报课，选题是一篇长文短教的《台阶》，来自令人心有戚戚的小人物单元的它，让我在备课时遭遇到比往昔更多的疑难与纠结。在六易其稿的备课和试讲过程中，姜姜一如往常，次次亲临观评指导。终获好评与鼓励的这堂课，饱含着我的一颗想要做到更好的心，也见证了姜姜的付出与心血，道不尽的，全是感激。还有这一年的说课比赛，在初赛的时候，姜姜就叮嘱我再忙再累也要拼尽全力，也是姜姜告诫我不能放弃任何一次努力进步的机会，她载我去附中的路上一言不发以便让我熟悉讲稿，而带我回辅仁的途中滔滔不绝地给出一针见血的指点。得知能够代表人才济济的语文教研组参加校级比赛时，我终于确定我已战胜了上个学年的自己，那一刻的成就感与满足感，大概就是进步带来的力量。而如果少了姜姜的敦促与鼓励，我是否还能如此这般，不断遇见更好的自己？

3. 在细微之处慎独而努力

走过这个学期，留下 70 篇详案和 51 次观课记录，单从数量上看，较之前略有不足。比如备课本，从每学期厚厚鼓鼓的四大本，变成了如今清清爽爽的三本；再如听评课，往时下限 40 节时我会听 60 余节，如今下限 30 节时我听了 50 余节。不增反减的数量并不与收获挂钩，因为只有我自己知道。

自从上次提交备课本时，得备课组老师指教说习题试卷不要往本子里粘，如果要写就写如何讲解这份试卷后，我就再没有一次直接拿试题充当过教案，即使试题上写得密密麻麻，也会再整理思路，仅记下讲法；听评课也是，自从某次赵赵老师偶然翻开我的听评课本，柔声笑着对我说“丽秋，你的字太大了”，我之后的每一篇听评课记录，都尝试将更多的所得记进本子有限的空间里。人的转变其实很简单，唯“愿意”二字而已。

这些不是姜姜直接告诉我的，但这种认真、负责、勤恳的劲头，却是我偷偷从她那儿习来的。姜姜做语文教师的成功，做备课组长的高效，做区、市学科工作的尽心，无时无刻不在感染我。包括这个学期，我的电脑桌面上悄然躺着一个“勤于笔耕”的文件夹，不正是潜移默化的点滴见证吗？

蓦然回首，才知不必匆匆也不必遗憾，因为，岁月会证明。

后 记

1998年我来山大附中，那时还在教研组办公，写着“语文组”的牌子钉在南二楼最东头的那一间，现在走过那里还倍感亲切呢！

那时语文组还不足10个人，有两位长辈。安德芳老师，她还是工会主席，犹记得她常组织我们进行跳绳比赛、踢毽子比赛，是真的认真，学校人性化管理从不点名，她却要每天下午第四节课一身优雅裙装在旗杆下的位置点名。你别说，那时我保持锻炼，跳绳、踢毽子都不在话下。更宏大壮阔的是组织大合唱，所有的人都化了妆统一了服装高歌《山丹丹花开红艳艳》，当然还有《黄河大合唱》，出口即慷慨激壮，爱国好像花开河流般简单又肆意流淌。现在安老师上了老年大学，弹琴读书美衣美食，保持着曼妙身材窈窕舞姿。

王菊玲老师那时是我们的备课组长，我那时初来乍到，似一棵榆树被连根拔起，本就不适应，学校还给我安排了毕业班的班主任，工作压力很大，孩子不到1岁，我简直抑郁了，是她温和地指导我。记得那时我不会用投影仪，她便在放学后把我领去她的班，一项一项细致地让我实践，至今还难忘夜幕降临之际她推自行车走出校门回家的背影！她毫不掩饰对我的喜爱，以致也曾让我十分尴尬。几年后她退休搬出办公室，非要我坐在她的位置上，那是办公室最里面的座位，我不好意思去坐，但我又不好驳她老人家好意，红了脸搬过去，我懂她顾及我的孩子放学后还要在学校等我好一块时间，那地方恰好可以给她安一张小桌。后来每一次联欢见到她她都紧紧地握住我的手嘘寒问暖，工作、孩子她都牵念。

大姐淑斌，那时候是我们的教研组长，很淑女，也真的是文武双全，天天保持美丽模样，领我们做课题，也一起聊好吃的菜、好看的书，犹喜欢传统文化……

二姐赵赵，我常对别人炫耀说她本身就是多门精彩课程，《红楼》、《诗经》、花朵、树木，她的书《课堂，诗意还在》我曾读过好几遍，细致之味、罕见之物她都能一一讲述。不得不佩服她的博雅，她给孩子们讲《读书，这么好的事》，她给家长说《慢慢地，会很快》，她在文学生活馆讲诗歌粉丝无数。每次见到她，先问她读什么书，总是有，回回不同，但唯封面都是一样的精致，手上银镯身上牡丹，女人当如是。

三姐史伟比我还晚来半年，浅色小西装，马尾辫，英气逼人，如刚刚下课的大学生。我俩一起带初三，那时还兴上晚自习，于是每周都有那么几个晚上我俩相约去山大洪家楼校区西门吃碗拉面或喝碗馄饨，我和三姐都豪放，敢放大勺的辣子，吃完到班上给孩儿们放一曲长笛伴他们写成长故事……真想再和三姐相约黄昏时分，遗憾的是洪家楼校区西门早已被整治得整整齐齐，两车道通行，哪还有拉面铺子、馄饨摊子的半点踪迹？

其他的都比我小。

波波是我们组的“葱花”，大学附中女老师居多，我们几个被人戏称“博士后”，因为都是博士的家属。他颇享宝玉在大观园的优待，男人竟也长得那么好看，姐姐妹妹们都与他说笑。但他现在在教科室独居一室，因此大家现在见到的都是博学沉稳、满脸沉重、任重道远的教科室主任、教育教研院院长，但他也时常到办公室人多的地方来证实自己还会说话，于是幽默诙谐、有趣搞笑的波波“复活”，同一个备课组的还能看见被备课组长姜姜训斥没有按时完成分工任务而要赖狼狈不堪的波波，他著有一书叫《每一棵树都开花》。

姜姜早已美名远播，已出版三本教育教学著作，课堂上机智亲切友好大江大河，课下涓涓细流凤眼飞渡，难忘我们共度的三年北楼岁月，亲见她步履匆匆、心急似火，也亲见她气定神闲、温情如水。

后来学校发展神速，大批的年轻人加入这个大家庭。先说这一组：张萍、孔磊、李彦、夏悦红、刘霞。

萍萍写一手漂亮的小字，一手漂亮的文章，那年她从众多的招聘者中脱颖而出，我记得大家都说的就是那个字漂亮的。不错，字如其人，她总是浅浅地笑，那年她当班主任遇上个特殊孩子，一个空矿泉水瓶子从窗户里掷出来，连我都沉不住气了，她稳稳地安慰他，内心自有笃定。上次一起带初三去济南一中送考，老师们虽被安排到图书馆等候，但大都闲聊，唯有她找个安静角落坐下，拿出随身本读书写东西，那幅画面好美。

孔磊是我们组的"外交部长"，只要一面之缘肯定有你的电话，不信你打打试试。有孔磊处必笑声不断，他总是能抓住细小绳线点染全场。你若去观看他班的跑操，必惊叹于那简直就是移动的"豆腐块"，但这还不是最令人称奇者，我们总不明白孔主任（他现在可是年级主任）用何妙招使他的学生俯首帖耳，据说他班学生只要从办公室门缝里窥得孔老师包包尚在，必全班静寂大气不敢出，简直了！

历下区的老师一定都听过彦的课吧，《芦花荡》《我的母亲》《惠子相梁》一路凯歌高奏，至少也应该看过她上的《草房子》《小王子》的读书课吧，或她指导的元旦联欢晚会上的表演吧，真可谓多才多艺。当然最厉害的是掌管"三月"文学社，那年曹文轩老师能来校她可是幕后英雄，场面盛大，她指挥若定，有条不紊，细节之处也必关照，整个校园拥堵得水泄不通，她只站在角落看繁华落尽，转身进了教室——她还是一班正班主任。

小夏现在可是拥有两个"小棉袄"的一等公民，大女儿上初中了，小的还在襁褓中。你若见她风风火火路过，就真正懂得质朴与执着。记得那年全国上下都正在热火朝天地学习某种模式，我们被拉到某所学校听课，说实话，各种风潮来的时候我们基本都是姑且听之，山大附中自有自己的坚守，但我们在楼道上碰上她，她竟然难过得哭了，我才知道她对教育的忧虑与痛楚已远越一校之墙。

霞的到来仿佛是上苍的安排。那年我去章丘听课选择省优质课种子，在众多的参赛者中识得她，下课便和她要课件算作观察，吃饭时忙了解她的情况。她教过音乐，但因为对语文的痴迷，曾多次自费去外地学习吟诵。回来填写听课报告时迫不及待地给当时的济南市语文教研员杨宏丽老师说，杨老师马上组织几个老师去章丘，霞便直接获得省优质课评比入场券并获得一等奖。杨老师多次说我是伯乐，她说发现一个好的语文老师太难了，我知道她才是真正的伯乐。后来，我向赵校汇报并伸出橄榄枝，她来了，在人文教育高端论坛上执教《她从诗中来》，与她的孩子们吟诵《诗经》声震全场，获“奇女子”别称。

再说说子韬和金锋这幸福一对。本来那年他们是来救场的，学校开学了，招聘的老师竟没到位。当时，刚刚结婚的小两口带着喜糖来，没成想两个都成了正班主任，还挑起了两个年级备课组长的重任。子韬谦谦君子，金锋扎扎实实。同在一个备课组时，子韬给金锋续茶，我们也都跟着沾光，两个人演绎出最真最好之相处模式。可惜只在一起很短的日子。两个人不仅课讲得棒，也颇得大家信赖，不管什么艰巨任务，回复总是坚决完成。此路不通换条径，那路还不通绕着行，总之是前行，从不抱怨从不讲条件从不气馁更不用说放弃。子韬除研究科技对语文教学的辅助，还喜欢摄影呢！现在可是初三年级主任。金锋假期完成了下学期的读本，报加班时，他们总说“算啦算啦”。

维丽、雅融、周昊这仨丫头基本同龄。

先说维丽。现在学校把招聘新教师这活下放到教研组了。大家都知道现在学中文的优秀生肯来做中学老师的不多，也常常白忙活，所以尽量多看看。2009 年那年犹记得清楚，按名单讲完看好了一个已经出过诗集的男生，但结束了还有个女孩尚没到，我电话打过去她说着“对不起”。一会儿，一个着白裙子的女孩来了，我告诉她喘口气，那年讲的是《亲爱的爸爸妈妈》。喜欢她，但我们只有一个名额，有趣的是那个男生后来另有高就，我便给她打电话，据说她已经与别的学校签约，只听我一声呼唤便来了。北楼三年记得她哭过，为教学为生活，但也成就了她。那年宗达组织青年教师讲课，还让他们自选篇目。我给维丽推荐朱自清的《冬天》，因为我喜欢。她讲课我坐在后面同她一起紧张，不过她一课成名获得了第一名。后来和我们一起做课题研究，还成了学校德育课程的负责人，还去辅仁一年。几年时间，她读了研究生，结了婚，生了俏丫头，回来又一头扎进教育教学。她聪明好学，做事总追求尽善尽美，从来不说苦、从来不言累，虽常常加班到深夜，但现在去了刚刚组建的青岛校区，做了年轻的教科室主任。

后来不知道哪个好事者发明了年级办公，还发明了师徒结对制度，再加上我七八年未曾去初一，再来的年轻人似乎都没有在一个战壕里的感觉了。

于是与雅融就从没在一个办公室，对她的了解多停留在刚来那会儿。她机灵又勤奋，有时便利用多开公开课多了解她。化学付蔚老师说："放心吧，你们家雅融人见人爱，不愧是军区大院里长大的孩子，懂事着呢！"见过她高大帅气的军哥哥，前年又得暖男一枚，幸福得让人羡慕！

倒是曾与周昊坐了一年对桌。见小丫头下课就和学生面谈，一有空就整理资料，彦感慨地说："昊昊家的衣橱必是整整齐齐的，看她整理的古诗词就知道。"现在她已是双胞胎女儿的妈妈。

我的弟子晓宇。每年招聘都说有男生尽量要男生，晓宇出现在我们的视线里，真的精干。一看简历，竟然是90后，不禁惊叹，我工作的时候他还没出生！也许因为此，他们年轻人上课我很少说你应该怎么上不应该怎么上，我想起那句"夏虫不可以语冰"，许多历练都需要他去亲受而不是告诉。两年在一个办公室看到了他的努力，安静地读书，认真地批作业，倾听孩子说话。他班有个女孩博学多识常在课上为难他，我总告诉他那一定是上帝派来的，使他不轻易走上讲台。那年我俩带着学生到北京参赛，他买票、组织、查询，从容沉静，也有老师可以参加的写作比赛，我鼓励他去，结果竟拿到一等奖。现在他负责"学子讲堂"，那天我给他出主意竟激动得午休不成，嘿，真是越来越棒啦！

三个小龙女——李欣、郭琳、付美。欣今年也一个办公室了，见过她在走廊展出的摄影作品，领她的学生选修课上完成的，实在美！今年我们初一想把阅读和写作都做成小册书，没承想这丫头把它们做成了艺术品！阅读手册《微光》的名家名篇导读，每一个栏目的设置都匠心独具！写作手册《墨香》的雅致品位让学生爱不释手，轻轻地濡染，点点滴滴都是她假日里的辛苦。欣更是一个才华横溢的老师，近来历下网传了她多篇文章，令我们欣喜！后来，她做了我们校报的主编。郭琳负责文学社，每周一在升旗仪式后给孩子们推荐书目，也难忘她上的《社戏》《最后一片叶子》，总透着那么一股清新甜美的灵气。付美是古代文学的痴迷者，招聘时我就印象深刻，到现在还保持早上晨诵古诗文的习惯，设计传统文化课程，特别是暑期完成了《论语 100 章》的选定，成为我们 2016 级孩子的早诵材料，实在令人感动！

丽秋是去年来的，还是我向学校争取到的一个名额。但她在辅仁，也是偶尔碰面，倒是暑假培训见到她写的感想令我高兴，有灵气的小丫头！

辅仁那边还有郭延云和王春红老师，今年我们也在一个备课组。两位都务实努力，因为辅仁那边孩子的不同，总考虑如何依据孩子具体情况施教，总是那么谦和，总是那么随和。

我们还来了一个年轻的专家学者型的教师——学东，他在济南语文界可是人人皆知，年纪轻轻的就已获得了很多全国级的奖项，还做了一个学校的校长。但他对语文教育的痴迷使他放下一切来到我们这个团队，真的好幸福！

洪家楼校区又加入了梦琪、安皖、张丽、子臣等年轻人，在每次历下区的青年教师大赛中他们都出类拔萃。现在我们这个团队又加入了定陶校区的实验学校、千佛山校区、永锋校区、奥体中路学校、凤凰路中学，正如我们的 QQ 群名——“原野花开”，不像花园中花朵被精心修剪过，每个人都不同。虽有时我为了掩护他们被领导当场揭穿也尴尬，虽有时为了应对命令也只好向他们讨要过自己也不喜欢的任务而无奈，虽有时为了一项任务我们争得面红耳赤甚至感到迷茫，但我们是一家人，更多时候我们会激动相拥或感怀盈泪，没有什么可以阻挡我们勇往直前。

原野花开。没错，我们语文组老师拥有一个属于自己的花园，有雍容的牡丹，也有带刺的玫瑰；有春日连翘夏日荷，也有秋高菊英冬雪梅，自由又自在。外面喧喧嚣尘，自是高山湖海阻隔，心远地自偏。

高　平

2018 年 12 月